전도부흥운동사례집 II
전도·부흥·운동 어떻게 할 것인가?

'나'만을 위한 신앙생활을 덧치하여 '우리'를 위한 신앙으로 거듭나야
'우리의 삶'으로 증거되는 하나님의 은혜, '전도부흥운동의 시작'

 대한예수교 장로회 **영등포노회**

전도부흥운동 사례집Ⅱ
전도·부흥·운동 어떻게 할 것인가?

발행일 | 2024년 6월 15일
발행인 | 배정수 장로
발행처 | ㈜입시진로연구소
기획/글/편집책임 | 배정수 장로(010-5417-7899)
자료제공 | 총회전도보고서 제출 24교회 / EDI 전도제자훈련원 / 텃치전도코리아 / 어린이전도협회
사 진 | 남선교회연합회 임원
감 수 | 국내선교부장 손성민 목사(010-2648-8671)

등록번호 제2017-000027호
전도부흥운동 주최 | 영등포노회
전도부흥운동 주관 | 영등포노회 국내선교부 / 남선교회연합회 / 여전도회연합회
영등포노회 연락전화 | ☎ 02-2633-9873
영등포노회 주소 | 우 07226 서울시 영등포구 당산로10길 25(대한예수교장로회 영등포노회 회관)

가격 17,000원
ISBN 979-11-91068-57-3 03300

* 본서의 무단복제를 금하며, 잘못된 책은 구입한 곳에서 교환해 드립니다.

'2024 전도부흥운동'
전도·부흥·운동 어떻게 할 것인가?

대한예수교 장로회 영등포노회

격려사

이영석 목사
영등포노회 제132회 노회장

하나님의 은혜와 평강이 지교회와 성도들에게 함께하시기를 기원합니다. 우리는 '2024 전도 부흥운동'이라는 목표 아래 하나님의 말씀을 이웃과 세상에 전하기 위해 뜨겁게 기도하고, 헌신하는 시간을 갖고 있습니다.

우리 영등포노회는 어느 때보다 뜨거운 마음으로 예수그리스도의 사랑을 전하고, 각자의 자리에서 하나님의 나라를 확장하는 일에 앞장서고 있습니다. 지난 해부터 이어져 온 전도부흥운동이 2024년에도 은혜 가운데 진행되고 있는데, 그동안의 성과를 모아 '전도부흥운동 사례집 Ⅱ'권을 발간한다고 하니 반갑고 감사한 일입니다.

복음은 우리가 받은 가장 큰 선물입니다. 이 소중한 복음을 전하는 일은 우리 모두가 함께 나아가야 할 길입니다. 성경은 우리에게 이렇게 말씀하고 있습니다. "그러므로 너희는 가서 모든 민족을 제자로 삼아 아버지와 아들과 성령의 이름으로 세례를 베풀고 내가 너희에게 분부한 모든 것을 가르쳐 지키게 하라 볼지어다 내가 세상 끝날까지 너희와 항상 함께 있으리라 하시니라"(마태복음 28:19-20). 이 말씀은 우리에게 주어진 위대한 사명과 약속입니다.

우리는 때로 세상의 따가운 시선과 도전 앞에 낙망할 때도 있지만, 하나님의 인도하심과 성령의 능력 안에서 나아갈 때, 놀라운 일들이 우리 가운데 일어날 것입니다.

'전도부흥운동 사례집 Ⅱ'권은 우리 노회에 속한 지교회의 다양한 전도 방법과 성공 사례를 공유함으로써, 서로에게 격려가 되고 영감을 주고받을 것입니다. 이 사례집이 우리 모두에게 새로운 전도의 열정을 불러일으키고, 더 많은 사람들에게 복음을 전하는데 귀한 길잡이가 되기를 소망합니다.

끝으로, 이번 '2024 전도부흥운동'에 열정적으로 참여해 주시고, 하나님의 영광을 위해 헌신하고 수고하는 모든 지교회의 성도들과 국내선교부, 남선교회연합회와 여전도회연합회 임원들께 진심으로 감사드립니다. 우리가 함께 하나님의 사랑을 전하며 나아갈 때, 하나님께서는 우리 모두를 통하여 더욱 크고 놀라운 일을 이루실 것을 믿습니다.

하나님의 은혜와 평강이 함께하는 모두의 사역과 가정에 가득하길 기도합니다. 감사합니다..

2024년 6월 15일
영등포노회 노회장 이 영 석 목사

격려사

"내가 복음을 전할지라도 자랑할 것이 없음은 내가 부득불 할 일임이라 만일 복음을 전하지 아니하면 내게 화가 있을 것이로다 내가 내 자의로 이것을 행하면 상을 얻으려니와 내가 자의로 아니한다 할지라도 나는 사명을 받았노라 (고전 9:16-17)"

김의식 목사
대한예수교장로회
제108회 총회장

일찍이 바울사도는 자신의 복음을 전할지라도 자랑할 것이 없음은 그가 부득불 할 일이라고 강조하였습니다.

오히려 복음을 전하지 않으면 그에게 화가 있을 것이고 기쁨으로 전한다면 상을 받을 것이며 그것이 바로 그의 사명이라고 고백했습니다.

말세 마지막 때가 될수록 복음전도의 열정이 식어갈 때 저희 총회에서는 작년에 이어 금년에도 코로나19로 인해 침체된 한국교회를 살리고자 2024 전도부흥운동에 더욱 더 열정을 쏟고 있습니다.

작년에 우리 영등포노회와 남선교회연합회(회장 배정수 장로)가 중심이 되어 전도에 힘씀으로 전국 69개 노회 중 2위를 차지했지만 금년에는 좀 더 좋은 결실을 거둘 수 있기를 기원합니다. 복음 전하는 자마다 이 땅의 복과 하늘의 상을 자손 대대로 누리게 될 줄 확실히 믿습니다.

"우리의 소망이나 기쁨이나 자랑의 면류관이 무엇이냐 그가 강림하실 때 우리 주 예수 앞에 너희가 아니냐 너희는 우리의 영광이요 기쁨이니라 (살전 2:19-20)

2024년 6월 15일
대한예수교장로회 총회장 김 의 식 목사

격려사

영등포노회 남선교회연합회에서 주관해 『영등포노회 전도사례집 II』를 발간하게 됨을 축하드립니다. 그동안 우리 노회 남선교회연합회는 전도의 열정을 가지고 지교회의 부흥을 위하여 많은 일들을 감당하였습니다. 이로 말미암아 많은 교회들이 전도에 대한 도전을 받았고, 실제로 전도훈련과 전도 사역에 임함으로 할 수 있다는 자신감을 가지게 되었습니다.

예수님께서 이 땅에 오셔서 하신 일이 복음 전하신 일입니다. 예수님께서 십자가에 못 박히신 것도 복음을 위해서입니다. 예수님께서 마지막 주신 사명도 "내 증인이 되라."는 복음 전하라는 명령입니다.

정명철 목사
영등포노회 증경노회장

우리도 누군가가 복음을 전해주었기에 지금 이렇게 행복한 믿음 생활을 하고 있는 것입니다. 그러고 보면 우리 모두 복음에 빚진 자들입니다. 지금도 복음을 듣고자 기다리는 사람들이 많습니다. 우리가 앞장서서 예수님을 따라 복음을 전하며 살아야 할 이유입니다.

교회가 이 땅에 존재하는 이유도 복음을 전파하기 위해서입니다. 한 영혼이라도 더 구원 얻도록 사명을 감당해야 합니다. 복음 전파에도 때가 있습니다. 전하고 싶어도 전할 수 없는 상황과 환경을 만날 수 있습니다. 지금 우리는 복음 전하는 사명을 감당해야 할 때입니다. 교회가 복음 사역에 앞장서 나갈 때 교회가 부흥하고 평안으로 든든히 서가게 될 것입니다.

이 사명에 앞장서 나가는 영등포노회 남선교회연합회 위에 하나님의 은혜가 넘치시기를 기원합니다.

2024년 6월 15일
영등포노회 증경노회장 정명철 목사

감사의 글

오늘 우리는 하나님의 놀라운 은혜와 섭리에 따라, 예수그리스도를 선포하며, 복음을 전하는 귀한 사역을 함께 나눌 수 있게 되었습니다. 주님의 지상명령에 따라 복음을 전하기 위해 힘써온 국내선교부와 남선교회연합회 및 여전도회연합회 임원 여러분의 헌신과 열정에 깊은 감사를 드립니다.

서창열 장로
영등포노회 '2024 전도부흥운동'
위원장, 부노회장

'2023년 전도사례집 Ⅰ권'에 이어 '2024년 '전도사례집 Ⅱ권'을 발행하게 됨은 전국 69개 지노회 역사에 찾아볼 수 없는 귀한 사례가 되었습니다. '전도사례집 Ⅰ권'이 교단총회의 전도위원회와 전국 지노회 국내선교부에 전해지고, 총회에서 전도부흥을 위해 지노회를 방문할 때도 귀하게 쓰이게 되었던 것은 참으로 기쁜 일입니다.

사례집에는 영등포노회 각 교회에서 전도 활동 중 각각 경험한 하나님의 은혜를 담고 있습니다. 전도를 준비하면서 부터 기도회와 노방전도까지, 그리고 전도 프로그램을 통해 어린이와 장년을 대상으로한 다양한 전도훈련에 이르기까지 필요한 내용으로 구성하게 됨은 하나님의 은혜입니다.

특별히 이번 '2024 전도부흥운동'에 참여한 모든 교회와 성도 여러분들께 깊은 감사의 말씀을 드립니다. 여러분의 기도와 헌신 덕분에 많은 사람들이 복음을 접하고, 새로운 소망을 품게 되었습니다. 또한 여러분의 수고와 열정은 우리를 깊은 잠에서 깨어나게 했으며, 모두에게 큰 도전과 격려가 되었습니다.

교단 총회 108회기를 맞이하여 발간된 전도사례집 Ⅰ권 '전도·부흥·운동 누가할 것인가?'와 전도사례집 Ⅱ권 '전도·부흥·운동 어떻게 할 것인가?'를 통해 많은 교회가 전도 활동에서 얻은 소중한 경험과 지혜를 나누며, 앞으로 더 많은 열매를 맺는 귀한 역사가 있기를 소망합니다.

계속해서 하나님의 사랑을 세상에 전파하는 일에 함께 힘써 주시기를 부탁드리며, 주님 안에서 늘 승리하시기를 바랍니다. 감사합니다.

2024년 6월 15일
영등포노회 2024 전도부흥운동 위원장 서창열 장로

발 간 사

배정수 장로
영등포노회 국내선교부 회계

"하나님 세우신 교회들이 이 땅에 사는 영혼들의 갈급함을 채워줄 수 있는 교회가 되기를 원하고, 그 소명을 위해 영등포노회의 전도부흥운동이 귀하게 사용되어지기를 원합니다.

또한 이를 위해 부름받은 남선교회 모든 회원들의 기도제목이 한 영혼을 살리는데 있기를 기도합니다. 더불어 여전도회연합회가 연합하고, 하나님의 말씀에 순종하기를 원하는 성도들이 "내가 전도자"임을 깨달아 주님께서 맡겨주신 소명에 응답 할 수 있기를 원합니다." 지난 107회기 교단 총회에서 이끄는 전도부흥운동을 진행하는 동안 기도제목 이었습니다.

지금 108회기가 시작된 이후에도 같은 기도제목, "교회마다 잠자는 영혼들을 깨워 내가 전도자임을 선포하고, 한 영혼을 품고 기도하기를, 영등포노회에 속한 모든 교회들이 전도운동에 동참하고, 남선교회연합회와 여전도회연합회가 연합하여 작은교회를 섬기는데 앞장서기"를 가슴에 품고 쉼 없이 기도했습니다.

노회에서 주최한 '2024 전도부흥운동' 발대식이 진행되었고, 어린이 EDI, THE 4, 장년 EDI, 텃치전도컨퍼런스 등 4회에 걸쳐 다양하게 진행된 전도교육을 통해 교회마다 전도에 대한 관심과 열정이 되살아나게 된 것을 하나님께서 크게 기뻐하실 것입니다.

또한 남선교회연합회에서 참여하는 작은교회를 위한 주말 전도부흥운동이 올 해에도 진행되면서 여전도회연합회 회원들이 '120 기도의 용사'에 참여했고, 지금은 주말 노방전도에도 함께하게 됨은 하나님 주신 은혜이고 기쁨인 것을 고백합니다.

이제 '내가 전도자'라고 선포하는 모든 성도들이 '성도의 삶'을 통해 이 땅에 믿지않는 백성들에게 하나님을 증거할 때, 지금 이 때가 한국교회가 다시 부흥할 때라 믿습니다.

교단 총회에서 두 회기에 이어지는 전도부흥운동을 진행하면서 교회마다, 기관마다 한 영혼을 위해 작은 몸짓이나마 스스로 불씨가 되어 비젼을 보게하신 하나님께 영광을 돌립니다.

2024년 6월 15일
영등포노회 국내선교부 회계 배정수 장로

차 례 CONTENTS

격려사 : 노회장(이영석목사), 총회장(김의식목사), 증경 노회장(정명철목사)
감사의 글 : 전도부흥운동 위원장(서창열장로)
발간사 : 국내선교부 회계(배정수장로)

#1 영등포노회 '2024 전도부흥운동'

1. 전도사례집Ⅰ권, '전도·부흥·운동 누가할 것인가?'를 발간하다 ········· 14
2. 전도사례집Ⅰ권, 교단 총회(통합)에 사용되다 ········· 16
3. '2024 전도부흥운동'을 위한 간담회를 진행하다 ········· 18
4. 영등포노회 '2024 전도부흥운동 발대식'을 진행하다 ········· 22
5. 영등포노회 '2024 전도부흥운동 전도교육'을 진행하다 ········· 26
6. 여전도회연합회, '성령 충만한 120 기도의 용사'가 되다 ········· 35
7. 남선교회연합회, '교회를 회복 시키는 300 전도의 용사' 참여를 위해 기도하다 ········· 43
8. '2024 전도부흥운동' 상반기 일정을 마치다 ········· 45
9. 영등포노회 '2024 전도부흥운동' 시상식을 진행하다 ········· 47

#2 '2024 전도부흥운동' 자료

1. 기독언론 보도자료 ········· 50
2. '2024 전도부흥운동'은 sns를 타고 땅끝까지 달려가 소명을 일깨운다 ········· 59
3. 발대식, 전도교육 및 컨퍼런스 등 참가 안내를 위한 공문 ········· 65
4. 작은교회를 위한 주말 전도부흥운동 참가자 조편성 및 일정표 ········· 81

#3 주말 '2024 전도부흥운동'에 참가한 교회

1. 서울새순교회 · 84
2. 큰은혜교회 · 85
3. 즐겁고행복한교회 · 86
4. 진명교회 · 88
5. 향기내리교회 · 92
6. 서울중국인교회 · 97
7. 예향교회 · 103
8. 새언약교회 · 108

#4 영등포노회에 속한 지교회의 '2024 전도부흥운동'

1. 하람교회 · 112
2. 신도교회 · 116
3. 영도교회 · 118
4. 새영교회 · 124
5. 영은교회 · 126
6. 시온성교회 · 130
7. 남도교회 · 131
8. 주향한교회 · 135
9. 경일교회 · 137
10. 치유하는교회 · 138
11. 양평동교회 · 143
12. 한영교회 · 158
13. 조은교회 · 161
14. 영등포교회 · 164
15. 새터교회 · 166
16. 도림교회 · 167

#5 전도·부흥·운동, 어떻게 할 것인가?

1. 우리동네 행복나눔 ··· 176
2. 오이코스 전도훈련 ··· 199
3. 텃치전도운동 ··· 233
4. 전도제자훈련 ··· 243
5. 어린이에디 ··· 258
6. 한국어린이전도협회(CEF)사역 ·· 262

#6 전도·부흥·운동은 주님의 명령입니다.

1. '성령 충만한 120 기도의 용사' 참여 신청서 ································ 279
2. '교회를 회복시키는 300 전도의 용사' 참여 신청서 ······················ 280
3. '전도플랫폼 구축 및 주말 전도대회' 신청서 ································ 281
4. 작은 교회를 일으키는 후원 약정서 ··· 282
5. '우리동네 행복나눔' 참여 신청서 ·· 283
6. '전도프로그램' 개설 선호도 설문지 ·· 284

* 제131,132회 영등포노회 임원
* 제131,132회 영등포노회 국내선교부 임원
* 제57회 영등포노회 남선교회연합회 임원
* 제66회 영등포노회 여전도회연합회 임원

* 후기

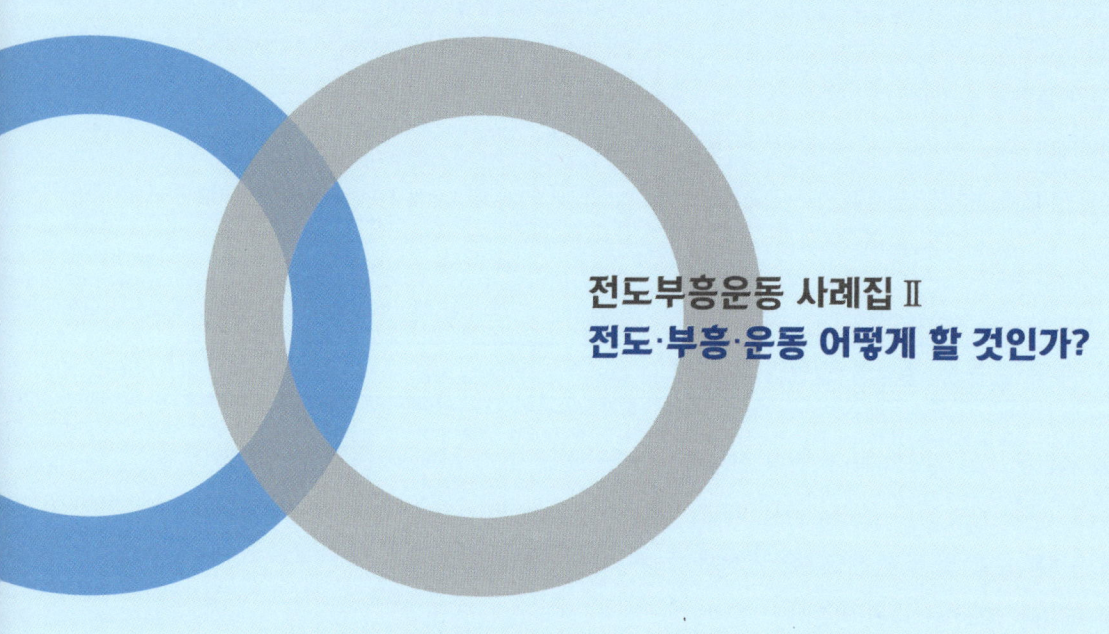

전도부흥운동 사례집 Ⅱ
전도·부흥·운동 어떻게 할 것인가?

영등포노회 '2024 전도부흥운동'

 # 1

'나'만을 위한 신앙생활을 텃치하여 '우리'를 위한 신앙으로 거듭나야
'우리의 삶'으로 증거되는 하나님의 은혜, '전도부흥의 시작'

1. 전도사례집 I 권, '전도·부흥·운동 누가할 것인가?'를 발간하다
2. 전도사례집 I 권, 교단총회에 사용되다
3. '2024 전도부흥운동'을 위한 간담회를 진행하다
4. 영등포노회 '2024 전도부흥운동 발대식'을 진행하다
5. 영등포노회 '2024 전도부흥운동 전도교육'을 진행하다
6. 여전도회연합회, '성령 충만한 120 기도의 용사'가 되다
7. 남선교회연합회, '교회를 회복 시키는 300 전도의 용사' 참여를 위해 기도하다
8. '2024 전도부흥운동' 상반기 일정을 마치다
9. 영등포노회 '2024 전도부흥운동' 시상식을 진행하다

#1 영등포노회 '2024 전도부흥운동'

1 전도사례집 I 권, '전도·부흥·운동 누가 할 것인가?'를 발간하다

2022년 11월, 교단총회(통합)에서 '2023 전도부흥운동'이 진행되고 있다는 것도 모른체 영등포노회 남선교회연합회에서는 전도부흥운동을 기도제목으로 정하고, "남선교회연합회가 전도부흥운동의 주역이 됩시다"라는 구호를 앞세우고, "어떤 역할을 해야할지? 어느교회를 섬겨야할지? 어떤 방법으로 할 것인가?"를 기도하면서 전도부흥운동을 준비했다.

'영혼을 구원하는 전도부흥운동, 믿음의 열정을 깨우는 전도부흥운동, 한국교회를 회복시키는 전도부흥운동'이라는 대 전제 아래, 지 교회를 위해서는 '교회의 회복을 위한 전도는 은혜로 받은 열정에서 시작된다'는 믿음과 '작은교회의 동반성장이 한국교회의 토양을 개선할 수 있다'는 작은교회를 향한 소망을 품었다.

그렇게 시작된 전도부흥운동은 이듬해 1월이 되어 교단 총회에서 '2023 전도부흥운동'을 계획하고, 전도컨퍼런스를 진행한다는 소식을 접한다.

영등포노회는 영등포노회 평신도위원회의 주최로 남선교회연합회와 여전도회연합회 임원들이 함께하는 간담회를 갖게하고, 이후 영등포노회 국내선교부와 평신도위원회, 동반성장위원회가 주최부서가 되어 '2023 전도부흥운동'을 진행하는데 필요한 경비를 지원, 지교회의 전도부흥 운동을 독려하면서, 남선교회연합회는 동반성장위원회에 속한 교회를 섬기는 사역을 주관하게 했다.

'2023 전도부흥운동'을 진행하는 내내 "2023 전도부흥운동을 통해서 우리가 생각해 보아야 할 것은 함께 회복되는 교회, 함께 성장하는 교회를 위해 총회가 어떻게 해야 할 것인가? 지노회가 어떻게 해야 할 것인가? 지교회에서는 어떻게 해야 할 것인가?", "꺼지지 않는 불씨가 되어 전도의 동력이 되어주고, 교회 회복의 동력이 되어줄 수는 있는가? 교회 성장의 동력이 되어줄 수 있는가? 그 역할은 누가 해야 하는가?"라는 질문을 던져야 했다.

산고와 진통도 있었고, 말하기 어려운 아픔도 있었다.

전도를 위해 부름받은 남선교회 임원, 장로의 입에서 "전도~!! 안됩니다"라는 반대의견이 가장 먼저 장애물로 다가왔다. 말하기를 즐겨하는 하나님의 백성은 반대 의견을 앞세웠고, 말하지 않는 주의 백성들은 깊은 잠에서 깨어나지 못하고 있었다.

지금도 가만히 살펴보면 '교회' 대부분이 동력이 상실된체 기력이 없어 보인다.

그렇게 하나님께서는 끊임없이 기도해야 할 기도제목을 던져주셨다.

사례가 많지않아 진행과정에 어려움이 있었던 '2023 전도부흥운동'은 총회에 보고서를 제출하고, 그동안 진행된 모든 과정을 정리해서 한권의 사례집 '전도·부흥·운동 누가 할 것인가?'로 출간되었다.

사례집의 제목이 이렇게 정해진데는 전도부흥운동을 시작하면서 시험에 들고, 계속해서 기도해야 했던 상황에서 얻어진 것이다.

지금은, 기도하게 하시고, 현재 우리의 신앙생활에 비추어 꼭 필요한 사례집의 제목을 허락하신 하나님께 감사할 뿐이다.

그 때 감동으로 주신 것이 '사례집 Ⅱ권'을 발간하는 것과 책의 제목을 '전도·부흥·운동 어떻게 할 것인가?'이다.

제108회기 총회가 시작되면서 다시 '2024 전도부흥운동'이 진행되었고, 이번 '2024 전도부흥운동'의 끝자락에도 '전도부흥운동 사례집Ⅱ권'을 발간할 수 있음에 하나님께 영광을 올려드립니다.

[전도부흥운동 사례집 Ⅰ권 표지]

#1 영등포노회 '2024 전도부흥운동'

2 전도사례집Ⅰ권, 교단총회에 사용되다

2023년 10월 20일 '전도사례집 Ⅰ권'이 발간되었다.

107회기 교단 총회의 '2023 전도부흥운동'에 발맞춰 영등포노회에서 진행된 전도부흥운동의 전 과정을 정리하여, 진행과정에 사용된 자료를 묶어 사례집을 발간했다.

전도사례집을 발간하자고 기도하면서 인터넷에 올라 온 자료가 있는지 찾아봤다. 아무래도 지금까지 전도부흥운동을 진행해 본 경험도 없었고, 참여해 본 경험도 없었기에 사례집을 발간하기 위해서는 기존에 어떤 사례집이든 참고할만한 자료가 필요했다. 그러나 아무리 찾아봐도 "이것이다" 할만한 참고자료가 없었다. 전도운동에 헌신했던 개개인이 발간했던 자료는 몇가지 있었다. 그러나 교회나 기관, 기독교 단체에서 발간한 자료는 찾기가 쉽지 않았다.

무지한 상태에서 사례집을 발간한다는 것이 얼마나 무모한 것인지 새삼 깨닫게 되었다.

그러나 이러한 상황을 알게된 이후 오히려 사례집을 발간해야겠다는 생각이 굳어졌다. 지금 우리에게, 우리교회에 전도의 불씨가 될만한 것은 무엇이든 자료가 되고, 동기가 되어야 한다는 생각이 들었다.

108회기 교단 총회가 출범하고 책이 발간되었다.

김의식 총회장님께서 200권의 전도사례집 Ⅰ권을 구입해 주셨다. 사례집은 총회 전도부흥위원회 위원들에게 배포되어지고, 2023년 12월 5일(화) 대전 선창교회에서 진행된 총회 국내선교부 정책협의회에 참석한 69개 지 노회 국내선교부 임원들에게 제공되었다.

이후, 총회 국내선교부에서 '2024 전도부흥운동'을 안내하기 위해 지노회를 방문할 때 전도사례집이 필요하다는 요청에 따라 80권의 사례집을 추가로 제공 하기도 했다.

전도사례집 Ⅰ권은 영등포노회 132회 노회 시 참석한 400여 총대들에게 제공되었다.

► 기타 : 전도사례집 Ⅰ권은 강원동노회 남선교회연합회 정기총회에서, 안양노회 남선교회연합회 정기총회에서, 경기노회 남선교회연합회 정기총회에서 각 연합회에 20권씩 전달되었다.

(안양노회 남선교회연합회 정기총회에서)

(경기노회 남선교회연합회 정기총회에서)

#1 영등포노회 '2024 전도부흥운동'

(강원동노회 남선교회연합회 정기총회에서)

3 '2024 전도부흥운동'을 위한 간담회를 진행하다

영등포노회에서는 2023년 11월 30일 영등포노회 노회회관 2층 회의실에서 노회 국내선교부와 남선교회연합회, 여전도회연합회가 함께하는 '2024 전도부흥운동' 간담회를 갖고, 세부적인 전도계획을 점검하고, 분야별 전도운동을 소홀함 없이 진행하기로 결의했다.

아래 간담회 자료는 노회 국내선교부의 전도부흥운동을 위한 조직과 세부계획, 작은교회를 섬기는 남선교회연합회의 전도부흥운동 세부계획을 정리한 것이다.

[국내선교부 전도부흥운동 세부계획]
▶ 국내선교부 전도부흥운동 관련사업 소개
  1) 전도부흥운동 예산 : 20,000,000원
  2) 영등포노회 전도부흥운동 발대식
  3) 전도부흥운동을 위한 전도프로그램 교육
  4) 전도부흥운동 지원을 위한 간담회 및 정례회의
  5) 전도부흥운동에 대한 기관 및 지교회 시상
  6) 전도부흥운동 결과보고서를 취합 총회보고
  7) 전도부흥운동 사례집Ⅱ 발간(6월 15일까지)

▶ **영등포노회 전도부흥운동 조직**

(1) 전도부흥운동 조직

 1) 전도부흥운동 위원장 : 부노회장 서창열 장로

 2) 전도부흥운동 기획, 지원 총괄 팀장 : 국내선교부 회계 배정수 장로

 3) 전도부흥운동 다음세대 총괄 부장 : 교육자원부 부장 정성철 목사

  ① 영유아유치부연합회 팀장 : 영유아연합회장

  ② 아동부연합회 팀장 : 아동부연합회장

  ③ 중고등부연합회 : 중고등부연합회장

  ④ 청년세대 팀장 : 조직중

 4) 전도부흥운동 지교회 총괄 부장 : 국내선교부 부장 손성민 목사

  ① 5개 시찰별 팀장 : 각 시찰 시찰장

 5) 전도부흥운동 동반성장교회 및 차상위교회 총괄 부상 : 이태봉 장로(남선교회 연합회장)

  ① 동반성장교회 팀장 : 남선교회 연합회장

  ② 동반성장 차상위교회 팀장 : 남선교회 연합회장

 6) 120 기도의 용사 운영위원장 : 여전도회 연합회장

 7) 300 전도의 용사 운영위원장 : 남선교회 연합회장

(2) 영등포노회 주최 전도부흥운동 발대식

 1) 준비 위원장 : 국내선교부 부장 손성민 목사

 2) 일시 및 장소 : 2023년 11월 말~12월 초 / 장소 : 영등포교회

 3) 참여대상 및 지원 : 노회임원, 지교회 목회자, 지교회 양육부.전도대, 남.여 연합회 임역원 및 회원

(3) 전도부흥을 위한 전도프로그램 교육계획

 1) 준비위원장 : 국내선교부 서기 김추향 목사

 2) 일시 및 장소 : 2023년 12월부터 5월까지 / 장소 : 양평동교회/한영교회

 3) 교육을 위한 적용 프로그램 : 어린이 EDI/THE 4/장년 EDI/텃치전도

#1 영등포노회 '2024 전도부흥운동'

    4) 참여대상 및 지원 : 노회임원, 노회소속 목회자, 양육부·전도대, 남·여 연합회 임역원 및 회원

    5) 적극 참여하는 교회별 지원방안 : 전도용품지원 및 자체 시상식 반영

(4) 전도부흥운동 운용계획

  1) 전도부흥운동 대상별 세부 진행계획 책임

    ① 다음세대 전도부흥운동 ; 교육자원부 부장 정성철 목사 세부계획 완성

    ② 지교회 전도부흥운동 : 국내선교부 부장 손성민 목사 세부계획 완성

    ③ 동반성장교회 대상 및 동반성장 차상위교회 전도부흥운동 : 남선교회 연합회장 이태봉 장로 완성

  2) 전도부흥운동 지원계획

    ① 여전도회연합회 담당으로 120 기도의 용사 확보 : 여전도회장 세부 운용계획 수립 요청

    ② 남선교회연합회 담당으로 300 전도의 용사 확보 : 남선교회장 세부 운용계획 수립 요청

    ③ 국내선교부 담당으로 전도부흥운동 후원약정 참여요청 : 국내선교부

    ④ 전도사례집Ⅰ 판매를 통한 전도운동에 필요한 전도비용 모금 : 국내선교부

(5) 전도부흥운동을 위한 모임 : 국내선교부 주최

  1) 국내선교부,남선연,여전도연 간담회 : 필요시

  2) 위 조직구성 후 담당자 정례회의 : 진행상황 확인 및 정보공유

(6) 전도부흥운동 노회 시상계획 : 국내선교부

  1) 전도운동에 참여하는 교회 및 단체는 전도운동 결과에 대한 보고서 제출

  2) 전도운동에 참여하는 교회 및 단체의 성과를 비교하여 평가 후 시상

(7) 전도운동 결과를 취합하여 총회보고서 작성, 제출 : 국내선교부

(8) 전도사례집Ⅱ 발행예정 : "전도·부흥·운동 어떻게 할 것인가?" 6월 중 발행예정
    : 국내선교부

  1) 위 전도부흥운동 관련한 내용을 총회보고서에 수록 후 이를 사례집에 적용

  2) 56회기 남선교회연합회 하반기 전도부흥운동 준비부터 57회기 전도운동 수록

3) 전도프로그램 수록

　① 오이코스 전도훈련

　② 텃치 전도제자훈련(텃치전도코리아)

　③ 어린이 EDI/THE 4/장년 EDI 전도제자훈련

　④ 어린이전도 새소식반

[남선교회연합회 전도부흥운동 세부계획]

▸**동반성장교회 및 차상위교회와 함께하는 주말 전도부흥운동**

(1) 사역 내용

○ 노회 내 4개 시찰에서 50인 미만의 교회를 8곳씩 선택하고, 1월부터 6월 초까지, 9월부터 10월까지 8개월 동안 월 2회, 2곳씩을 통해 전도대회와 연합예배를 드리게 됩니다. 이 기간동안 총 32개 교회를 섬기게 되는데, 남선교회연합회의 예를들면 16명의 임원을 2개조로 나누어 진행하고자 합니다.

○ 남선교회의 사업 중 장로회와 연합하여 드리는 순회헌신예배는 종전과 같이 드리게 되고, 단독으로 드리는 순회헌신예배는 미자립교회와 함께하는 연합예배에 통합하여 드려지며, 동반성장위원회 지원사업과 장학금 지급사업, 현장의 사랑의 이웃돕기 사업까지 본 사업에 통합, 시행하고자 합니다.

○ 본 사업은 미자립교회에 경제적인 부담을 주지않고 연합회에서 사업비를 마련하고, 행사 후 잉여 선교용품 등은 해당 교회에 기증하게 됩니다. 남녀선교회 사업예산 중 사용할 수 있는 예산과 평신도지도위원회를 통하여 노회에 사업의 필요성과 비용 등을 설명하고 지원을 요청하는 것도 필요합니다. 그리고 일반 회원들의 참여와 지교회의 협찬을 통해서도 예산을 확보하고자 합니다. 매 행사일마다 필요한 식사비 등은 임원들의 찬조제공으로 해결되기를 기대합니다.

○ 본 사역의 참여대상은 남선교회연합회와 여전도회연합회 임원, 노회 내 지교회 회원, 미자립교회 성도들이 될 것입니다. 또한 이 사역에 각 기관에서 뜻이 있는 분의 참석과 기도를 요청합니다.

○ 참여인원은 남녀선교회 임원, 회원 약 10여명과 지교회 성도의 참여를 희망합니다.

(2) 준비물 및 예산

#1 영등포노회 '2024 전도부흥운동'

- 전도용 어깨띠 : 16개교회 * 20개 = 320개 * 4,000원 = 1,280,000원
- 전도용 전단지 : 16개교회 * 2,000장 = 32,000장 = 3,200,000원
- 전도용 물티슈 : 16개교회 * 2,000개 = 32,000개 * 200원 = 6,400,000원
- 전도씨앗헌금 : 16개교회 * 200,000원 = 3,200,000원
- 식대 등 기타예산 = 5,920,000원
  ▶ 소계 : 20,000,000원
- 후원 용품 : 기드온 성경책 : 16개교회 * 20권 = 320권
- 기타 후원 및 찬조 선교용품을 기대합니다.

4 영등포노회 '2024 전도부흥운동 발대식'을 진행하다.

영등포노회 2024 전도부흥운동 발대식은 새해 첫 주, 2024년 1월 6일(토) 오후 2시에 영등포교회에서 진행하기로 확정하고, 노회에 속한 모든 교회에 공문과 문자를 통해 공지를 했다.

지교회에 보낸 공문 등 자료는 #2 '2024 전도부흥운동 자료'편에 첨부하고자 한다. 여기서는 예배자료와 현장사진 등으로 영등포노회 전도부흥운동 발대식의 분위기를 전하고자 한다.

◆2024 전도부흥운동 발대식◆
(2024년 1월 6일(토) 영등포교회 2층 예배실)

제1부 : 예 배   인도 : 국내선교부장 손성민 목사
  예배의 부름 ··· 다 같 이
  찬   송 ············· 352장 십자가군병들아 ·············· 다 같 이
  기   도 ······································· 부노회장 서창열 장로
  성경봉독 ············· 마 28장 18절~20절 ············· 노회 서기 이정배 목사
  찬   양 ······································· 아카펠라 장로중창단 H.I.M
  설   교 ············· 세상 끝날까지 ············· 노회장 이영석 목사

축　　도	노회장 이영석 목사
광　　고	국내선교부장 손성민 목사

제2부 : 발대식　　　　　　　　　　　사회 : 국내선교부 회계 배정수 장로

경과보고 및 조직보고	국내선교부 서기 김추향 목사

('2023 전도부흥운동' 성과보고, 진행상황 보고 및 조직보고)

노회장 인사	노회장 이영석 목사
격 려 사	부노회장 박대준 목사
특별기도1 …… 다음세대 전도부흥운동을 위하여	교육자원부장 정성철 목사
특별기도2 …… 총회와 노회의 전도부흥운동을 위하여	남선교회연합회장
특별기도3 …… 지 교회의 전도부흥운동을 위하여	여전도회연합회장
120기도의 용사 출정식 …… 기도의 용사 신청서 작성	참가자
300전도의 용사 출정식 …… 전도의 용사 신청서 작성	참가자
내빈소개 및 광고	국내선교부 회계 배정수 장로

내빈소개/EDI 전도훈련 교육팀 소개/전도운동 찬조자 소개

구호제창	교육자원부장 정성철 목사
마침기도	영등포교회 윤길중 목사
사진촬영	남선교회연합회 총무 김성찬 장로

[광　　고]

1. 2024 영등포노회 전도부흥운동 발대식을 허락하신 아버지하나님께 영광을 올려드립니다.

2. 말씀을 선포해 주신 노회장 이영석 목사님께 감사드리고, 찬양을 맡아주신 아카펠라 전국장로중창단 대원들께 감사드리고, 예배순서와 발대식순서를 맡아 수고하신 모든 분들께 감사를 드립니다.

3. 발대식 예배와 행사를 위하여 장소를 제공해주신 영등포교회 당회와 성도들께 감사드립니다.

4. 발대식 예배와 행사에 참여해주신 지교회 목사님들과 성도님들께 감사를 드립니다. 본 행사를 취재하기 위해 방문해 주신 언론사 기자님들께 감사를 드립니다.

#1 영등포노회 '2024 전도부흥운동'

5. 120기도의 용사와 300전도의 용사에 참여해주신 분들께 하나님의 큰 복이 임하시기를 축복합니다.

6. 오는 13일(토)과 20일(토)에는 어린이EDI 전도교육 및 THE4+EDI 전도교육이 진행됩니다. 지교회의 전도역량을 회복하고, 전도의 불씨를 되살리는데 귀하게 사용되어지기를 기도하고, 교회마다 적극 참여하여 지교회가 부흥하여 영등포노회가 전국에서 전도부흥운동의 선구자적 역할을 감당하도록 기도해주시기 바랍니다.

7. 2024 영등포노회 전도운동 기획팀에서 전도부흥운동 취재기자를 시찰별 1~2명 모집합니다.

[구호제창 1]

민족의 가슴마다 / 피묻은 그리스도를 심어 / 이땅에 푸르고 푸른

그리스도의 계절이 / 오게하자 / 오게하자 / 꼭 오게하자

누가(내가) / 누가(내가) / 할렐루야(아멘) / 아멘(할렐루야)

[구호제창 2]

오라 우리가 (당산동)을 변화시키자

오라 우리가 영등포를 변화시키자.

오라 우리가 민족을 변화시키자

누가(내가) / 누가(내가) / 할렐루야(아멘) / 아멘(할렐루야)

[2024 전도부흥운동 발대식을 돌아봅니다]

(2024 전도부흥운동 발대식 이모저모)

#1 영등포노회 '2024 전도부흥운동'

5 영등포노회 '2024 전도부흥운동 전도교육'을 진행하다
(어린이 EDI 교육/THE 4 교육/장년 EDI 교육/텃치전도컨퍼런스)

올 해로 교단 총회 전도부흥운동이 두 해째 이어지면서 영등포노회도 총회 전도부흥운동 정책에 발 맞추어 노회에 속한 교회마다 전도부흥운동에 동참하고, 성도들의 전도에 대한 열정이 깨어나기를 힘써 기도하고 있다. 2년차에 접어든 올 해는 그래도 차분히 지교회에 도움이 될만한 방향이 무엇인지 기도하며 준비할 수 있었던게 조금은 위안이 된다.

사실 지난 해 전도부흥운동을 어떻게 진행해야 할지 허둥댓던 모습이 지금도 아쉬움으로 남는다. 전도부흥운동을 기획하고, 진행하는 노회에서는 지교회에 도움이 되는 것을 어떻게 준비할지, 어떻게 지원을 해야할지 몰라서 많이 힘들었다.

예산도 없이 전도부흥운동을 기획하고, 진행하면서 모든 필요를 채워주신 하나님 은혜가 감사했고, 많은 반대의 목소리조차 전도운동에 알게모르게 동참하여 소기의 성과를 만들어 낼 수 있었다.

그렇게 한 해를 보내고 2년차를 맞이한 올해는 노회에 속한 교회의 성도들과 목사님들의 마음을 모으고, 동참할 수 있도록 길 안내를 하는 것이 필요했다. 지난 해 만족스럽지 못했던 부분들을 찾아서 이번에는 보완하고, 새롭게 준비했다. 전도부흥운동 발대식이 그렇고, 전도를 위한 전도교육이 그렇다.

'어린이 EDI 전도교육'과 '장년 EDI 전도교육'을 각각 진행하고, 'THE 4 전도교육'과 '텃치전도 컨퍼런스'를 진행했다. '영등포노회 성서신학원 총동문회'와 '영등포교회'에서는 별도로 EDI 전도교육을 요청하여 별도의 전도교육을 진행하였으니, 이 또한 하나님 주신 소명에 응답함이라 생각되어 정말 기쁜 시간이었다.

아래는 각각의 전도교육에 대한 프로그램 안내와 전도교육 사진자료를 통해 전도부흥운동을 위한 전도교육의 은혜로운 현장상황을 전한다.

(1) 어린이 EDI 전도교육
 1) 교육장소 : 양평동교회 본당
 2) 어린이EDI 전도훈련 대상 : 교회학교 교역자, 선생님과 학생 대상
 3) 일시 : 2024년 1월 13일(토) 오전10시~오후3시까지
 4) 전도훈련 커리큘럼

영등포노회 어린이에디 세미나

1. 날짜 : 2024년 1월 13일 토요일
2. 시간 : 오전 10:00 ~ 오후 3:00
3. 장소 : 양평동교회
4. 주강사: 이성곤간사 (전 CCC 미래사역연구소, 현 CCCEDI 다음세대팀 전임간사)
5. 커리큘럼

시간	순서
10:00	어린이에디의 철학과 교재 소개
10:30	복음전도학교 개관 및 네모난책
11:10	휴식시간 (노크애니메이션 상영)
11:20	우리집에놀러와 1-2과
12:00	점심식사
13:00	우리집에놀러와 3-4과
13:50	휴식시간 (챈트 상영)
14:00 ~15:00	복음전도학교 과정 교회학교 적용제안 에디플랫폼을 활용한 어린이전도 Q&A

#1 영등포노회 '2024 전도부흥운동'

5) 어린이 EDI 전도훈련 사진자료

(2) THE 4 전도교육 / 장년 EDI 전도교육

1) 교육장소 : 한영교회 본당

2) THE 4 전도훈련 / 장년 EDI 전도훈련 대상 : 교회학교 교역자, 중직자, 성도

3) 일시 : 2024년 1월 13일(토) / 20일(토)   오전10시~오후3시까지

4) THE 4 전도훈련 / 장년 EDI 전도훈련 커리큘럼

날짜 시간	13일(토)	20일(토)
10:00 10:30	찬양과 기도 (10:00~10:20, 20분)	찬양과 기도 (10:00~10:20, 20분)
11:00	THE FOUR 1 [전도를 위한 워밍 업] (10:20~11:10, 50분)	에디 전도 플랫폼 [플랫폼과 전도카드를 활용한 전도] (10:20~12:30, 130분)
11:30	휴식(20분)	
12:00	THE FOUR 2 [4가지 심볼 이해] (11:30~12:30, 60분)	
12:30 13:00	점심식사 (12:30~13:30, 50분)	점심식사 (12:30~13:30, 50분)
13:30 14:00 14:30	THE FOUR 3 [복음제시 훈련하기] (13:30~15:00, 90분)	전도실천 (13:30~15:00, 90분)
15:00	마침 광고 (15:00~15:10, 10분)	마침 광고 (15:00~15:10, 10분)

5) THE 4 전도훈련 사진자료

#1 영등포노회 '2024 전도부흥운동'

6) 장년 EDI 전도교육 사진자료

#1 영등포노회 '2024 전도부흥운동'

(3) 터치전도 컨퍼런스

1) 교육장소 : 한영교회 본당

2) 터치전도 컨퍼런스 대상 : 교회 교역자, 중직자, 성도

3) 일시 : 2024년 5월 3일(금) 오후 1시~오후 5시까지

4) 터치전도 컨퍼런스 커리큘럼

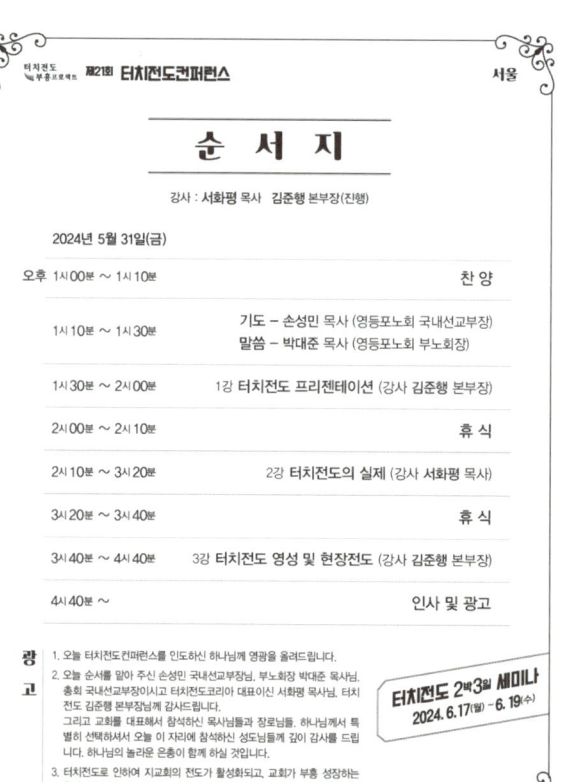

5) 텃치전도 컨퍼런스 사진자료

(4) 영등포노회 성서신학원 총동문회초청 EDI전도교육

1) 교육장소 : 영등포노회 회관 3층

2) EDI 전도교육 대상 : 성서신학원 동문

3) 일시 : 2024년 2월 29일(목) 오후 7시~

4) EDI 전도교육 공지내용

★초청특강 및 동문 총회 공지★

영등포성서신학원이 후원하고 총동문회가 주관하는 초청특강 후 동문총회를 개최합니다 바쁘신 가운데도 참여하시어 자리를 빛내 주시기 바랍니다 아울러 새 학기 개강 전 재학생 및 졸업동문이 함께 참여하는 이번 특강을 통하여 복음 전도 플랫폼의 새 지평을 열어 각 지교회의 부흥을 견인하는 마중물이 되시기를 바랍니다.

#1 영등포노회 '2024 전도부흥운동'

제 1 부 : 초청특강

■ 주제 : EDI전도 플랫폼

■ 일시 : 2월29일 (목) 저녁 7시   ■ 장소 : 신학원3층 강의실

■ 강사 : 성수권 목사   ■ 주관 : 영등포성서신학원 총동문회

<강사 소개>

CCC전임 간사/EDI 전도제자훈련원장/GCM 팀장/동성교회 협동목사

<광고>

★★★ 영등포성서신학원 후원으로 아림국수 식당에서 소고기 아림국수 비빔밥 & 찌게를 특강(19:00~20:30)시간 전 후로 식사 제공 합니다^^♥

★★★ 졸업동문 후원(다과) ★★ 강의 마치고(20:00) 강사님과 기념사진 촬영

제 2 부 : 영등포성서신학원 동문 총회

■ 동문회장 인사와 기도

■ 경과보고 및 안건토의(임원 개선)

■ 기념사진 촬영 후 폐회

2024. 2. 15.

영등포성서신학원 총동문회 동문회장   권 오 성

1) 성서신학원 총동문회초청 EDI전도교육

6. 여전도회연합회, '성령 충만한 120 기도의 용사'가 되다

    2022년 11월 30일 전도부흥운동을 위해 평신도위원회 주관으로 남선교회연합회 임원들과 여전도회연합회 임원들이 첫 간담회를 진행했다.

    이듬해 4월 여전도회 총회가 영남교회에서 개최되고, 이영녀 권사님이 회장으로 취임했다. 이때부터 그동안 답보 상태에 있던 '성령 충만한 120 기도의 용사'를 모집하게 되었다. 각 지구회때 마다 전도부흥운동을 위한 기도회와 함께 120 기도의 용사를 모집하게 되었다. 120명의 기도의 용사를 모집하고, 신청서를 받아 명단을 정리해보니 신청인원이 122명이었다. 할렐루야!!

    사도행전 1장 14절~15절 말씀에

¹⁴ 여자들과 예수의 어머니 마리아와 예수의 아우들과 더불어 마음을 같이하여 오로지 기도에 힘쓰더라

¹⁵ 모인 무리의 수가 약 백이십 명이나 되더라

    마가의 다락방에 모인 120명의 성도들이 더불어 마음을 같이하여 오로지 기도에 힘쓰니, 기도하는 성도 120명에게 성령이 임했고. 그들이 교회가 되게 하시고, 오늘의 교회가 있게 하셨습니다.

    전도부흥운동!!

    작은 교회를 위하여 120명의 기도의 용사들이 기도할 때, 성령께서 전도부흥운동을 역사하시고 하나님의 영광을 이루실 것 입니다.

    여러분의 기도는 작은교회를 일으켜 세우실 것입니다.

    기도의 용사가 되십시오.

    여러분의 기도는 섬기는 교회를 더욱 든든히 세우실 것입니다.

    기도하는 군사가 되십시요.

    여러분의 기도는 한국교회에 다시 임하는 성령의 역사를 보게 할 것입니다. 성령께서 하실 것입니다.

#1 영등포노회 '2024 전도부흥운동'

(1) 성령 충만한 기도의 용사에 참여한 122명의 명단을 책자에 싣는다.

'성령 충만한 120 기도의 용사' 신청서(목회자)

항목	순번	이름	직분	핸드폰	교회	당회장	섬기는 기간	비고
목회자	1	박대준	목사		영의도제일교회	박대준	1년	
	2	진수일	목사		명성교회	진수일		
	3	안지성	목사		새터교회	안지성		
	4	이영석	목사		임마누엘교회	이영석	계속	
	5	손성민	목사		로뎀선교회	손성민		
	6	배종님	목사		진명교회	배종님		
	7	이정배	목사		발산동교회	이정배		
	8	이호구	목사		노회총무			
	9	남상국	목사		영서 교회	남상국	계속	
	10	여동숙	사모		두드림교회	서운수	계속	
	11	최황규	목사		서울중국인교회	최황규	계속	
	12	서운수	목사		두드림교회	서운수	계속	
	13	윤영숙	전도사		영서교회	남상국	계속	
	14							
	15							
	16							
	17							
	18							
	19							
	20							

'성령 충만한 120 기도의 용사' 신청서(제1지구회)

지구회	순번	이름	직분	핸드폰	교회	당회장	섬기는 기간	비고
제1지구회	1	이영녀	권사		영남 교회	윤인섭	계속	
	2	정유리	집사		영남 교회	윤인섭	1년	
	3	문인실	권사		영남 교회	윤인섭	1년	
	4	신용자	권사		영남 교회	윤인섭	1년	
	5	조형자	권사		영남 교회	윤인섭	계속	
	6	안순옥	은퇴권사		영남 교회	윤인섭	1년	
	7	임순희	권사		영남 교회	윤인섭	계속	
	8	김군자	권사		영남 교회	윤인섭	계속	

지구회	순번	이름	직분	핸드폰	교회	당회장	섬기는 기간	비고
	9	윤인숙	권사		영남 교회	윤인섭	1년	
	10	하분숙	권사		당일 교회	김기용	1년	
	11	안지혜	권사		당일 교회	김기용	1년	
	12	박경숙	권사		당일 교회	김기용	1년	
	13	이명옥	권사		당일 교회	김기용	1년	
	14	정성경	권사		당일 교회	김기용	1년	
	15	최혜원	권사		당일 교회	김기용	1년	
	16	김성구	권사		당일 교회	김기용		
	17	조기호	권사		당일 교회	김기용	1년	이름 확인
	18	김향선	권사		당일 교회	김기용	계속	
	19	이은영	권사		시온성 교회	최윤철		
	20	이순옥	권사		한영교회	나경식	1년	
	21	최도순	권사		당일 교회	김기용	계속	
	22	장문옥	권사		영등포교회	윤길중	1년	
	23	김찬숙	집사		양평동교회	김경우	1년	
	24	임혜경	권사		양평동교회	김경우	1년	
	25	김순자	권사		영등포교회	윤길중	계속	
	26	김현심	권사		시온성 교회	최윤철		
	27	윤미영	집사		시온성교회	최윤철		
	28	주혜경	권사		한영교회	나경식		
	29	이길순	권사		한영교회	나경식	계속	
	30	김은숙	권사		한영교회	나경식	계속	
	31	박정순	권사		한영교회	나경식		
	32	조혜경	권사		영등포교회	윤길중		
	33	홍성애	권사		한영교회	나경식	1년	
	34	김정해	권사		한영교회	나경식		
	35	권혁채	권사		한영교회	나경식	계속	
	36	이영미	권사		한영교회	나경식	계속	
	37	이수선			영은교회	이승구		
	38	김숙영	권사		영등포교회	윤길중	1년	
	39	임영옥	권사		영등포교회	윤길중	1년	
	40							

#1 영등포노회 '2024 전도부흥운동'

'성령 충만한 120 기도의 용사' 신청서(제2지구회)

지구회	순번	이름	직분	핸드폰	교회	당회장	섬기는 기간	비고
제2지구회	1	김길대	권사		강서 교회	마요한	계속	
	2	윤우희	장로		강서 교회	마요한	1년	
	3	유종숙	권사		강서 교회	마요한	1년	
	4	이수옥	권사		강서 교회	마요한	1년	
	5	김용태	집사		강서 교회	마요한	1년	
	6	박정길	안수		강서 교회	마요한	1년	안수집사
	7	신영순	권사		강서 교회	마요한	1년	
	8	김희복	권사		강서 교회	마요한	1년	
	9	신덕순	권사		강서 교회	마요한	1년	
	10	김은숙	권사		강서 교회	마요한	1년	
	11	김춘근	집사		강서 교회	마요한	1년	
	12	이주연	권사		강서 교회	마요한	1년	
	13	권기옥	권사		목민 교회	김덕영	1년	
	14	서인순	권사		목민 교회	김덕영	1년	
	15	권영순	장로		치유하는 교회	김의식	1년	
	16	안재란	권사		치유하는 교회	김의식	1년	
	17	엄금순	권사		영서 교회	남상국	계속	
	18	방경희	권사		영서교회	남상국	1년	
	19	권흥자	권사		영서 교회	남상국	계속	
	20							
	21							
	22							
	23							
	24							
	25							

'성령 충만한 120 기도의 용사' 신청서(제3지구회)

지구회	순번	이름	직분	핸드폰	교회	당회장	섬기는 기간	비고
제3지구회	1	문은미	권사		갈릴리 교회	김승준	계속	
	2	김남순	권사		갈릴리 교회	김승준	1년	
	3	강미자	권사		갈릴리 교회	김승준	1년	
	4	강정옥	집사		갈릴리 교회	김승준	1년	
	5	이미현	집사		갈릴리 교회	김승준	1년	
	6	손희정	집사		갈릴리 교회	김승준	1년	
	7	이수경	권사		갈릴리 교회	김승준	1년	
	8	이윤옥	권사		갈릴리 교회	김승준	1년	
	9	이혜자	권사		갈릴리 교회	김승준	1년	
	10	정택순	권사		갈릴리 교회	김승준	1년	
	11	조재형	권사		갈릴리 교회	김승준	1년	
	12	한순영	집사		갈릴리 교회	김승준	1년	
	13	홍성자	권사		갈릴리 교회	김승준	1년	
	14	김유경	집사		갈릴리 교회	김승준	1년	
	15	김경숙	집사		갈릴리 교회	김승준	1년	
	16	박은순	권사		갈릴리 교회	김승준	1년	
	17	여정화	집사		갈릴리 교회	김승준	1년	
	18	양기원	권사		갈릴리 교회	김승준	1년	
	19	이미경	장로		남도 교회	윤정남		
	20	양수보	권사		남도 교회	윤정남	계속	
	21	김봉란	권사		신도 교회	정현철	1년	
	22	민인옥	권사		신도 교회	정현철	계속	
	23	조경선	권사		신도 교회	정현철	계속	
	24	변은숙	권사		신도 교회	정현철		
	25	임영란	권사		신성 교회	장봉림	계속	
	26	설형순	권사		영도 교회	박경원	계속	
	27	안정연	권사		영문 교회	장원재	1년	
	28	노 현	집사		영문 교회	장원재	1년	
	29	이혜련	권사		영문 교회	장원재	1년	
	30	오순자	권사		영문 교회	장원재	1년	
	31	박삼순	권사		영문 교회	장원재	1년	
	32	홍명희	권사		영문 교회	장원재	1년	
	33	박복자	권사		영문 교회	장원재	1년	
	34	김해숙	권사		영문 교회	장원재	1년	

#1 영등포노회 '2024 전도부흥운동'

지구회	순번	이름	직분	핸드폰	교회	당회장	섬기는 기간	비고
	35	이금순	권사		영문 교회	장원재	1년	
	36	김미정	집사		영은 교회	이승구	1년	
	37	남연경	권사		주향한 교회	허 준	1년	
	38	김순애	권사		주향한 교회	허 준	계속	
	39	이금숙	권사		주향한 교회	허 준	계속	
	40	박나현	권사		주향한 교회	허 준	1년	
	41	이영숙	권사		신성 교회	장봉림	계속	
	42	하미선	집사		경일 교회	김용희	1년	
	43	최현주	집사		영도 교회	박경원	1년	
	44	최양숙	권사		영도 교회	박경원		
	45	김윤주	권사		신도 교회	정현철	1년	
	46	이수선			영은 교회	이승구		
	47	우정길	권사		남도 교회	윤정남	계속	
	48	주염경	집사		영은교회	이승구	1년	
	49	정광자	권사		주향한교회	허준	1년	
	50	원영일	장로		영도교회	박경원	계속	
	51							
	52							
	53							
	54							
	55							

'2024 영등포노회 전도부흥운동'
'성령 충만한 120 기도의 용사' 신청서

■ 성령 충만한 120 기도의 용사는 2024 영등포노회 전도부흥운동을 위한 기도의 용사로, 전도부흥운동이 하나님의 은혜로 전개되고, 나아가 지교회가 부흥·성장하도록 기도로 섬기는 사역을 감당하게 됩니다.

• 신청서 접수 : 상시모집   • 모집인원 : 120명

■ 지원자 인적사항(필수)

현재 출석하는 교회	로뎀신교회	당회장	
신청인 직분	목사	핸드폰	010-2648-8671
신청인 성명	손성민	이메일	sssm1999@hanmail.net
섬기는 기간	1년( ) / 계속(✓) / 기타( )		

문의, 접수 : 영등포노회 남선교회연합회 회장 이태봉 장로(010-9780-1298)
전도부흥운동 기획, 지원 총괄팀장 배정수 장로(010-5417-7899 / cg5422@naver.com)

위와 같이 '성령 충만한 120 기도의 용사'에 참가를 신청합니다.

2024. 1. 6.

신청인 : 로뎀신교회 교회 / 손성민 (인)

신청인 : 성혜경 교회 / 성락동교회 (인)

신청인 : 임영란 교회 / 신성교회 (인)

신청인 : 한정균 교회 / (인)

20

신청인 : 박일 교회 / 하은숙 (인)

2024. 2. 4.

신청인 : 김향선 교회 / (인)

신청인 : 교회 / 이영숙 (인)

신청인 : 교회 / (인)

신청인 : 영남 교회 / (인)

20

신청인 : 김규리 교회 / 예닮교회 (인)

문의, 접수 : 영등포노회 남선교회연합회 회장 이태봉 장로(010-9780-1298)
전도부흥운동 기획, 지원 총괄팀장 배정수 장로(010-5417-7899 / cg5422@naver.com)

위와 같이 '성령 충만한 120 기도의 용사'에 참가를 신청합니다.

2024. 2. 15.

신청인 : 김순영 교회 / 영등포교회 (인)

신청인 : 권영순 교회 / 화음하는교회 (인)

신청인 : 14M 교회 / 신영모 (인)

신청인 : 두드림 교회 / 서윤수 (인)

신청인 : 박상옥 염서교회 / (인)

#1 영등포노회 '2024 전도부흥운동'

(2) 여전도회연합회 임원들이 드디어 주말전도부흥운동에 합류하게 되었다.

많은 사역과 봉사로 인하여 주말이면 지교회로 연합사역으로, 한 몸으로는 도저히 감당키 어려운 여전도회연합회 임원들이 노방전도에 힘을 실었다. 이렇게 합류한 여전도회연합회 임원들과 남선교회연합회 임원들, 그리고 지교회 성도들과 더불어 진행하는 전도부흥운동은 비록 길지않은 시간동안 진행되는 노방전도의 시간이지만 은혜의 시간이요, 작은교회에 크게 역사하는 귀한 시간이 되고 있다.

아래는 여전도회 연합회 임원들과 함께한 사진들이다.

7. 남선교회연합회, '교회를 회복 시키는 300 전도의 용사' 참여를 위해 기도하다

"우리는 연약하지만 '교회를 회복시키는 300 전도의 용사'로 부름받은 우리가 전도부흥운동의 용사가 되어 순종하기를 원합니다. 우리의 연약함을 고백하고 하나님의 능력으로 용사가 되기를 원합니다.

영등포노회에 속한 작은교회를 위하여 하나님의 명령에 순종하기를 원합니다. 나아가 하나님의 능력으로 한국교회를 다시 세우는 군사가 되어 이 땅에 하나님의 음성을 듣지 못해 죽어가는 영혼이 단 한 명도 없게 되기를 기도합니다."

전도사례집 Ⅰ권의 말미에 '영등포노회 평신도 전도부흥운동 사관학교'에 '120 기도의 용사'와 '300 전도의 용사'를 모집하여 전도부흥운동의 기초를 단단히하고자 참여신청서를 받았습니다. 전도부흥운동에 함께하는 모두의 기도제목이었습니다. 이제 120 기도의 용사에 참여하는 성도들은 충족을 했습니다. 그러나 300 전도의 용사는 120 기도의 용사에 비해 적은 인원이 참여하고 있습니다.

이에 좀 더 하나님의 백성들이 관심을 갖고 동참하기를 바라는 마음에서 '300 전도의 용사 참여신청'을 위한 기도문을 올립니다. 함께 기도해 주시고, 지교회와 노회와 한국교회를 위해서 전도의 용사가 되어줄 것을 소망합니다.

(1) 교회를 회복 시키는 300 전도의 용사를 위한 기도문 1

- 이태봉 장로(57회기 남선교회연합회 회장)

사랑과 은혜가 풍성하신 하나님,

오늘도 저희에게 새로운 하루를 허락하시고, 주님의 뜻을 행할 수 있는 기회를 주신 것에 감사드립니다. 영등포노회와 남선교회연합회, 여전도회 연합회가 하나님의 말씀을 전하고, 작은 교회를 위해 전도부흥운동을 진행하고 있는 이 귀한 사역을 주님 손에 올려드립니다.

주님께서 말씀하시기를, "너희는 온 천하에 다니며 만민에게 복음을 전파하라"(마가복음 16:15) 하셨습니다. 저희가 주님의 부르심에 응답하여 전도의 용사를 모집하고자 합니다. 남선교회연합회가 '300명의 전도의 용사'를 모집하고자 노력하고 있지만 아직 목표를 이루지 못했습니다. 주님의 능력과 은혜로 저희가 이 목표를 달성할 수 있도록 도와주십시오. 주님의 사랑을 나누고자 하는 이들에게 용기와 힘을 주시옵소서. 주님의 성령이 저희

#1 영등포노회 '2024 전도부흥운동'

각 사람 마음에 임하여 기쁨과 담대함으로 이 사역에 나서게 하시고, 모두가 한마음으로 기도하며 주님의 일을 이룰 수 있게 하옵소서.

특히 남선교회연합회의 임원들과 회원들이 한마음으로 주님의 뜻을 이루기 위해 기도와 전도에 동참할 수 있도록 도와주십시오. 주님께 서원된 저희가 주님의 이끄심을 따라 사랑으로 협력하며, 하나 된 마음으로 서로를 격려하게 하시고, 주님의 사명을 이루기 위해 기꺼이 헌신할 수 있도록 인도하여 주시옵소서. 성령님의 은혜로 모든 참여자들이 믿음의 담대함을 얻게 하시고, 전도의 열매가 풍성하게 맺히게 하옵소서.

작은 교회를 위한 주말 노방전도와 전도운동에 사용할 모든 필요를 채워주시고, 참여하는 모든 이들에게 하나님의 은혜를 베풀어 주시기를 간구합니다. 주님의 인도하심 속에 저희가 나아갈 때마다 귀한 결실을 맺도록 도와주시며, 모든 이들의 마음을 열어 주님의 말씀을 받아들이게 하옵소서.

주님께서 또한 말씀하시기를, "나는 너희 중에 행하여 너희의 하나님이 되고 너희는 내 백성이 될 것이니라" (레위기 26:12) 하셨습니다. 주님의 사랑과 복음이 더 많은 사람들에게 전파되고, 교회가 부흥하며 주님의 나라가 확장되는 놀라운 역사를 경험할 수 있도록 인도하여 주시옵소서. 특히 작은 교회들이 이 전도운동을 통해 큰 힘과 위로를 얻게 하시고, 주님의 손길을 느끼며 성장할 수 있도록 도와주시옵소서.

날마다 주님의 은혜를 기억하며, 주님의 일을 감당할 수 있는 기쁨과 감사가 넘치는 삶을 살게 하시고, 각종 어려움과 유혹의 순간에도 오직 주님을 바라보며 승리하는 저희가 되게 하여 주시옵소서. 이번 '2024 전도부흥운동'을 통해 많은 영혼들이 주님께로 돌아오고 구원의 기쁨을 누리며, 주님의 영광이 온 땅에 충만하게 나타나기를 기도드립니다.

우리 주 예수 그리스도의 이름으로 기도드립니다. 아멘!!

8. '2024 전도부흥운동' 상반기 일정을 마치다

2023년 9월 22일 제108회기 교단 총회가 출범하고 '2024 전도부흥운동'이 전국 교단총회 산하 69개 지노회에서 다시 진행되고 있다. 지난 '2023 전도부흥운동'에서보다 더 많은 노회와 지교회에서 부르신 소명대로 전도운동에 매진할 것으로 보인다.

우리 영등포노회에서도 지난 해의 아쉬웠던 부분들을 보완하여 좀 더 효과적이고, 지교회에 실제적인 전도부흥에 도움이 될 수 있는 방안을 마련하고자 부단히 노력하고 있다. 아쉬움이 없을 수는 없겠지만 눈에 띄게 효과를 보고, 적용하는 사례가 늘게 된 것은 역시 전도교육을 통하여 많은 교회의 참여를 이끌고, 체계적으로 전도를 실행할 수 있게된 점이라고 생각된다.

이렇게 2년째 전도부흥운동이 진행되면서 한국교회의 회복을 목도할 수 있겠다는 소망을 품게된 것도 큰 기쁨이라 생각된다.

그간의 과정이라고해야 큰 내용이 있을까만은 이렇게 정리해서 공유함은 전도운동에 갈급한 분들과 교회에 조금이나마 참고가 되기를 바라는 마음이 크기 때문이다.

한 회기 동안 기도와 더불어 동참하신 모든 분들게 깊이 감사를 드립니다.

전도부흥운동 경과보고(2023년 9월 부터, 2024년현재 진행 중)

일 자	내 용	비 고
2023년 9월 첫 주 부터	하반기 7교회를 대상으로 주말 전도부흥운동 진행	
2023년 11월 10일(금)	영등포노회 국내선교부 회의에서 총회전도부흥운동의 일환으로 2024 영등포노회 전도운동을 기획, 진행하기로 결의함	교자부,남선연,여전도 연합회와 간담회 계획
2023년 11월 21일(화)	교단 총회장님 방문, 면담 후 전도부흥운동사례집 전달함/총회장님께서 사례집200권을 구입, 전도위원 및 지노회 국내선교부 정책협의회에서 배포함	
2023년 11월 23일(목)	교육자원부,남선교회연합회,여전도연합회와 임원초청 간담회진행	전도운동발대식,전도교육 진행결의함
2023년 11월 30일(목)	영등포노회장님 면담, 전도부흥운동 관련 향후 계획 설명	국내선교부 임원
2023년 12월 8일(금)	전도부흥운동 발대식, 어린이EDI 전도교육, THE4+EDI 전도교육 장소허락 요청공문 영등포교회, 양평동교회, 한영교회에 발송	
2023년 12월 11일(월)	노회 내 지교회에 전도부흥운동 발대식, 어린이EDI 전도교육, THE4+EDI 전도교육에 참여요청 공문 발송	이후 문자발송 7회

#1 영등포노회 '2024 전도부흥운동'

일 자	내 용	비 고
2024년 1월 6일(토)	'2024 전도부흥운동' 발대식 진행	영등포교회
2024년 1월 8일(월)	'2024 전도부흥운동'에 대한 보도자료 배포 및 평신도신문 기사화	
2024년 1월 13일(토)	어린이 EDI 전도교육을 양평동교회에서 진행	양평동교회 본당
2024년 1월 13일(토)	THE4 전도교육을 한영교회에서 진행	한영교회 본당
2024년 1월 20일(토)	장년 EDI 전도교육을 한영교회에서 진행, 굿TV에서 전도교육 취재, 보도	한영교회 본당
2024년 1월 23일(화)	기독언론에 전도교육에 대한 보도자료 배포	
2024년 2월 20일(화)	교단 총회(통합) 국내선교부에 '전도사례집1권' 80권을 지원	
2024년 2월 29일(목)	영등포노회 성서신학원 총동문회 대상 EDI 전도교육 실시	
2024년 3월 11일(월)	'2024 전도부흥운동' 관련 영등포노회 국내선교부 회의	
2024년 3월 12일(화)	영등포노회 소속교회에 '2024 전도부흥운동' 관련 진행독려, 전도부흥운동 후 보고서 제출에 대한 안내공문 발송	
2024년 3월 16(토)	새언약교회 주말 전도부흥운동 실시	정성철 목사
2024년 3월 16(토)	예향교회 주말 전도부흥운동 실시	김상욱B 목사
2024년 3월 18(월)	삼척 세상의 빛된교회 후원추천서를 국가조찬기도회에 발송	
2024년 3월 27(수)	지역소상공인 및 지역교회 연합 전도사역을 '행복공동체'로 계획하여 추진하기 위해 초안작성	
2024년 4월5일(금)	어린이전도협회 광명지부 방문, 전도사례집에 소개할 교육자료요청	
2024년 4월 13일(토)	향기내리교회 주말 전도부흥운동 실시	김추향 목사
2024년 4월 20일(토)	진명교회 주말 전도부흥운동 실시	배종님 목사
2024년 4월 27일(토)	서울중국인교회 주말 전도부흥운동 실시	최황규 목사
2024년 5월 11일(토)	서울새순교회 주말 전도부흥운동 실시	이종성 목사
2024년 5월 18일(토)	큰은혜교회 주말 전도부흥운동 실시	김태훈 목사
2024년 5월 23일(목)	텃치전도 컨퍼런스 참여요청 및 지교회 홍보전단지 배포	
2024년 5월 31일(금)	텃치전도 컨퍼런스를 한영교회 본당에서 진행	주 강사 국내선교부장 서화평 목사
2024년 6월 1일(토)	즐겁고행복한교회 주말 전도부흥운동 실시	박희용 목사
2024년 6월 5일(수)	2024 전도부흥운동 보고서 작성, 제출요청 문자발송	
2024년 6월 5일(수)	전도사례집 발간에 대한 일정협의	
2024년 6월 10일(월)	'2024 전도부흥운동' 지교회자료 접수마감, 평가(~6월 12일까지)	
2024년 6월 15일(토)	영등포노회 '2024 전도부흥운동' 시상식 개최	
2024년 6월 21일(금)	교단총회에 2024 전도부흥운동 보고서 제출	
2024년 7월 4일(목)	교단총회 2024 전도부흥운동 시상식 실시(예정)	

9 영등포노회 '2024 전도부흥운동' 시상식을 진행하다

   2024년 6월 15일 오후 3시에 노회장 이영석 목사님과 노회 임원들과 노회 관계자 그리고 2024 전도부흥운동 시상대상교회의 목사님과 성도들이 참여한 가운데, '영등포노회 2024 전도부흥운동 시상식'이 진행되었다.

   주님 부르신 뜻대로 행한 교회 위에, 함께 동참한 모든 교회 위에, 그리고 주님의 명령에 순종한 하나님의 백성들이 함께 즐거워하고, 복된 시간을 누리고자 이 자리를 마련했다. 수상 여부를 떠나 함께 동참하며 하나님의 역사하심을 지켜보며 교회의 비젼을 꿈꾸게 된 것에 의미를 두었으면 하는 마음이 크다.

   지면을 빌어 수상한 교회에 축하를 드리며, 전도부흥을 향한 뜨거운 열정과 헌신에 하나님의 기뻐하심이 클 것을 기대하며, 여기에 그 명단을 싣는다.

   최우수상에 양평동교회(김경우 목사 시무), 우수상에 주향한교회(허준 목사 시무), 장려상에 진명교회(배종님 목사 시무), 향기내리교회(김추향 목사 시무), 새언약교회(정성철 목사 시무), 서울새순교회(이종성 목사 시무), 서울중국인교회(최황규 목사 시무), 즐겁고행복한교회(박희용 목사 시무)

전도부흥운동 사례집 II
전도·부흥·운동 어떻게 할 것인가?

'2024 전도부흥운동' 자료

1. 기독언론 보도자료
2. '2024 전도부흥운동'은 SNS를 타고 땅끝까지 달려가 소명을 일깨운다
3. 발대식, 전도교육 및 컨퍼런스 등 참가 안내를 위한 공문
4. 작은교회를 위한 주말 전도부흥운동 참가자 조편성 및 일정표

#2 '2024 전도부흥운동' 자료

1 기독언론 보도자료

(1) 전도사례집 Ⅰ권을 발간하다.

영등포노회, 전도부흥운동 사례집 발간

2023년 10월 28일(토) 18:24   표현모 기자 hmpyo@pckworld.com

영등포노회가 전도부흥운동 사례집을 발간해 눈길을 모은다.

영등포노회는 지난 10월 24일 정기노회에서 '전도부흥운동 사례집 – 전도·부흥·운동 누가 할 것인가?'의 발간을 보고하고, 이를 계기로 노회 내 전도와 부흥에 대한 노력을 더욱 강화할 것을 촉구했다.

영등포노회 남선교회연합회 주관으로 발간된 영등포노회 전도부흥운동 사례집은 동반성장위원회에 소속된 교회 중 전도부흥운동에 동참한 12개 교회와 제107회 교단 총회에 전도부흥운동 성과보고서를 제출할 때 참여한 교회들의 자료를 기반으로 구성됐다. 영등포노회는 지난 107회기 교단 총회에서 전도부흥운동 우수상을 수상한 바 있다.

사례집에는 올 한해 동안 진행된 영등포노회 및 남선교회연합회의 전도부흥운동 과정과 에피소드, 홍보자료, 설문자료, 경과보고, 12개 동반성장교회들의 전도운동 보고, 각 교회들의 전도부흥운동 보고 등이 수록되어 있다.

영등포노회 남선교회연합회는 이 사례집을 유료판매해 그 수익금으로 노회 내 자립대상

교회에 전도지 및 전도물품을 지원할 예정이다.

이번 사례집을 발간한 영등포노회 제56회 남선교회연합회장 배정수 장로는 "이 땅의 교회들이 작은 교회에 성장동력이 되어주고, 교회가 깊은 잠에서 깨어나 일하기를 원하고 계시는 이 때 하나님께서 영등포노회와 남선교회연합회를 사용하셨다"며 "이 사례집 발간이 힘찬 동력이 되어 전국의 지노회와 전국의 남선교회 조직이 전도부흥운동에 사용되어지기를 원한다"고 바람을 피력했다.

표현모 기자

(2) 2024 전도부흥운동 발대식을 진행하다.

평신도신문 2024년 1월 13일 (토요일) 3

영등포연 전도부흥운동 발대식
새해도 전도부흥운동을 위하여

영등포노회 2024 전도부흥운동 발대식이 1월 6일(토) 영등포교회 2층 예배실에서 개최됐다.

예배는 국내선교부장 손성민 목사 인도, 부노회장 서창열 장로 기도, 노회 서기 이정배 목사 성경봉독(마 28:18~20), 아카펠라 장로중창단 H.I.M 찬양, 노회장 이영석 목사 '세상 끝날까지' 제하의 말씀 선포 후 축도로 드려졌다.

예배 후 국내선교부장 손성민 목사가 광고를 했다. 발대식 순서는 국내선교부 회계 배정수 장로 사회로 국내선교부 서기 김추향 목사가 2023 전도부흥운동 성과보고, 진행상황 보고 및 조직보고, 노회장 이영석 목사 인사, 부노회장 박대준 목사 격려사, 교육자원부장 정성철 목사 '다음 세대 전도부흥운동을 위하여' 영등포노회 남선교회연합회 회장 이태봉 장로 '총회와 노회의 전도부흥운동을 위하여', 영등포노회 여전도회연합회 이영녀 회장이 '지 교회의 전도부흥운동을 위하여' 특별 기도를 하고 성령 충만한 120기도의 용사 출정식을 하며 120명의 기도의 용사를 상시 모집하는 신청서를 작성하고 교회를 일으키는 300전도의 용사 출정식을 하며 섬기는 기간을 선택하는 300명을 상시 모집하는 전도의 용사 신청서를 작성했다.

국내선교부 회계 배정수 장로가 내빈소개 및 EDI 전도훈련 교육팀을 소개, 전도운동 찬조자 소개, 어린이 EDI 전도교육 및 THE4+EDI 전도교육 일정 소개, 전도운동 취재기자 모집 광고를 했다. 교육자원부장 정성철 목사의 인도로 구호를 제창하고 영등포교회 윤길중 목사가 마침기도를 했다.

영등포연 전도부흥운동 발대식 후 기념 촬영

#2 '2024 전도부흥운동' 자료

보 도 자 료

매수	참고자료	사진	사업주최 : 131.132회 영등포노회
		○	2024 전도부흥운동 위원장 : 부노회장 서창열 장로
			기획, 지원 총괄팀장 : 배정수 장로(010-5417-7899)

보도일시 : 2024년 1월 10일(수) 배포즉시

▶ '2024 영등포노회 전도부흥운동 발대식'을 진행하고, 다시 한국교회가 부흥성장하는데 모델이 되는 영등포노회의 모든 교회가 되기를 선포!!

[주요내용]
- '2024 영등포노회 전도부흥운동'을 위해 헌신할 조직을 보고하고, '2023 전도부흥운동'에 대한 성과보고와 진행중인 2024 전도부흥운동 상황에 대해 보고
- 발대식 참가자들을 대상으로 120 기도의 용사, 300 전도의 용사 참여신청서를 받고, 출정식을 가졌으며,
- 여전도회 연합회에서는 기도의 용사 참가자를 더욱 늘리고, 지구회 등 모든 모임에서 전도부흥운동을 위한 기도회 순서를 갖기로
- 남선교회연합회에서는 지난 해 동반성장교회의 성장을 기도하며 시작한 주말전도대회를 금년에도 계속하기로 하고, 전도 대상교회를 선정하고, 전도교육에 참여시키기로
- 영등포노회에서는 ''2024 전도부흥운동' 발대식'을 시작으로, 어린이 전도교육과 장년 전도교육을 구분하여 3일 동안 실시하기로 하고, 적극 참여하는 교회는 시상할 계획이라고

영등포노회(131.132회 노회장 이영석 목사, 임마누엘교회)는 '2024 전도부흥운동 발대식'을 2024년 1월 6일(토) 영등포교회 2층 방지일목사기념홀에서 개최했다.

'2024 전도부흥운동 발대식'은 1부 예배와 2부 발대식 순서로 진행되었는데, 1부 예배는 국내선교부 부장 손성민 목사의 인도로 부노회장 서창열 장로의 기도와 아카펠라 장로중창단 HIM의 찬양 순서에 이어 이영석 노회장이 "세상 끝날까지"라는 주제로 하나님의 말씀을 선포하였다.

2부 발대식에서는 국내선교부 회계 배정수 장로의 인도로 2023 전도부흥운동 경과 및 성과보고, 2024 전도부흥운동 진행상황보고 및 조직보고를 국내선교부 서기 김추향 목사가 보고하고, 노회장 이영석 목사의 '노회장 인사', 부노회장 박대준 목사의 '격려사' 순서가 있었고, 기도순서로 '특별기도1 다음세대 전도부흥운동을 위하여'는 교육자원부 부장 정성철 목사가, '특별기도2 총회와 노회의 전도부흥운동을 위하여'는 남선교회연합회장 이태봉 장로가, '특별기도3 지 교회의 전도부흥운동을 위하여'는 여전도회연합회장 이영녀 권사가 각각 기도했다.

이어서 '120 기도의 용사 및 300전도의 용사 출정식'을 갖고, 여전도회회원과 목회자는 120 기도의 용사 신청서를 작성하였고, 남선교회 회원들은 300 전도의 용사 신청서를 작성하였다.

교육자원부 부장 정성철 목사가 선창한 전도부흥운동 구호제창은 "구호준비!! / 새 생명!!" // "민족의 가슴마다 / 피묻은 그리스도를 심어 / 이 땅에 푸르고 푸른 / 그리스도의 계절이 / 오게하자 / 오게하자 / 꼭 오게하자 // 누가(내가) / 누가(내가) / 할렐루야(아멘) / 아멘(할렐루야)" 과 "구호준비!! / 새 생명!!" // 오라 우리가 (당산동)을 변화시키자 / 오라 우리가 영등포를 변화시키자 / 오라 우리가 민족을 변화시키자 / 누가(내가) / 누가(내가) / 할렐루야(아멘) / 아멘(할렐루야)"를 목청껏 외치고, 전도를 향한 뜨거운 열정을 회복했다.

윤길중 목사(영등포교회 담임목사)의 마침기도로 영등포노회의 2024 전도부흥운동 대장정이 시작되었음을 알리고, 참가자들은 서로를 격려하며 단체사진을 촬영했다.

한편, 영등포노회의 '2024 전도부흥운동'을 위한 조직은 전도부흥운동 위원장에 부노회장 서창열 장로가, 기획.지원 총괄팀장에 국내선교부 회계 배정수 장로가, 다음세대 전도부흥운동은 총괄부장 교육자원부 부장 정성철 목사를 중심으로 영유아유치부연합회장. 아동부연합회장.중고등부연합회장.청년부연합회장 등이 각각 팀장을 맡고, 지 교회 전도부흥운동 총괄부장은 손성민 목사를 중심으로 5개 시찰장이 각 시찰 전도부흥운동 팀장을 맡고, 동반성장교회와 차 상위 교회의 전도부흥운동은 남선교회연합회장 이태봉 장로가 맡게 되었으며, 120 기도의 용사 운영위원장에 여전도회연합회장 이영녀 권사가, 300 전도의 용사 운영위원장에 남선교회연합회장 이태봉장로가 맡게 되었다.

'2024 영등포노회 전도부흥운동'은 기도와 실천을 통해 결실을 맺기 위하여 기도의 용사와 전도의 용사를 기획하였고, 일정대로 하이브리드(THE4+EDI/어린이EDI) 전도방법을 교육하고, 노방전도와 관계전도에 나서기로 했다.

120 기도의 용사 운영위원장을 맡게된 이영녀 여전도회연합회장은 기도의 용사는 120명이 기준이 아니라 더 많은 기도의 용사를 참여시키고, 지구회 등 여전도회의 모든 연합모임에 전도부흥운동 기도순서를 넣고, 기도의 은혜를 통해 교단 총회에서 계획하고, 지노회에서 진행하는 전도부흥운동이 다시 회복되는 한국교회를 꼭 이 세대에 이루어내는데 힘을 보태겠다고 다짐하였다.

'2024 영등포노회 전도부흥운동'은 발대식을 시작으로, 어린이EDI전도교육이 1월 13일(토) 오전 10시부터 오후 3시까지 양평동교회에서 진행되고, 장년성도 및 목회자를 대상으로 THE4+EDI 전도교육이 1월 13일(토)과 20일(토) 오전 10시부터 오후 3시까지 한영교회에서 각각 진행된다.

<u>사진 및 기타자료는 위 "4. 영등포노회 '2024 전도부흥운동 발대식'을 진행하다."에서 보실 수 있습니다.</u>

#2 '2024 전도부흥운동' 자료

(3) 2024 전도부흥운동 전도교육을 진행하다 - 어린이 EDI/THE 4/장년 EDI/텃치전도 컨퍼런스

보 도 자 료

매수	참고자료	사진	사업주최 : 131.132회 영등포노회
		○	2024 전도부흥운동 위원장 : 부노회장 서창열 장로
			기획, 지원 총괄팀장 : 배정수 장로(010-5417-7899)

보도일시 : 2024년 1월 20일(토) 배포즉시

▶ '2024 전도부흥운동'을 위해 영등포노회에서 계획한 '어린이EDI 전도교육'과 'THE4 전도교육', 'EDI 전도플랫폼 구축 및 전도카드 활용교육'에 25개 교회 300여명이 참석

[주요내용]
- 1월 6일(토) 양평동교회에서 진행된 어린이 EDI 전도교육에는 교회학교 유년부, 초등부, 소년부 교사와 어린이 50여명이 참석하였고, 한영교회에서는 목회자와 성도들 약 250명이 1월 13일과 20일(토) 2회에 걸쳐 THE4 전도법과 EDI 전도플랫폼 구축 및 전도카드 활용 전도교육에 참여하였다.

영등포노회(131.132회 노회장 이영석 목사, 임마누엘교회)는 '2024 전도부흥운동 전도교육'을 계획하고, 1월 6일(토) 오전 10시부터 오후 3시까지 양평동교회에서 어린이 전도교육을 실시 하였고, 한영교회에서는 1월 13일(토)과 20일(토) 오전 10시부터 오후 3시까지 2회에 걸쳐 목회자와 성도들을 대상으로 전도교육이 진행되었다.

양평동교회에서 진행된 '어린이EDI 전도교육'은 영등포노회 국내선교부 서기 김추향 목사(향기내리교회 담임목사)가 찬양과 말씀과 기도로 인도하여, 현재 CCC EDI 다음세대팀 전임간사인 이성곤 간사가 교육을 진행하였다.

교육과정은 1)어린이EDI의 철학과 교재소개, 2)복음전도학교 개관 및 네모난 책, 3)노크에니메이션 상영(휴식시간 이용), 4)우리집에 놀러와 1~2과, 5)점심식사, 6)우리집에 놀러와 3~4과, 7)챈트 상영(휴식시간 이용), 8)복음전도학교 과정 교회학교 적용제안, 9)에디플랫폼을 활용한 전도제안, 10)Q&A 시간으로 이어졌다.

'어린이EDI 전도교육'에는 9개 교회에서 유년부, 초등부, 소년부 교사와 학생이 약50여명 참석하였다. 참석한 교회 중 영은교회에서는 교사 11명과 어린이 11명이 참석하여 교육에 집중하였는데, 교육 후 면담을 통해 지 교회에서 적용방법과 추가 교육지원이 가능한지를 문의 하는 등 전도교육의

기대치를 높였다.

한영교회에서는 13일(토)과 20일(토) 2주에 걸쳐 'THE 4 전도훈련'과 'EDI 전도플랫폼 및 전도실천'을 교육하였다.

13일(토) 첫 날은 영등포노회 국내선교부 회계 배정수 장로의 인도로 찬양과 나경식 목사(한영교회 위임목사)의 말씀선포, 구호제창으로 이어졌다. 교육과정은 1)THE FOUR 1 : 전도를 위한 워밍업, 2)THE FOUR 2 : 4가지 심볼 이해, 3)THE FOUR 3 : 복음제시 훈련하기 교육으로 이어졌고, 교재로는 1)THE FOUR 트레이닝 북, 2)THE FOUR 전도지, 3)THE FOUR 스트래치카드, 4)THE FOUR 고무팔찌 등이 사용되었다.

20일(토) 둘째 날은 배정수 장로의 인도로 찬양과 참석자 모두의 통성기도와 구호제창으로 이어졌다.

교육과정은 1)EDI 전도플랫폼 원리와 활용교육을 EDI전도훈련원 간사 구정훈 목사가 진행하고, 2)EDI전도플랫폼 사례와 적용을 EDI전도훈련원 간사 정규영 목사가 진행하였다, 3)전도실천을 위해 참석자를 12개조로 편성하여 인근 5개 교회의 전도카드를 배분하여 노방전도에 나섰다. 4)후속조치 및 전도 컨설팅 시간으로 전도실천 후 체험 소감 발표와 간증의 시간을 나누었다.

한영교회에서 2주(2회) 동안 진행된 전도교육에는 25개교회에서 목회자와 성도 250여명이 참석하여 전도를 향한 열정과 동력회복을 위해 기도하며, 교육에 집중하였다.

특별히, '2024 영등포노회 전도부흥운동'은 1월 6일 발대식과 이번 3회에 걸쳐 진행된 전도교육을 기초하여 노회에 소속된 모든 교회가 전도를 향한 열정 회복을 위해 기도하기를 원하고, 실천하기를 원하여 다음과 같은 프로그램을 진행하고 있다.

영등포노회 여전도회연합회(회장 이영녀 권사, 영남교회)를 중심으로 '성령 충만한 120 기도의 용사'를 모집하고 있으며, 남선교회연합회(회장 이태봉 장로, 경일교회)를 중심으로 '교회를 회복시키는 300 전도의 용사'를 모집하고 있다. 여전도회연합회에서는 임원회의 결의를 통하여 "매주 월요일 오후 10시와 토요일 노방전도 장소와 시간 알림으로 노방전도 시간에 성령님께서 함께하시도록" 개인 기도를 하기로 하고, 지구회와 실행위원회 및 연합회 행사 시 합심기도를 하기로 했다.

남선교회연합회에서는 지난 회기부터 이어져 온 노회 내 동반성장교회와 함께하는 주말전도대회를 계속 진행하면서 지교회의 많은 성도들이 '300전도의 용사'에 참여하도록 신청서를 받아 전도행사에 동참하도록 권면하고 있다.

한편, 영등포노회에 속한 지 교회 중 25개교회에 EDI 전도플랫폼이 구축되었고, 개교회별로 하이브리드 전도방식을 도입하여 전도에 힘쓰고 있으며, 후에도 추가로 전도교육을 요청하는 교회와 기관 등에는 전도교육을 지원할 계획이다.

사진 및 기타자료는 위 "5. 영등포노회 '2024 전도부흥운동 전도교육'을 진행하다"에서 보실 수 있습니다.

#2 '2024 전도부흥운동' 자료

(4) 영등포노회 '2024 전도부흥운동' 시상식을 진행하다

보 도 자 료

매수	참고자료	사진	
		○	사업주최 : 131,132회 영등포노회
			2024 전도부흥운동 위원장 : 부노회장 서창열 장로
			기획, 지원 총괄팀장 : 배정수 장로(010-5417-7899)

보도일시 : 2024년 6월 15일(토) 배포즉시

▶영등포노회에서는 '2024 전도부흥운동'을 한 회기 동안 진행하고 그 결과를 총회 전도부흥운동 보고서로 제출받아

[주요내용]
- 6월 15일(토) 오후 3시 영등포노회 회관 3층 회의실에서 노회장 이영석 목사님을 비롯 노회 관계자 및 수상교회 목사님과 성도들이 모여 '2024 전도부흥운동 시상식'을 진행했다.

제108회기 교단 총회(통합)에서 진행하는 '2024 전도부흥운동'의 일환으로 영등포노회에서 진행한 '2024 전도부흥운동'의 결과를 참여한 지교회에서 총회 전도부흥운동 보고서로 제출받아 이를 평가, 시상을 하게 되었다. 시상에 대한 평가기준은 계속사업으로 진행된 전도부흥운동 결과보고서와 전도부흥운동 발대식 참여 여부, 어린이에디 전도교육. THE 4 전도교육, 전도제자훈련(EDI) 전도교육, 텃치전도 컨퍼런스 등 그동안 노회 안에서 전도부흥운동을 지원하기 위해 준비한 여러 프로그램에 대한 참여도까지 면밀히 검토하여 결정하였다.

이번 시상식에서 노회장(131,132회 노회장 이영석 목사, 임마누엘교회)는 '2024 전도부흥운동 전도교육'에 "같은 마음으로 기도하며, 지교회의 전도부흥과 노회의 전도교육에 열씸히 참여하는 모습에 감동이 있었다"고 치하했다.

이어지는 시상식에서는 최우수상에 양평동교회(김 경우 목사 시무), 우수상에 주향한교회(허준 목사 시무), 장려상에 진명교회(배종님 목사 시무), 향기내리교회(김추향 목사 시무), 새언약교회(정성철 목사 시무), 서울새순교회(이종성 목사 시무), 서울중국인교회(최황규 목사 시무), 즐겁고행복한교회(박희용 목사 시무)가 각각 수상의 기쁨을 누렸다.

한편, 영등포노회에서는 이번 108회기에서도 지난 해 교단 총회로부터 인정받은 전도부

흥운동의 결과를 뛰어넘기 위해 더욱 노력하고, 체계적이면서 지교회에 가장 적합한 전도교육과 훈련과정을 도입하여 더 많은 영혼들을 구원할 수 있도록 지원하기로 하고, 노회에 속한 교회와 성도들의 적극적인 동참을 촉구하면서 '지교회를 위한 전도교육과 작은교회를 위한 전도운동' 등 필요한 곳에 적극 지원하기로 했다.

사진 및 기타자료는 위 "9. 영등포노회 '2024 전도부흥운동' 시상식을 진행하다"에서 보실 수 있습니다.

#2 '2024 전도부흥운동' 자료

(5) GOOD TV 장년 EDI전도교육을 취재, 촬영하여 보도하였다.

2 '2024 전도부흥운동'은 SNS를 타고 땅끝까지 달려가 소명을 일깨운다

(모든 영상은 카카오스토리/페이스북/틱톡/인스타그램/유튜브에서 검색 가능함. 인스타그램 큐알 제공)

(1) 2024 전도부흥운동 발대식 (2) 어린이 EDI 전도교육 (3) THE 4 전도교육
(인스타그램 영상 QR)　　(인스타그램 영상 QR)　　(인스타그램 영상 QR)

#2 '2024 전도부흥운동' 자료

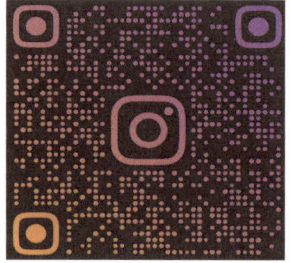
(4) 장년 EDI 전도교육
(인스타그램 영상 QR)

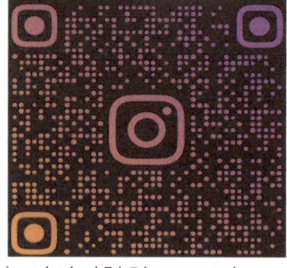
(5) 성서신학원 EDI 전도교육
(인스타그램 영상 QR)

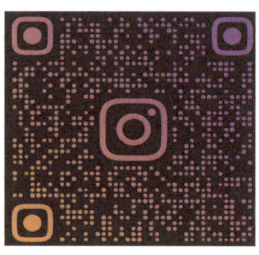

(6) 새언약교회(①인스타그램 영상 ②페이스북 영상 ③유투브 영상 ④틱톡 영상)

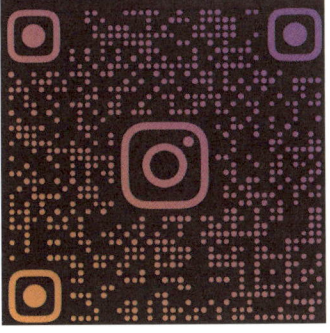

　　(7) 큰은혜교회　　　　　　　　(8) 진명교회
　　(인스타그램 영상 QR)　　　　(인스타그램 영상 QR)

#2 '2024 전도부흥운동' 자료

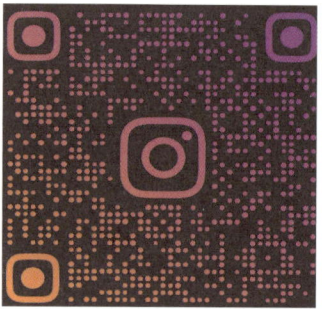

(9) 예향교회
(인스타그램 QR)

(10) 서울중국인교회
(인스타그램 QR)

(11) 서울새순교회
(인스타그램 QR)

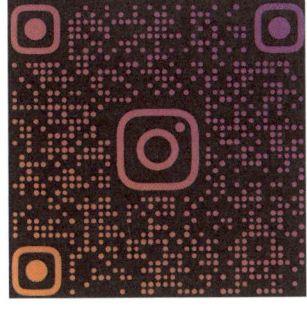

(12) 향기내리교회
(인스타그램 영상 QR)

(13) 즐겁고행복한교회
(인스타그램 영상 QR)

(14) 영등포노회 시상식
(인스타그램 영상 QR)

#2 '2024 전도부흥운동' 자료

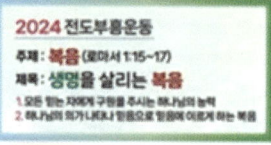
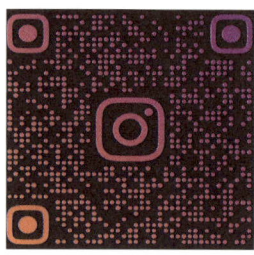

(15) 텃치전도컨퍼런스(①인스타그램 영상 ②페이스북 영상 ③유투브 영상 ④틱톡 영상)

3. 발대식, 전도교육 및 컨퍼런스 등 참가 안내를 위한 공문

(1) 2024 전도부흥운동 시행 협조요청의 건

"주여, 치유하게 하소서!(출 15:26, 사 53:4-5, 살전 5:23)"

수 신 : 당회장
참 조 : 당회 서기
제 목 : 2024 전도부흥운동 시행 협조요청의 건

1. 주 예수 그리스도의 이름으로 문안드립니다.
2. 2024 전도부흥운동이 아래와 같이 시행되고 있습니다. 이에 지교회에서는 노회와 교회가 전도로 부흥할 수 있도록 아래와 같이 협조하여 주시기 바랍니다.

붙임문서) 2024 전도부흥운동 결과보고서 및 세부보고서(지교회 보고서 작성요령은 전도사례집을 참조하시기 바랍니다.)

- 아 래 -

가. 제108회기 2024 전도부흥운동의 취지 및 목적

제108회기에 총회 산하 노회 및 지교회가 "주여, 치유하게 하소서!"라는 주제 아래 전도부흥운동을 통한 심령의 치유와 회복을 넘어 총회와 69개 노회, 9,476개 교회에 뜨거운 부흥의 역사가 이루어지기를 소망하고, 치유하시는 성령의 역사가 한국교회와 열방 가운데 가득하도록 하는데 있다. 또한 총회 산하 노회 및 지교회가 2024 전도부흥운동을 통해 새로운 활력을 일으키고 치유되며, 예배가 회복되고 전도가 다시 살아날 수 있도록 함에 있다.

나. 전도부흥운동 결과보고 서류접수기간

1) 접수기간 : 2024.6.12.(수)~2023.6.14.(금)

2) 접수방법(접수처) : cg5422@naver.com / 010-5417-7899(국내선교부 배정수 장로)

다. 전도부흥운동을 위한 지교회의 협조사항

#2 '2024 전도부흥운동' 자료

1) 전도부흥운동 기간 내에 전도부흥운동 관련 행사를 계획하여 전도하여 주시기 바랍니다.

2) 특별기도회를 기간 내에 "주여, 치유하게 하소서!(출 15:26, 사 53:4-5, 살전 5:23) 총회 주제로 **교육부서를 포함한** 전교인이 합심기도회 또는 릴레이기도를 시행해 주시기 바랍니다.

3) 매 예배 때마다 전도부흥운동 관련 행사를 위해서 기도해 주시기 바랍니다.

4) 교인들로 하여금 1인 1명 전도하기 및 관계 위주 전도하기 운동을 전개(태신자 전도, 잃은 양 찾기 전도 등 다양한 전도방법 시행)해 주시기 바랍니다.

5) 교인들이 전도 목표를 정해서 기도하고 전도달성 목표 OOO명에 대한 공지를 하면서 함께 기도해 주시기 바랍니다(영혼사랑의 온도계, 태신자 전도목표 등 여러 가지 방법 활용)

6) 전도부흥운동과 관련된 전도행사의 최종 전도결과를 전도기간 안에 전도되어진 숫자를 포함하여 노회로 보고하여 주시기 바랍니다.**(교육부서 별도보고:교자부 취합 후 위 접수처)**

7) 노회에서 시행하는 전도부흥운동 관련 행사에 적극 참여해 주시기 바랍니다.

2023년 12월 04일

영등포노회장 이 영 석 목사 (직인생략)

(2) 2024 전도부흥운동 발대식 참여 요청의 건

"주여, 치유하게 하소서!(출 15:26, 사 53:4-5, 살전 5:23)"

대한예수교 장로회 영등포노회

수 신 : 당회장
참 조 : 당회 서기
제 목 : 2024 전도부흥운동 발대식 참여 요청의 건

1. 주 예수 그리스도의 이름으로 문안드립니다.

2. 제108회기 총회 2024 전도부흥운동이 다음과 같은 취지와 목적 아래 진행되고 있습니다.
"제108회기에 총회 산하 노회 및 지교회가 "주여, 치유하게 하소서!"라는 주제 아래 전도부흥운동을 통한 심령의 치유와 회복을 넘어 총회와 69개 노회, 9,476개 교회에 뜨거운 부흥의 역사가 이루어지기를 소망하고, 치유하시는 성령의 역사가 한국교회와 열방 가운데 가득하도록 하는데 있다. 또한 총회 산하 노회 및 지교회가 2024 전도부흥운동을 통해 새로운 활력을 일으키고 치유되며, 예배가 회복되고 전도가 다시 살아날 수 있도록 함에 있다."

3. 이에따라 우리 노회에서는 교회마다 필요한 전도프로그램 교육을 실시할 예정이며, 지교회 전도부흥운동을 위해 기도하며, 지교회에서 진행하는 전도부흥운동의 성과를 평가하여 시상하고자 합니다.

4. 영등포노회 '2024 전도부흥운동' 첫 순서로 "영등포노회 2024 전도부흥운동 발대식"을 갖고자 합니다. 영등포노회장님과 임원, 지교회 목사님들과 전도, 양육관련 담당자, 남선교회.여전도회연합회 임원과 회원들, 교회학교 교역자, 선생님과 학생들이 모여 힘찬 발대식을 갖고자합니다. 귀 교회에서도 전도부흥운동에 깊은 관심과 기도와 동참을 해주시리라 믿습니다. 아래 일정으로 전도부흥운동 발대식이 진행되오니 꼭 참석하시어 전도, 부흥을 위하여 함께 기도해주시기를 바랍니다.

 1) 발대식 일정 : 2023년 1월 6일(토) 오후 2시
 2) 발대식 장소 : 영등포교회 2층 본당
    (문의 : 2024 전도부흥운동 기획, 지원 총괄팀장 : 배정수 장로(010-5417-7899, 국내선교부))

5. 감사합니다.

2023년 12월 04일
영등포노회장 이 영 석 목사 (직인생략)

#2 '2024 전도부흥운동' 자료

(3) 2024 전도부흥운동 어린이EDI 전도프로그램 교육참여 협조요청의 건

"주여, 치유하게 하소서!(출 15:26, 사 53:4-5, 살전 5:23)"

수 신 : 당회장
참 조 : 당회 서기
제 목 : 2024 전도부흥운동 어린이EDI 전도프로그램 교육참여 협조요청의 건

1. 주 예수 그리스도의 이름으로 문안드립니다.
2. 제108회기 총회 2024 전도부흥운동이 다음과 같은 취지와 목적 아래 진행되고 있습니다.
   "제108회기에 총회 산하 노회 및 지교회가 "주여, 치유하게 하소서!"라는 주제 아래 전도부흥운동을 통한 심령의 치유와 회복을 넘어 총회와 69개 노회, 9,476개 교회에 뜨거운 부흥의 역사가 이루어지기를 소망하고, 치유하시는 성령의 역사가 한국교회와 열방 가운데 가득하도록 하는데 있다. 또한 총회 산하 노회 및 지교회가 2024 전도부흥운동을 통해 새로운 활력을 일으키고 치유되며, 예배가 회복되고 전도가 다시 살아날 수 있도록 함에 있다."
3. 이에따라 우리 노회에서는 첫 순서로 "영등포노회 2024 전도부흥운동 발대식"과 교회마다 필요한 전도프로그램 교육을 실시할 예정이며, 지교회 전도부흥운동을 위해 기도하며, 지교회에서 진행하는 전도부흥운동의 성과를 평가하여 시상하고자 합니다.
4. "영등포노회 2024 전도부흥운동"의 과정으로 "어린이EDI 전도프로그램" 교육을 진행하고자 합니다. 지교회별 교회학교 담당 교역자 및 교사, 다음세대들이 이 시대에 필요한 전도교육을 이수하고, 지교회의 다음세대 전도현장에서 활용할 수 있도록 하기 위함입니다.
아래 일정으로 "어린이EDI 전도프로그램 교육"이 진행되오니, 교육에 꼭 참석하시어 지 교회의 전도, 부흥을 위하여 함께 기도해 주시기를 바랍니다. 참여하실 교회에서는 첨부한 양식을 작성하여 2023년 12월 25일까지 제출하여 주시기 바랍니다. "프로그램 구축, 전도카드 제작, 교육 준비"에 인원파악이 필요하오니, 신청서를 아래 전화(신청서를 사진으로 전송) 또는 메일로 보내주시기 바랍니다.
   1) 어린이EDI 전도프로그램 교육 일시 : 2024년 1월 13일(토) / 오전10 ~ 오후3시
   2) 어린이EDI 전도프로그램 교육 장소 : 양평동교회
   3) 어린이EDI 전도프로그램 교육 참여신청서 1부
      (문의 및 접수 : 2024 전도부흥운동 기획,지원 총괄팀장 : 배정수 장로(010-5417-7899 / cg5422@naver.com / 국내선교부) / 중식은 국내선교부에서 제공합니다)
5. 감사합니다.

2023년 12월 04일

영등포노회장 이 영 석 목사 (직인생략)

(4) 2024 전도부흥운동 EDI 전도프로그램 교육 참여 요청의 건

"주여, 치유하게 하소서!(출 15:26, 사 53:4-5, 살전 5:23)"

수 신 : 당회장
참 조 : 당회 서기
제 목 : 2024 전도부흥운동 EDI 전도프로그램 교육 참여 요청의 건

1. 주 예수 그리스도의 이름으로 문안드립니다.
2. 제108회기 총회 2024 전도부흥운동이 다음과 같은 취지와 목적 아래 진행되고 있습니다.
   "제108회기에 총회 산하 노회 및 지교회가 "주여, 치유하게 하소서!"라는 주제 아래 전도부흥운동을 통한 심령의 치유와 회복을 넘어 총회와 69개 노회, 9,476개 교회에 뜨거운 부흥의 역사가 이루어지기를 소망하고, 치유하시는 성령의 역사가 한국교회와 열방 가운데 가득하도록 하는데 있다. 또한 총회 산하 노회 및 지교회가 2024 전도부흥운동을 통해 새로운 활력을 일으키고 치유되며, 예배가 회복되고 전도가 다시 살아날 수 있도록 함에 있다."
3. 이에 따라 우리 노회에서는 첫 순서로 "영등포노회 2024 전도부흥운동 발대식"과 교회마다 필요한 전도프로그램 교육을 실시할 예정이며, 지교회 전도부흥운동을 위해 기도하며, 지교회에서 진행하는 전도부흥운동의 성과를 평가하여 시상하고자 합니다.
4. "영등포노회 2024 전도부흥운동"의 과정으로 "EDI 전도프로그램" 교육을 진행하고자 합니다. 지교회별 전도, 양육관련 담당 교역자, 남선교회.여전도회 임원과 회원들이 이 시대에 필요한 전도교육을 이수하고, 지교회의 전도현장에서 활용할 수 있도록 하기 위함입니다.

아래 일정으로 "EDI 전도프로그램 교육"이 진행되오니, 교육에 꼭 참석하시어 지 교회의 전도, 부흥을 위하여 함께 기도해 주시기를 바랍니다. 참여하실 교회에서는 첨부한 양식을 작성하여 2023년 12월 25일까지 제출하여 주시기 바랍니다. "프로그램 구축, 전도카드 제작, 교육 준비"에 인원파악이 필요하오니, 신청서를 아래 전화(신청서를 사진으로 전송) 또는 메일로 보내주시기 바랍니다.

   1) EDI 전도프로그램 교육 일시 : 2024년 1월 13일(토), 20일(토) / 오전10 ~ 오후3시
   2) EDI 전도프로그램 교육 장소 : 한영교회
   3) EDI 전도플랫폼 구축 및 EDI 전도프로그램 교육 참여신청서 1부
       (문의 및 접수 : 2024 전도부흥운동 기획, 지원 총괄팀장 : 배정수 장로(010-5417-7899
       / cg5422@naver.com / 국내선교부) / 중식은 국내선교부에서 제공합니다)
5. 감사합니다.

2023년 12월 04일

영등포노회장 이 영 석 목사 (직인생략)

#2 '2024 전도부흥운동' 자료

(5) 2024 전도부흥운동 발대식 장소 협조요청의 건

"주여, 치유하게 하소서!(출 15:26, 사 53:4-5, 살전 5:23)"

수 신 : 당회장
참 조 : 당회 서기
제 목 : 2024 전도부흥운동 발대식 장소 협조요청의 건

1. 주 예수 그리스도의 이름으로 문안드립니다.
2. 제108회기 총회 2024 전도부흥운동이 다음과 같은 취지와 목적 아래 진행되고 있습니다.
"제108회기에 총회 산하 노회 및 지교회가 "주여, 치유하게 하소서!"라는 주제 아래 전도부흥운동을 통한 심령의 치유와 회복을 넘어 총회와 69개 노회, 9,476개 교회에 뜨거운 부흥의 역사가 이루어지기를 소망하고, 치유하시는 성령의 역사가 한국교회와 열방 가운데 가득하도록 하는데 있다. 또한 총회 산하 노회 및 지교회가 2024 전도부흥운동을 통해 새로운 활력을 일으키고 치유되며, 예배가 회복되고 전도가 다시 살아날 수 있도록 함에 있다."
3. 이에따라 우리 노회에서는 교회마다 필요한 전도프로그램 교육을 실시할 예정이며, 지교회 전도부흥운동을 위해 기도하며, 지교회에서 진행하는 전도부흥운동의 성과를 평가하여 시상하고자 합니다.
4. 영등포노회 '2024 전도부흥운동' 첫 순서로 "영등포노회 2024 전도부흥운동 발대식"을 갖고자 합니다. 영등포노회장님과 임원, 지교회 목사님들과 전도, 양육관련 담당자, 남선교회.여전도회연합회 임원과 회원들이 모여 힘찬 발대식을 갖고자하오니, 귀 교회에서 발대식행사 장소를 제공해주시면 감사하겠습니다.
 1) 발대식 일정 : 2023년 1월 6일(토) 오후 2시
5. 감사합니다.

2023년 12월 04일
영등포노회장 이 영 석 목사 (직인생략)

(6) 2024 전도부흥운동 어린이EDI 전도프로그램 교육장소 협조요청의 건

"주여, 치유하게 하소서!(출 15:26, 사 53:4-5, 살전 5:23)"

대한예수교 장로회 영등포노회

수 신 : 당회장
참 조 : 당회 서기
제 목 : 2024 전도부흥운동 어린이EDI 전도프로그램 교육장소 협조요청의 건

1. 주 예수 그리스도의 이름으로 문안드립니다.

2. 제108회기 총회 2024 전도부흥운동이 다음과 같은 취지와 목적 아래 진행되고 있습니다. "제108회기에 총회 산하 노회 및 지교회가 "주여, 치유하게 하소서!"라는 주제 아래 전도부흥운동을 통한 심령의 치유와 회복을 넘어 총회와 69개 노회, 9,476개 교회에 뜨거운 부흥의 역사가 이루어지기를 소망하고, 치유하시는 성령의 역사가 한국교회와 열방 가운데 가득하도록 하는데 있다. 또한 총회 산하 노회 및 지교회가 2024 전도부흥운동을 통해 새로운 활력을 일으키고 치유되며, 예배가 회복되고 전도가 다시 살아날 수 있도록 함에 있다."

3. 이에따라 우리 노회에서는 첫 순서로 "영등포노회 2024 전도부흥운동 발대식"과 교회마다 필요한 전도프로그램 교육을 실시할 예정이며, 지교회 전도부흥운동을 위해 기도하며, 지교회에서 진행하는 전도부흥운동의 성과를 평가하여 시상하고자 합니다.

4. "영등포노회 2024 전도부흥운동"의 과정으로 "어린이EDI 전도프로그램" 교육을 진행하고자 합니다. 지교회별 전도, 양육관련 담당 목사님과 전도팀, 남선교회.여전도회 임원과 회원들, 교회학교 담당 교역자 및 교사, 다음세대들이 이 시대에 필요한 전도교육을 이수하고, 지교회의 다음세대 전도현장에서 활용할 수 있도록 하기 위함입니다. 이에 "어린이EDI 전도프로그램 교육"을 진행하고자하오니, 귀 교회에서 교육 장소를 제공해주시면 감사하겠습니다.

1) EDI 전도프로그램 교육 일정 : 2024년 1월 13일(토) / 오전10 ~ 오후3시

5. 감사합니다.

2023년 12월 04일

영등포노회장 이 영 석 목사 (직인생략)

#2 '2024 전도부흥운동' 자료

(7) 2024 전도부흥운동 전도프로그램 교육장소 협조요청의 건

"주여, 치유하게 하소서!(출 15:26, 사 53:4-5, 살전 5:23)"

수 신 : 당회장
참 조 : 당회 서기
제 목 : 2024 전도부흥운동 전도프로그램 교육장소 협조요청의 건

1. 주 예수 그리스도의 이름으로 문안드립니다.

2. 제108회기 총회 2024 전도부흥운동이 다음과 같은 취지와 목적 아래 진행되고 있습니다. "제108회기에 총회 산하 노회 및 지교회가 "주여, 치유하게 하소서!"라는 주제 아래 전도부흥운동을 통한 심령의 치유와 회복을 넘어 총회와 69개 노회, 9,476개 교회에 뜨거운 부흥의 역사가 이루어지기를 소망하고, 치유하시는 성령의 역사가 한국교회와 열방 가운데 가득하도록 하는데 있다. 또한 총회 산하 노회 및 지교회가 2024 전도부흥운동을 통해 새로운 활력을 일으키고 치유되며, 예배가 회복되고 전도가 다시 살아날 수 있도록 함에 있다."

3. 이에따라 우리 노회에서는 첫 순서로 "영등포노회 2024 전도부흥운동 발대식"과 교회마다 필요한 전도프로그램 교육을 실시할 예정이며, 지교회 전도부흥운동을 위해 기도하며, 지교회에서 진행하는 전도부흥운동의 성과를 평가하여 시상하고자 합니다.

4. "영등포노회 2024 전도부흥운동 발대식"에서 지교회마다 선호하는 전도프로그램을 파악한 후 전도프로그램 교육을 실시하고자 합니다. 지교회별 전도, 양육관련 담당 목사님과 전도팀, 남선교회.여전도회 임원과 회원들이 이 시대에 필요한 전도교육을 이수하고, 지교회의 전도현장에서 활용할 수 있도록 하기 위함입니다.

이에 전도프로그램 교육을 진행하고자하오니, 귀 교회에서 교육 장소를 제공해주시면 감사하겠습니다.

  1) EDI 전도프로그램 교육 일정 : 2024년 1월 13일(토), 20일(토)

5. 감사합니다.

2023년 12월 04일

영등포노회장 이 영 석 목사 (직인생략)

(8) 에디전도플랫폼 구축 및 전도카드 사용교육 참석의 건

대한예수교 장로회 영등포노회남선교회협의회

(07226)서울시 영등포구 당산로10길 25영등포노회회관 401호 / 회장 이 태 봉 장로

문서번호 : 영남연 제24-01-01호 2023. 12. 04.

수　　신 : 영등포노회 지교회 담임목사님

참　　조 : 당회 서기 / 교회 사무담당

제　　목 : 에디전도플랫폼 구축 및 전도카드 사용교육 참석의 건

1. 샬롬! 우리 주 예수 그리스도의 이름으로 인사드립니다.

2. 제57회기 영등포노회 남선교회연합회에서는 남선교회연합회 사역의 주안점을 선교와 전도를 통한 교회성장 동력을 회복하는데 중점을 두고, 이를 위해 IT플랫폼을 기반으로 비대면 시대의 전도 패러다임을 주도하는 CCC 산하 "EDI전도제자훈련원"의 IT전도 플랫폼과 전도카드를 **전도사역에 활용하기 위한 교육**을 진행하고자 합니다.

3. 아래 "라. 자료안내"에 첨부된 홈페이지 내용을 살펴보시고, 전도부흥에 도움이 되겠다고 판단하시어 교회의 기존 전도방식에 접목하시거나, 전도방식의 전환을 검토하실 경우 교육에 참석하시면 전도플랫폼과 전도카드 활용에 대하여 교육을 받을 수 있습니다. **IT전도플랫폼 및 전도카드 활용교육에 참여 여부를 아래 첨부파일에 있는 신청서로 회신하여 주시면 감사하겠습니다.**

4. 남선교회연합회에서 계획하는 주말 전도대회 및 연합예배 사역을 위해서 기도해 주실 것을 간곡히 부탁드리오며, 섬기시는 교회가 다시한번 전도부흥의 불길이 크게 일어나기를 기도합니다. 감사합니다.

- 아　　　래 -

가. 교육 일시 및 교육장소 : 2024년 01월 13일(토), 20일(토) 한영교회 2층본당

나. 내　용 : 1) 전도플랫폼구축, 전도카드 사용 교육과정 참여여부(참여신청서 별첨)

다. 첨　부 : 1) 영남연 전도대회 홍보자료 1부

　　　　　　 2) IT전도플랫폼과 전도카드 활용교육 참여신청서 1부

라. 자료안내 :

#2 '2024 전도부흥운동' 자료

1) 에디전도플랫폼 홈페이지주소(홈화면에 EDI훈련프로그램 등 안내가 있고, 맨아래 "에디전도플랫폼"을 열어보시면 "KNOCK전도운동"에서 모든자료를 보실 수 있습니다.) : https://cccedi.imweb.me

2) 에디전도플랫폼으로 바로가는 주소 : https://knockmovement.com/introduction

남선교연합회장 : 이 태 봉 장로 (010-9780-1298)

(9) 2024 전도부흥운동 시행 참여요청 및 시상 계획의 건

"주여, 치유하게 하소서!(출 15:26, 사 53:4-5, 살전 5:23)"

수 신 : 당회장
참 조 : 당회 서기
제 목 : 2024 전도부흥운동 시행 참여요청 및 시상 계획의 건

1. 주 예수 그리스도의 이름으로 문안드립니다.
2. 2024 전도부흥운동이 아래와 같이 시행되고 있습니다. 이에 지교회에서는 노회와 교회가 전도로 부흥할 수 있도록 아래와 같이 참여하여 주시기 바랍니다.

붙임문서 안내) 2024 전도부흥운동 결과보고서 및 세부보고서 작성(지교회 보고서 작성요령은 "전도·부흥·운동 누가할 것인가?" 전도사례집을 참조하시기 바랍니다.)

- 아 래 -

가. 제108회기 2024 전도부흥운동의 취지 및 목적

제108회기에 총회 산하 노회 및 지교회가 "주여, 치유하게 하소서!"라는 주제 아래 전도부흥운동을 통한 심령의 치유와 회복을 넘어 총회와 69개 노회, 9,476개 교회에 뜨거운 부흥의 역사가 이루어지기를 소망하고, 치유하시는 성령의 역사가 한국교회와 열방 가운데 가득하도록 하는데 있다. 또한 총회 산하 노회 및 지교회가 2024 전도부흥운동을 통해 새로운 활력을 일으키고 치유되며, 예배가 회복되고 전도가 다시 살아날 수 있도록 함에 있다.

나. 전도부흥운동 결과보고 서류접수기간

1) 접수기간 : 2024. 6. 5(수) ~ 2024. 6. 8 (토) 13:00

2) 접수방법(접수처) : cg5422@naver.com / 010-5417-7899(국내선교부 배정수 장로)

다. 전도부흥운동을 위한 지교회의 협조사항

1) 전도부흥운동 기간 내에 전도부흥운동 관련 행사를 계획하여 전도하여 주시기 바랍니다.

2) 특별기도회를 기간 내에 "주여, 치유하게 하소서!(출 15:26, 사 53:4-5, 살전 5:23) 총회 주제로 **교육부서를 포함한** 전교인이 합심기도, 릴레이기도를 시행해 주시기 바랍니다.

3) 매 예배 때마다 전도부흥운동 관련 행사를 위해서 기도해 주시기 바랍니다.

4) 교인들로 하여금 1인 1명 전도하기 및 관계 위주 전도하기 운동을 전개(태신자 전도, 잃은 양 찾기 전도 등 다양한 전도방법 시행)해 주시기 바랍니다.

5) 교인들이 전도 목표를 정해서 기도하고 전도달성 목표 OOO명에 대한 공지를 하면서 함께 기도해 주시기 바랍니다(영혼사랑의 온도계, 태신자 전도목표 등 여러 가지 방법 활용).

6) 전도부흥운동과 관련된 전도행사의 최종 전도결과를 전도기간 안에 전도되어진 숫자를 포함하여 노회로 보고하여 주시기 바랍니다.(교육부서는 **교육자원부 취합 후 별도보고**)

7) 지교회 결과보고서 및 기타 제출된 자료를 총회 심사기준에 따라 평가, 선정하여 시상할 계획입니다.(**시상일정 및 포상계획은 아래 첨부문서 참조 바랍니다.**) 노회에서 시행하는 전도부흥운동 관련 행사에 적극 참여해 주시기 바랍니다.

2024년 2월 26일

영등포노회장 이 영 석 목사 (직인생략)

국내선교부장 손 성 민 목사

#2 '2024 전도부흥운동' 자료

2024 전도부흥운동 결과보고서(지교회용)

2024 전도부흥운동 결과보고서(요약보고서)

노회명		교회명	
담당자	*연락 가능한 담당자명	전 화	
		E-mail	
전도부흥 사업목표	1. 2.		
전도기간	2024.9.22.(제108회 총회 이후) ~ 2024. 6.16.(주일)		
내용 요약	1. 경과 : 교회의 전도활동 및 전도부흥운동 2. 전도의 다양한 형태(전도행사의 다양한 형태 등.. 가능하면 뒷면에 사진첨부) 행사별 2컷 정도 3. 확장성(예: 지역사회와 전도를 위한 연합 및 연대 활동 등...)		
기대효과 (효과성)	전도행사를 통한 결신, 등록 인원 등... 총회 교세통계표 입력자료를 기준해서 장년과 청년, 중고등, 아동, 영유아 등을 구분해서 반영해 주시기 바랍니다.		
지속방안 (지속성)	*전도부흥운동 시상 종료 후 지속방안에 대해 적어주세요. (예: 향후 정기적이고 연례적인 전도행사 계획 등...)		

2024 전도부흥운동 세부보고서(지교회용)

(세부보고서)

*전도부흥운동에 대한 진행절차 및 구체적인 내용을 적어주시되, 분량은 최대 7매 내(사진포함)로 기록 바랍니다.

#2 '2024 전도부흥운동' 자료

제131회기 2024 전도부흥운동 안내 및 지침

Ⅰ. 취지 및 목적

제131회기에 노회 산하 지교회가 "주여, 치유하게 하소서!"라는 주제 아래 전도부흥운동을 통한 심령의 치유와 회복을 넘어 영등포노회 안의 모든 교회에 뜨거운 부흥의 역사가 이루어지기를 소망하고, 치유하시는 성령의 역사가 교회와 열방 가운데 가득하도록 하는데 있다. 또한 노회 산하 지교회가 2024 '전도부흥운동'을 통해 새로운 활력을 일으키고 치유되며, 예배가 회복되고 전도가 다시 살아날 수 있도록 함에 취지와 목적이 있다.

Ⅱ. 기대효과

1. 전도시상을 통해 지교회의 전도와 교회성장을 독려한다.
2. 지교회 목회자들에게 전도부흥운동으로 성장한 실제적인 방법과 사례를 발굴한다.
3. 지교회가 전도를 통해서 위축되었던 전도의 열정들을 회복하게 한다.

Ⅲ. 행사개요

1. 행 사 명 : 2024 전도부흥운동
2. 주   최 : <u>영등포노회 임원회</u>
3. 주   관 : 영등포노회 국내선교부 / 남선교회연합회:동반성장교회 전도운동
4. 전도시행기간 : 2023.10.24.(제131회 노회 이후) ~ 2024. 6. 1.(토)
5. 2024 전도부흥운동 시상신청 및 결과보고 서류접수기간:
   <u>2024. 6. 5(수) ~ 2024. 6. 8 (토) 13:00</u>
6. 시상신청방법 : 노회 내 전도부흥운동하는 교회들은 교회 내 담당자가 정리하여서 신청 시 당회장 명의로 위 "결과보고서 및 세부보고서" 양식에 따라 작성해서 신청

   ① 작성방법 : 본 문서에 첨부된 파일을 다운 받아서 작성하여 제출.
   ② 제출규격 : A4용지 규격 15페이지 이내 hwp형식 파일
   ③ 글자크기 : 제목 14pt, 내용 12pt, 줄간격 160%

④ 글 씨 체 : 나눔명조, 함초롬바탕, 신명조

⑤ 제출방법 : 이메일 cg5422@naver.com 로 제출(배정수:010-5417-7899)

7. 2024 전도부흥운동 시상식 일정 : 2024. 6. 15 (토) 11:00 (예정) 노회회관 3층

8. 2024 전도부흥운동 시상안내

가. 노회심사기준:
① 적극성(전도부흥운동에 노회와 교회가 적극적으로 참여하였는가?)
② 다양성(다양한 방법으로 전도부흥운동을 전개하였는가?)
③ 효과성(전도방안을 통한 전도의 성과가 있었는가?)
④ 지속성(전도방법이 지속가능할 것인가?)
⑤ 확장성(지역사회 복음전파와 선교영역 확장이 가능한가?)
 ※ 5가지 요소를 전반적으로 살펴보고 최종점수에 반영한다. 인원의 증감은 노회 통계위원회 보고 기준으로 교회의 크기를 고려하여 백분율로 산정한다.
 통계는 노회 회의안 참고

나. 노회 시상내용 : 최우수상 1개 교회 - 전도용품 150만원 상당
 우 수 상 1개 교회 - 전도용품 70만원 상당
 장 려 상 5개 교회
 - 전도용품 50만원 상당(시찰별 1교회, 대상이 없을 경우 제외함)

9. 문 의 : 노회 국내선교부 (010-5417-7899, 담당 : 회계 배정수 장로)

10. 2024 전도부흥운동 시행에 따른 협조요청사항

 가. 지교회

 1) 전도부흥운동 시행기간 내에 전도부흥운동 관련 행사를 계획하여 전도하여 주시기 바랍니다.

 2) 특별기도회를 기간 내에 "주여, 치유하게 하소서! (출 15:26, 사 53:4-5, 살전 5:23) 주제로 **교육부서를 포함한** 전교인이 합심기도회 또는 릴레이기도를 시행해 주시기 바랍니다.

 3) 매 예배 때마다 전도부흥운동 관련 행사를 위해서 기도해 주시기 바랍니다.

 4) 교인들로 하여금 1인 1명 전도하기 및 관계 위주 전도하기 운동을 전개(태신자

#2 '2024 전도부흥운동' 자료

전도, 잃은 양 찾기 전도 등 다양한 전도방법 시행)해 주시기 바랍니다.

5) 교인들이 전도 목표를 정해서 기도하고 전도달성 목표 OOO명에 대한 공지를 하면서 함께 기도합니다(영혼사랑의 온도계, 태신자 전도목표 등 여러 가지 방법 활용).

6) 전도부흥운동과 관련된 전도행사의 최종 전도결과를 노회로 보고하여 주시기 바랍니다. 전도기간 안에 전도되어진 숫자를 노회로 보고하여 주시기 바랍니다(**교육부서에서도 보고(별도)에 참여해주시기 바랍니다.**).

7) 노회에서 시행하는 전도부흥운동 관련 행사에 적극 참여해 주시기 바랍니다.

4. 작은교회를 위한 주말 전도부흥운동 참가자 조편성 및 일정표

(1) '2024 전도부흥운동' 상반기 참가자 조편성

조/조장	명 단(영남연임원/전회장/여전도회/자원성도)	대상교회성도
1조 이태봉	이태봉,배정수,박영규,고창용,박성규,정익화,정종래,박장신/ 여전도회원/전회장/자원하는 회원	
2조 김한균	김한균,서창열,이병호,박석태,김성찬,김상식,김영삼,최정태/ 이태봉,배정수/여전도회원/전회장/자원하는 회원	

(2) '2024 전도부흥운동' 상반기 일정표

교 회	주 소	담임목사	연락처	진행날자	비 고
새언약교회	양천구 오목로 150, 2층	정성철 목사	010-7630-0234	3월16일(토)	확정
예향교회	양천구 목동중앙본로 28	김상욱B 목사	010-2253-9353	3월16일(토)	확정
향기내리교회	광명시 광명로 841, 501호(동진)	김추향 목사	010-3106-4455	4월13일(토)	확정
진명교회	광명시 도덕로 29, 2층	배종님 목사	010-2481-0691	4월20일(토)	확정
서울 중국인교회	영등포구 대림로 140	최황규 목사	010-9022-7266	4월27일(토)	확정
서울새순교회	양천구 오목로 75, B01호	이종성 목사	010-4284-9141	5월11일(토)	확정
큰은혜교회	영등포구 선유동 2로29 현대2차2층상가	김태훈 목사	010-9609-5532	5월18일(토)	확정
즐겁고행복한교회	구로구 공원로 63 지101호	박희용 목사	010-8719-9039	6월1일(토)	확정

전도부흥운동 사례집 Ⅱ
전도·부흥·운동 어떻게 할 것인가?

작은 교회와 함께하는
'2024 전도부흥운동'

#3

1. 서울새순교회
2. 큰은혜교회
3. 즐겁고행복한교회
4. 진명교회
5. 향기내리교회
6. 서울중국인교회
7. 예향교회
8. 새언약교회

#3 주말 '2024 전도부흥운동'에 참가한 교회

1 서울새순교회

▶ 섬기는 사람 : 이 종 성 목사

(1) '2024 전도부흥운동의 현장'

2024 전도부흥운동 결과보고서

노회명	영등포노회	교회명	서울새순교회
담당자	이 종 성 목사	전 화	
		E-mail	
전도부흥 사업목표	1. 한 영혼을 살리는데 충성하겠고, 2. 지역에 고통 받는 자, 억눌린 자가 없도록 기도합니다.		
전도기간	2024.9.22.(제108회 총회 이후) ~ 2024. 6.16.(주일)		
내용 요약	현재 교회현황은 세례교인 20명이고 아동부가 3명입니다. 딤후4:2절 말씀처럼 때를 얻든지 못 얻든지 복음을 전파하는 것이 우리의 사명인 줄 알고 열심히 노방전도를 틈나는 대로 거의 매일하고 있습니다. 거의 매일 틈나는 대로 매일 노방 전도를 하고 있고 사모와는 매 주 토요일에 노방전도를 하고 있습니다. 올 해 추석을 맞이하여 신월2동에 있는 경로당을 찾아가 사랑의 쌀과 라면을 나눠주며 사랑을 실천하고 초고령화 사회에서 지역 노인들과 관계맺음을 통해 복음을 전하는 일에 진력을 다하려고 하고 있습니다.		
기대효과 (효과성)	노방전도를 통해서는 새로 영입되는 교인들은 없지만 교인들에게도 매주 예배마치고 돌아가면서 물티슈를 나눠주라고 독려 권면하고 있습니다. 교인들도 동참하며 열심히 매주 전도지를 나눠주고 있습니다. 먼저 기도하고 기도가 무르익어 주님께서 세미한 음성으로 사인주실 때 자주 콘택하고 만남의 기회를 가질 것입니다. 지금도 가나안 성도들이 몇 있는데 계속 연락하며 관계맺음을 하고 있습니다.		
지속방안 (지속성)	전도는 주님의 마음을 가지고 한 영혼을 복음으로 살리는 일입니다. 다윗이 아기스에게서 쫓겨나 아둘람 굴로 도망했을 때 거기에 환난당한 자(억눌려 지내는, 고통당하는자, 빚에 시달리는 자)들과 마음이 원통한 자들이 공동체에 몰려들었듯이 새순교회가 그러한 자들에게 소망을 주고 회복시키고 살려내는 교회가 되어야 겠다는 다짐을 해봅니다. 한 영혼이 전도되었을 때 그 인생 전체가 구원받는 것이니 한 영혼을 살리는 일에 매진 하겠습니다.		

2 큰은혜교회

▶ 섬기는 사람 : 김 태 훈 목사

(1) '2024 전도부흥운동의 현장'

2024 전도부흥운동 결과보고서

노회명	영등포노회		큰은혜교회
담당자	김 태 훈 목사	전화	010-9609-5532
		E-mail	kth701122@gmail.com
전도부흥 사업목표	1. 교인 수 배가 2. 지속적인 교회성장		
전도기간	2023. 9. 22. ~ 2024. 6. 16.		

내용 요약	1. 경과
	   위 기간동안 다양한 전도형태로 전도를 실시하다.
	2. 전도의 형태
	   EDI전도, 아파트전도, 학교 앞 전도, 경로당 전도
	3. 확장성
	   앞으로 노회 전도부와 전도단체와의 협력을 통한 전도부흥운동을 기대		

기대효과 (효과성)	전도행사를 통해서 등록인원은 없었지만 전도대상자와 접촉하는 계기가 마련되고, 전도에 대한 열정을 불러오는 기회가 됨		
지속방안 (지속성)	주중 지속적인 전도 1년에 한 번 전도 초청행사 실시		

#3 주말 '2024 전도부흥운동'에 참가한 교회

3. 즐겁고행복한교회

▶ 섬기는 사람 : 박 희 용 목사

(1) '2024 전도부흥운동의 현장'

2024 전도부흥운동 결과보고서

노회명	영등포 노회	교회명	즐겁고 행복한 교회
담당자	박희용 목사	전 화	010-8719-9039
		E-mail	phyong99@hanmail.net
전도부흥 사업목표	한 사람이 한 영혼을! 하나님 나라 복음의 증인 되자.		
전도기간	2023년 9월 22일 ~ 현재까지		
내용 요약	1. 매 주일 교회 앞 전도 2. 일대일 관계자 찾기와 기도하기 그리고 초청하기 　(추수 감사 주일 전체 초청하기) 3. 복음으로 무장하기 　<하나님 나라 복음으로 무장하여 언제든지 누구에게나 복음을 전할 수 있도록 훈련한다.> 4. 전도 물품 나누기		
기대효과 (효과성)	1명 정착, 1명 진행 중		
지속방안 (지속성)	* 언제 어디서나 누구에게나 복음을 말할 수 있도록 복음 무장 훈련, 그리고 지속적인 거리 전도를 진행하고 있습니다.		

#3 주말 '2024 전도부흥운동'에 참가한 교회

4 진명교회

▶ 섬기는 사람 : 배 종 님 목사

(1) '2024 전도부흥운동의 현장'

2024 전도부흥운동 결과보고서

노회명	영등포 노회	교회명	진명교회
담당자	배 종 님 목사	전 화	010-2481-0691
		E-mail	bejn5801@hanmail.net
전도부흥 사업목표	지역사회 전도를 위한 지속적인 노방전도 및 관계전도 교회의 부흥을 위한 아동부 및 장년 문화예술 활동 지원을 통한 전도		
전도기간	2023.9.22.(제108회 총회 이후) ~ 2024. 6.16.(주일)		
내용 요약	1. 경과 : 영등포 노회 국내선교부 전도 지원 이후 매주 진명교회 앞 정류장에서 노방전도, 매주일 예배 전과 예배 후에 전도지와 전도 물품을 전달하는 노방전도 지속 2. 다음세대 전도 활성화를 위한 다양한 문화예술 활동을 접촉점으로 전도 진행. 어린이주일에는 어린이 초청 장학금 전달. 3. 확장성: 영등포 노회의 국내선교부원들의 적극적인 전도 협력을 통한 노회 소속 교회들의 전도 부흥운동의 열정 회복.		
기대효과 (효과성)	다음세대 전도를 통해 아동부에 새로운 영혼이 21명 등록 (어린이는 교회출석이 부모님의 사정에 따라 유동적임) 노방전도와 문화예술 활동을 통해 장년부 새신자 5명 등록		
지속방안 (지속성)	전도는 교회의 핵심사명으로 특별한 계획을 세우는 것도 중요하다. 그러나 이번 전도대회를 기점으로 일상에서 지속적인 전도 활동을 할 것이다. 매주 예배 전후 노방전도 실시하여 영혼 구원의 사명을 감당할 것이며, 매년 어린이 날(어린이 주일)에 아동부 특별전도를 실시 할 계획임 지속적인 문화예술 활동 지역 섬김을 통해 장년과 다음 세대 전도활동을 진행할 것임.		

1. **영등포 노회 국내선교부 전도 지원 활동**: 영등포 노회 국내선교부에서는 전도의 힘을 잃고 어려운 상황에 놓여 있는 작은 교회들을 위해 계획적이고 지속적이고 적극적인 전도 지원 활동을 하므로 전도의 힘을 회복하고 진명교회를 비롯한 많은 작은 교회들이 생명력 있는 전도 활동을 하고 있음.

<영등포 노회 국내선교부 전도 지원 활동 스케치>

#3 주말 '2024 전도부흥운동'에 참가한 교회

2. 지역사회 문화예술활동 지원 섬김을 통한 다음세대 전도

- 지역사회의 문화예술 소외 아동과 지역 주민을 위한 문화예술 활동 지원을 통해 전도의 접촉점을 마련하고자 함.
- 매주 어린이와 지역 주민을 위해 드럼, 클래식 기타, 통기타, 일렉기타, 베이스 기타등 악기를 지도하는 프로그램을 진행함.

<전도를 위한 문화예술 활동 지원활동 스케치>

3. 다음세대 전도를 위한 어린이날(어린이 주일) 장학금 전달

- 어린이날(어린이 주일) 교회에 나오지 않는 어린이들을 초청하여 모든 아동에게 장학금을 전달하여 전도의 접촉점을 마련하여 전도함.(영등포 노회 국내선교부의 전도 씨앗 헌금 지원금을 활용함)
- 매주일 아동부어린이들의 교회에 대한 친밀감증대 및 성경말씀에 대한 흥미를 높이기 위해 '성경 보드게임', '성경체육활동' '디지털 활동'을 진행하여 교회 출석의 효과를 높임.

<어린이날(어린이 주일) 장학금을 전달하는 진명교회 스케치>

#3 주말 '2024 전도부흥운동'에 참가한 교회

5 향기내리교회

▶ 섬기는 사람 : 김 추 향 목사

(1) '2024 전도부흥운동의 현장'

2024 전도부흥운동 결과보고서

노회명	영등포노회	교회명	향기내리교회
담당자	김추향 목사	전 화	010-3106-4455
		E-mail	sungu315@hanmail.net
전도부흥 사업목표	1. 노방전도(에디,터치)를 통한 전도부흥을 꿈꾼다. 2. 지역선교를 통한 소통형 전도부흥을 꿈꾼다.		
전도기간	2023.9.22.(제108회 총회 이후) ~ 2024. 6.16.(주일)		
내용 요약	본 교회는 작은 상가교회로서 전도부흥운동의 초점보다는 복음전도와 소통형 전도에 역점을 두고 진행하고 있습니다. 첫 번째로는 노방전도(에디,터치)를 통한 전도부흥을 기대하고 있습니다. 노회로부터 물품 지원(물티슈 및 전단지 등 2,000여장)을 지원받고 또 자체 2,000여장의 물티슈를 제작하여 총 4,000여 장의 전도지와 전도용품 등을 가지고 매주 토요일 전도팀과 함께 노방전도에 힘쓰고 있습니다. 두 번째로는 지역선교를 통해 소통형 전도에 힘쓰고 있습니다. 성도의 숫자가 적다보니 관계형 전도는 한계이 이르고 또 각종 노방전도 방식 즉 찾아가서 전도하는 방식은 작은 교회로서는 한계점에 도달했다고 봅니다. 그래서 본 교회는 노방전도와 함께 장기적인 계획으로 '지역선교를 통한 소통의 전도방법'을 택하게 되었습니다. 이는 기존과 다르게 찾아가는 전도방법이 아니라 '찾아오도록 하는 전도방법' 입니다. 소통의 전도방법이 최근에 조금씩 결실을 맺고 있습니다. 예를들어 지역학생들이 직업체험 및 진로 부분을 배우고자 교회에 방문하는 것입니다. 또 교육프로그램을 통해 아동·청소년이 찾아오도록 했습니다. 또 주민자치회 분과회의와 탄소중립 주민 토론회를 통해 주민이 찾아오는 교회로 만들었습니다. 그중에 몇 명은 교회에 방문한 사람도 있습니다. 비록 작은교회나 상가교회의 한계점이 있지만 또 가시적인 변화나 큰 효과는 없지만 인력과 제원이 뒷받침 된다면 찾아오는 전도방법 소통의 전도방법은 큰 효과를 보리라고 생각합니다. 기성교회가 지역선교의 뜻을 두고 소통의 전도방법을 사용한다면 전도부흥이 일어나리라 믿습니다.		

	다만 교회의 맞춤형 교육 프로그램이 아니라 주민형 교육 프로그램을 운영하여 필요에 의해 찾아오는 이어 소통으로 이어지는 전도방법이 시대적으로 맞다고 생각합니다. 각 교회와 목회자의 성향이 다르듯 전도의 다양성 차원에서 '소통형 전도방법'과 노방전도 방식을 병행하면서 진행하는 것이 좋다고 봅니다.
기대효과 (효과성)	작은 교회이며 상가교회로서 매번 총회 교세통계표 또 노회 전도결과 보고서를 작성해서 제출하라고 하면 늘 고민합니다. 영·유아, 초·중고등, 장년, 노년 등 한자리 숫자의 변화는 있지만 가시적인 또 큰 효과의 변화는 없어 늘 의기소침해 하는 경우가 많습니다. 한마디로 일단 방문자라도 있어야 어떤 교회인지, 목사님의 설교는 어떤지, 성품은 어떤지, 어떤 목회철학을 가지고 있는지, 교회 분위기는 어떤지 등 이런 것을 알고 교회 등록 결심을 하고 할텐데 방문자가 없는데 효과를 기대한다는 것은 현재로서는 무리인 것 같습니다. 하지만 비록 출석 교인들이 눈에 띄도록 늘어나는 것도 아니지만 늘 목회가 재미있고 즐겁고 보람되고 행복한 이유는 지역선교를 통해 주민과 소통하면서 목회를 하고 있다는 점입니다. 현재는 크게 드러나지 않고 있지만 소통의 전도방법을 통해 한 두명씩 교회에 방문하는 사람이 늘고 있다는 점입니다. 지역선교를 통한 소통의 전도방법은 가시적으로 큰 효과는 없지만 낙심하지 않는 것은 아직 끝난 것이 아니라는 점입니다. 지금의 지역선교를 통한 소통의 전도방법은 '현재 진행중이다'라는 점입니다. 주민이 찾아오도록 하는 전도전략은 시간이 필요합니다. 오랜 기간동안 지역선교를 통해 주민을 만나야 합니다. 지역에서 리더자로 설수 있어야 합니다. 그들이 필요로 하는 사람 또는 교회가 되어야 합니다. 그들이 찾아올 수 있는 방법을 교회에 상황에 연구해야 한다. 목회자 자신의 역량을 키우도록 노력해야 합니다. 자신의 달란트에 맞는 교육 프로그램(진로, 환경, 음악, 체육 등)을 개발해야 합니다. 무엇보다 목적을 두고 교회의 맞춤형 프로그램이 아니라 주민에게 꼭 필요한 프로그램과 좀 더 내려놓음의 자세로 지역 주민과 소통을 염두한 프로그램, 행사로 진행해야 합니다. 지역선교를 통한 소통의 전도방법은 긴 시간이 필요할 것입니다. 그러나 그 과정속에서 기쁘고, 즐겁고, 보람된 일이라 지치지 않고, 낙심되거나, 포기하는 일은 없을 것입니다.

#3 주말 '2024 전도부흥운동'에 참가한 교회

지속방안 (지속성)	1. 전도팀을 통한 노방전도 수시로 진행합니다. 2. 지역선교를 통한 소통형 전도방법으로 진행합니다. 예를들어 주민과 함께 하는 프로그램으로 목감천살리기 위한 EM흙공만들기, 탄소중립 실천선언문 낭독, 어르신을 위한 환경이야기, 주민자치회 분과회의, 지역행사모임 및 마을축제 환경부스운영, 치매예방 교육과 민간주도 거릿캠페인 등 주민과 소통하기 위한 일들을 진행하고자 합니다. (이 전도방법에 시대에 맞는 전도방법이라면 본 교회가 작은교회라 또 상가교회라 보니 인력과 재정적으로 힘든 부분이 있습니다. 지속적인 인력지원이나 후원이 소통형 전도방법에 큰 힘이 되지 않을까 생각합니다.)

2023년 09월부터 2024년 6월까지 지역선교를 통한 소통형 전도방법 예시

2023년09월05일 우리마을가족일기

2023년09월12일 마을주민그림그리기

2023년09월05일,12일
제목:우리마을가족일기
지역 어르신을 초정하여 동화를 들려주고 옛날 추억을 이야기하면서 그림을 그리는 프로그램입니다. 추억과 웃음과 감동과 눈물이 있는 행사였습니다.

2023년09월21일 마을강사역량교육

2023년09월26일 어르신을위한환경교육

2023년09월21일,26일
제목:마을활동가역량교육과 어르신을 위한 환경교육(1) 진행
마을활동가들에게 환경역량교육을 시키는 모습과 환경에 대해 잘 모르시는 어르신에게 교육을 하였습니다.

2023년09월23일 광문중학생현장체험

2023년09월23일 광문중학생현장체험

2023년09월23일
제목:마을학생 진로수업
마을에 있는 광문중학교 2학년 학생들에게 직업체험 활동수업과 진로교육을 실시하였습니다. 에코빌리지게임을 통해 마을에너지를 소개했습니다.

2023년11월09일 광남중학생현장체험

2023년11월09일 광남중학생현장체험

2023년11월09일
제목:마을학생 진로수업
마을에 있는 광남중학교 1학년학생들에게 직업체험 활동수업과 진로교육을 실시하였습니다.
치매예방관련 이야기를 통해 소통의 시간을 가졌습니다.

2024년06월03일 탄소중립주민토론회

2024년06월06일 치매관련시의원미팅

2024년06월03일,06일
제목:탄소중립주민토론회와 치매관련시의원과미팅의 시간을 가졌습니다.
주민들이 이제 자연스럽게 교회에 방문하고 밥도 먹고 수시로 회의하는 모임장소로 바뀌어가고 있습니다.

향기내리교회 김추향 목사 지역선교를 위한 주요 3대 활동경력

◆마을

- 한국 교육문화저널(인터넷신문사) 편집장
- 광명 시청 홍보담당관 마을기자(2019-2024)
- 광명 수호천사(2019-2024)
- 광명 마을교육지원센터 센터장(2019-2024)
- 광명 마을교육지원센터(진로체험처 및 진로교육인증제 지정)
- 광명 7동 통장협의회(2016-2023)
- 광명 5동 주민자치회(2024-2025)
- 광명 평생학습원 권역별 실무위원(2024-2026)
- 광명 광휘고등학교운영회(지역위원)
- 경기 꿈의학교 꿈마을기자단 단장
- 광명 시민역사 기록가(문화관광과)
- 광명 자치대학 마을공동체학과 졸업(2020)
- 광명 7동 주민자치회(2021-2023)
- 광명 5동 탄소중립·환경분과 위원장
- 광명 명예사회복지 공무원
- 광명 기독교연합회 임원

◆환경

- 광명 자치대학 기후에너지학과 졸업(2022)
- 광명 새터마을 도시재생 운영위원회(2022-2024)
- 광명 맞춤형환경교육과정(국가환경교육센터)
- 광명 BEE에너지학교 기후강사(2021-2022)
- SDG 환경교육 역량강화심화 양성과정 수료
- ESD 지속가능발전교육 시민강사(심화)과정 수료
- 광명 5동 주민자치회 탄소중립·환경분과 위원장
- 광명 지속가능발전협의회 SD마을분과위원
- 광명 탄소중립친환경마을만들기(공공성프로그램)
- 광명 환경교육(초·중·고 일반-150시간 이상 강의)
- ESG 환경교육 리더과정수료 (환경부·KMA)

#3 주말 '2024 전도부흥운동'에 참가한 교회

◆노인
- 광명 선배사랑봉사회 사무국장(광명노인문제)
- 광명 시립노인요양센터(2023년-2024년)
- 실버인지 놀이지도사(대한치매교육협회)
- K-치매예방전문가 양성과정 수료
- 광역지자체 최초 경도인지장애을 위한 정책 간담회 진행
- 사회복지사 2급
- 논술·독서·창의력개발 지도사
- 광명 소하 착한요양센터(2019년-2020년)
- 광명 치매예방지도자 양성과정 수료
- 노인복지 레크레이션(한국대학레크레이션협회)
- 노인복지지도사

◆경력 및 수상
- 사단웅변대회 최우수상 2회 (9군단 대회 출전)
- 광명지역 문제 발굴 및 대안 발표(최우수상)
- 광명시 박승원 시장 표창장(2018, 2023)
- 광명 국회의원 감사장(언론분야1, 마을분야1)
- 합기도 공인2단·무도인상(대한기도회) 수상
- 경기도 이재명 도지사 표창장(2021)
- 광명시 안성환 시의장 표창장(2022)

6. 서울중국인교회

▶ 섬기는 사람 : 최 황 규 목사

(1) '2024 전도부흥운동의 현장'

2024 전도부흥운동 결과보고서

노회명	영등포노회	교회명	서울중국인교회
담당자	최 황 규 목사	전 화	010-9022-7266
		E-mail	chk7266@naver.com
전도부흥 사업목표	1. 한국에 체류하는 중국인들, 특별히 한국 최대의 차이나타운인 영등포구 대림동과 주변의 중국인들에게 복음을 전하는 것. 2. 한국에서 살고 있는 중국인 어린이들에게 건강한 인생관과 가치관을 알려주는 잠언 읽기 운동을 전개하는 것. 잠언 읽기 운동과 관련해서는 [한국어 잠언], [영어 잠언], [중국어 잠언]을 책자로 만들었다. 그리고 [어린이, 청소년 잠언 읽기운동]이라는 유튜브를 만들어서 어린이, 청소년 잠언 읽기 운동의 취지와 목적을 알리는 동영상을 올렸다. 이 유튜브 주소는 다음과 같다: https://www.youtube.com/@Make-Korea-Great-Campaign/videos 이 운동은 지속적인 노력이 필요하다.		
전도기간	제108회 총회(9.22.) ~ 2024. 6.16.(주일)		
내용 요약	서울중국인교회는 중국인들을 위한 교회이기 때문에 중국인들의 문화와 역사 그리고 특성에 맞는 접근을 할 필요가 있다. 그리고 영등포구에는 정부가 운영하는 외국인지원센터가 있는데 이 센터에서 하고있는 프로그램을 따라 하면 아무런 의미가 없다. 교회는 고유의 선교와 전도활동에 집중할 필요가 있다. 서울중국인교회는 중국인들에 적합한 방법과 방식으로 전도활동을 하기 위해 늘 모색하고 연구하며 진행하고 있다.		
기대효과 (효과성)	서울중국인교회의 환경과 조건을 고려한 전도를 해야 한다. 본 교회는 주변에 있는 대형 한국교회의 환경과 조건을 따라갈 수 없다. 주변의 대형교회에도 중국어 예배부가 있기 때문에 본 교회는 그 역량과 환경에 맞는 목표와 방향을 정해서 가야한다.		
지속방안 (지속성)	서울중국인교회는 일회성 활동이나 이벤트를 하기보다 지속적이고 장기적인 전도활동을 함으로써 본 교회를 중국인 사회에 알리고 중국인들을 위한 활동 프로그램과 교육 프로그램을 알리고 있다. 그리고 정기적인 전도활동을 하고 있다. 문제는 중국인 교인들이 모두 평일날 일을 하기 때문에 본 교회의 전도활동을 돕는 한국인 봉사자가 있으면 더 효과적일 것이라 생각한다.		

#3 주말 '2024 전도부흥운동'에 참가한 교회

1. 모든 전도 관련 물품, 문건은 중국어로 하고 있다. 왜냐하면 본 교회는 중국어로 예배를 드리기 때문이다.

2. 평일에 목회자 중심으로 정기적인 전도활동을 하고 있다. 전도 휴지, 교회 소개 브로셔, 교회 소개 전단지를 들고서 대림동과 그 주변 지역에서 전도활동을 한다.

3. 본 교회 홈페이지를 통한 홍보: 서울중국인교회 홈페이지를 보면 중국인들을 위한 다양한 콘텐츠가 있다. [잠언으로 한국어 배우기], [중국어 성경 듣기], [중국어 찬양], [한국어 성경 읽기] 등이다. 그리고 본 교회 홈페이지는 한국인 가운데 중국어를 배우고자 하는 사람들에게도 도움이 되는 내용들이 있다. 이 홈페이지를 보고 중국인들이 본 교회를 찾아온다. 그리고 한국인 가운데서도 연락이 오기도 한다.
교회 홈페이지 주소: http://www.seoulchinesechurch.kr/

4. 중국인 지원 활동: 본 교회는 한국에서 생활하면서 어려움을 겪는 중국인들을 돕는 활동을 하고 있다. 예를 들어 체불임금, 산재, 치료 및 병원 입원, 여성 인권, 변호사 지원 등 다양한 내용이다. 이러한 지원 활동은 사회복지적 측면도 있지만 다른 한편으로는 중국인들을 향한 전도의 기회가 되기도 한다. 지원 활동을 하다보면 많은 시간과 노력이 필요하다. 그러나 강도를 만난 사람을 돕는 [선한 사마리아인]의 역할을 하고자 하고 있다.

예를 들어 중국에서 국가전복선동죄로 복역한 후에 제주도로 최근에 탈출한 중국인이 있다. 감옥에 있을 때 가혹한 고문을 받아 허리뼈가 부러지기도 했다. 그런데 제주도 출입국관리소는 이 중국인에게 제주도 입국을 거부했고 난민신청을 받아들이지 않고 중국으로 가라고 통보하였다. 이 중국인은 본 교회로 긴급 구조 요청을 하였다. 본 교회는 무료 변호사를 연결해 행정소송을 준비하였고 제주도 출입국관리사무소에 강력히 항의하는 한편 이 사실을 국제사회에 알리는 일을 하였다. 결국 제주도 출입국관리사무소는 이 중국인을 석방했고 난민신청을 받아들였다.

현재 중국은 삼엄한 감시사회가 되었다. 14억 인민 전체에 대한 감시와 통제가 우리의 상상을 뛰어 넘는다. 그리고 사회와 인민에 대한 통제가 심해지다보니 해외로 탈출하는 중국인들이 대량으로 발생하고 있다. 미국으로 탈출하는 행렬이 이어진다. 일본으로 탈출하는 행렬도 이어진다. 그리고 미국과 한국에 비해 많지는 않지만 한국으로 탈출하는 중국인들도 이어지고 있다. 몇 달 전에도 중국에서 26년간 공무원 생활을 한 중국인이 탈출해 도움을 요청한 적이 있다. 한국으로 탈출한 중국인들 대부분은 본 교회에 도움 요청을 한다. 왜냐하면 중국인 사회에 본 교회가 많이 알려져 있기 때문이다. 앞으로 더 많은 중국인들이 한국으로 탈출할 것이라 예상된다. 본 교회는 이들에 대한 지원활동을 계속하면서 동시에 복음을 전하고자 한다. 한국으로 탈출하는 중국인들은 앞으로 중국 대륙의 변화에 역할을 할 사람들이다. 이런 중국인들을 돕고 지원하는 일은 향후 동아시아와 한반도의 미래에도 중요한 의미를 가질 뿐만 아니라 중국 대륙 복음화의 미래를 그려볼 수 있는 기회가 될 것이다. 이들에 대한 사역은 그러므로 중대한 의미를 지닌다고 평가한다. 예를 들어 한국으로 탈출한 탈북자들이 북한 변화, 북한 복음화, 한반도 통일에 역할을 하듯이.

아울러 나는 한국으로 탈출한 중국인들에 대해서 본 교회만 관심을 갖는 것이 아니라 노회차원, 교단 차원에서도 중국의 미래를 바라보면서 '전략적 관심'을 가지고 지원할 필요가 있다고 평가한다. 이들은 일본, 호주, 동남아, 미국, 캐나다, 독일, 프랑스, 영국, 대만, 홍콩 등 전세계에 퍼져 있고 네트워크가 형성되어 있다. 이들은 모두 중국의 자유와 민주와 신앙의 자유를 위해 싸우는 사람들이다. 그러므로 본 교단과 노회 그리고 장로회신학대학 등 본 교단 소속 신학교도 이들에 대한 전략적 지원과 연구를 할 필요가 있다고 판단한다. 왜냐하면 중국의 변화는 세계사적 변화가 될 것이기 때문이고 또한 한반도 변화와 통일의 핵심 동력이 되기도 하기 때문이다.

현재 중국의 공산당 정부와 공산당의 통제하에 있는 교회와만 교류하고 접촉하고 있는 것이 한국 교회의 현황이다. 하지만 중국의 변화를 추구하는 중국인들과의 접촉과 네트워크도 중차대한 일이다.

제주도로 탈출한 중국인은 현재 제주도에 있는 중국인 교회에 출석하면서 신앙생활을 하고 있다.

한국으로 탈출한 중국인과 관련한 보도 자료를 첨부한다.

Former Maoist writes for China's democracy

Posted: 2020-06-11

https://www.koreatimes.co.kr/www/nation/2024/03/113_291031.html

Exiled for 21 years in Korea: Life of Chinese dissident Wu Zhenrong

Posted : 2023-02-23

https://www.koreatimes.co.kr/www/nation/2024/05/113_345948.html

첫 중국인 난민 우전룽

#3 주말 '2024 전도부흥운동'에 참가한 교회

"중국 민주화는 한국 통일의 지름길"
이혜민 | 동아일보 신동아 기자 behappy@donga.com |
입력2009-03-09 15:13:00
https://shindonga.donga.com/inter/article/all/13/108320/2

"북핵과 한반도 통일 근본 해결책, 중국 민주화"
이대웅 기자 2022.06.16 09:43
https://www.christiantoday.co.kr/news/348178

因言獲罪 河南一男子逃離中國 籲自由國家收留
楊利偉因在大陸社交媒體上發布或轉發推文而被判刑。圖為中國網絡監控人員示意圖。(LIU JIN/AFP/Getty Images)
更新 2024-04-16
https://www.epochtimes.com/b5/24/4/16/n14226946.htm

因言获罪 河南一男子逃离中国 吁自由国家收留
杨利伟因在大陆社交媒体上发布或转发推文而被判刑。图为中国网络监控人员示意图。(LIU JIN/AFP/Getty Images)
更新 2024-04-16
https://www.epochtimes.com/gb/24/4/16/n14226946.htm

Chinese dissident denied refugee status, detained at Jeju airport
Posted : 2024-04-20 09:00 Updated : 2024-04-21 10:54
https://www.koreatimes.co.kr/www/nation/2024/04/113_373081.html
National

中共 비판해 실형받은 중국인, 자유 찾아 韓 왔지만 억류… '난민인정해야' vs. '박해 받은 흔적없다' 공방
https://www.pennmike.com/news/articleView.html?idxno=79828
Voice of America 중국어판 보도.

异议人士掀"跳机"浪潮 中国人再次能走就走
中国时间 11:35 2024年4月23日 星期二.

2024年4月23日 04:43.
https://www.voachinese.com/a/chinese-dissidents-flee-china-to-escape-from-ccp-suppression-20240422/7580559.html

크리스천 투데이 보도.
4월 24일 수요일.
https://www.christiantoday.co.kr/news/361229

파룬궁 계열 신문 [희망지성] 보도.
http://www.soundofhope.co.kr/bbs/board_view.php?bbs_code=bbsIdx48&num=37723

UPI 보도.
WORLD NEWS APRIL 25, 2024 / 5:59 AM.
Chinese dissident denied asylum fights to stay in South Korea
By Darryl Coote.
https://www.upi.com/Top_News/World-News/2024/04/25/southkorea-Chinese-dissident-fights-for-asylum/2151713846901/

mandarinian.news
https://mandarinian.news/%E4%B8%AD%E5%9B%BD%E6%8C%81%E4%B8%8D%E5%90%8C%E6%94%BF%E8%A7%81%E8%80%85%E5%90%A6%E8%AE%A4%E4%B8%BA%E7%95%99%E5%9C%A8%E9%9F%A9%E5%9B%BD%E8%80%8C%E8%BF%9B%E8%A1%8C%E7%9A%84%E5%BA%87%E6%8A%A4%E6%96%97/#google_vignette

　　서울중국인교회는 중국 공산당 정부의 통제하에 있는 삼자교회뿐만 아니라 중국 공산당의 통제를 거부하는 가정교회(지하교회)와도 교류를 한다는 입장이다.

#3 주말 '2024 전도부흥운동'에 참가한 교회

　최근 제주도로 탈출한 중국인 양리웨이. 중국에서 찍은 사진. 그는 중국에서 국가전복선동죄로 복역하였다.(사진 좌)

　한국으로 탈출한 중국인 우쩐롱. 그는 문화대혁명때 지역 홍위병 두목이었고 중국 인민해방군 정치장교 출신이다. 중국 공산당에 반대하는 글을 쓰다 탈출했다. 작가이자 사상가.(사진 우)

5. 노회 차원에서 전도 활동 지원 절실.

　본 교회의 정기적 전도 활동에 인력이 부족하다. 목회자 중심으로 할 수밖에 없는 것이 현실이다. 중국인 교인들은 모두 일을 나가기 때문에 시간을 내어 함께 전도활동을 하기가 어려운 실정이다.

　그렇기 때문에 본 교회는 영등포노회 소속 교회에서 전도 인력을 정기적으로 도와주기를 간절히 바라고 있다.

6. 영등포노회 남선교회 연합회의 연합 전도활동은 영등포노회 소속의 작은 교회에 큰 힘과 용기를 주고 있다.

　요즘 같은 세태에 작은 교회의 손을 붙잡아 주고 일어설 수 있도록 격려하고 용기를 불어 넣어주는 영등포노회 남선교회 연합회 연합전도활동은 큰 감동과 은혜를 주고 있다.

7. 예향교회

▶ 섬기는 사람 : 김 상 욱B 목사

(1) '2024 전도부흥운동의 현장'

2024 전도부흥운동 시상신청서

노회명	영등포 노회		예향교회
담당자	김상욱 목사	전화	010 2253 9353
		E-mail	ju10009191@gmail.com
전도부흥 사업목표	1. 사람에게는 진심(眞心)으로, 하나님께는 전심(全心)으로 2. 교회설립을 위한 전도부흥		
전도기간	2023.9.22.(제108회 총회 이후) ~ 2024. 6.16.(주일)		
내용 요약	1. 매주 수, 토요일 전도 2. 매주 수요일 저녁8:30 물티슈 전도 　매주 토요일 오후1:30 노방전도, 에디 플랫폼 3. 매월 쌀나누기 전도 (2kg 50개)		
기대효과 (효과성)	- 장년: 3~4명 접촉 및 연결 중. 왔다가 지하교회 때문에 안나옴. - 청년: 플랫폼 전도로 기존 다니고 있는 청년들도 접촉하게 됨 - 중고등부, 아동: 학원가 많은 학생들을 접촉하고 있음. 　기존 다니던 학생들은 큰교회 출석중이거나 부모님과 함께 다니는 교회 출석. 　안다니는 학생들은 시간이 없다. 부모가 못가게 한다, 다른 종교 믿는다, 등 　선물 받는 것보다는 학생들이 참여할 수 있는 프로그램이 더 필요함을 느낌.		
지속방안 (지속성)	*전도부흥운동은 멈추지 않고 계속되어야 한다 　특정 기간 전도행사와 지속적인 관계전도 (1)연 2차례 총동원주일 실시 　- 봄(5월)-가족사랑 축제로 진행(가족전도) 　- 가을(11월)-VIP초청잔치(이웃전도) (2)소그룹 모임: 지역 동우회 관계전도 　- GTS반(통기타교실, 테니스교실, 축구교실) (3)일일효도관광 :국내 관광지, 혹은 기독교 성지 등		

#3 주말 '2024 전도부흥운동'에 참가한 교회

- 전도 준비

▶ 교회를 개척한 후 코로나 팬데믹시기를 맞이하여 거의 교회를 문닫을 정도로 어려웠습니다. 이제 4년째를 맞이하고 팬데믹 시대도 지나갔지만 이전과는 많은 부분이 달라진 모습입니다. 전도는 쉬지않고 하지만 그것에 비해 여전히 결실이 없는 현실속에 부족함에서 벗어나지 못하는 작은 교회이자 미자립교회로 유지하고 있습니다.

작년 2023년도 영등포 남선교회에서 전도부흥운동 프로그램으로 교회를 방문하여 은혜롭게 전도하여 동력을 얻게하여 주었습니다.

힘입어 지속적으로 축호전도와 노방전도를 이어가고 있습니다

'너희는 가서 모든 족속으로 제자를 삼아 아버지와 아들과 성령의 이름으로 세례를 주고 내가 너희에게 분부한 모든 것을 가르쳐 지키게 하라. 볼찌어다 내가 세상 끝날까지 너희와 항상 함께 있으리라'(마28:19-20)는 주님의 '지상명령' 교회가 부흥이 더디더라도 예수님을 전하고 증거하는 것은 교회의 사명이고 목회의 사명이기에 전도합니다.

'너는 말씀을 전파하라 때를 얻든지 못얻든지 항상 힘쓰라

범사에 오래 참음과 가르침으로 경책하며 경계하며 권하라 ...

내가 선한 싸움을 싸우고 나의 달려갈길을 마치고 믿음을 지켰으니

이제 후로는 나를 위하여 의의 면류관이 예비되었다'(딤후4:2-8)고

복음전하는 일을 가장 큰 사명으로 알았고. 부활하신 주님께서는 사랑하는 제자들에게 세상 어디든지 가서 복음을 전하여 제자를 삼으라고 하심을 다시한번 목회사명으로 새겨봅니다.

2024년도 3월 16일 토요일 10:30분에 남선교회에서 방문하여 기도와 간구로 준비하고 전도를 하였습니다. 물티슈와, 전도카드의 전도용품 지원은 큰 힘이 되고 무엇보다도 교회

를 방문하여 함께 기도와 전도에 힘써주는 도움은 큰 힘과 동기부여가 되었습니다.

"전도할 때 나도 살고 너도 산다"

소돔같은 이시대에 전도한다고 복음을 받아 드릴사람 많지 않음을 알수 있습니다. 하지만 결실도 없고 듣지도 않은데 귀찮게 왜 전도하는가? 하는 반문도 있겠지만 듣지 아니하여도, 변하지 아니하여도, 전도해야 나도 살고 너도 살기 때문입니다. 그들이 변하지 않아도 그들이 나를 변화시키지 못하도록 외치는 것입니다. 입 다물면 세속화 됩니다. 외치면 달라집니다. 전하면 나도 살고 너도 삽니다. 입 다물면 같이 망합니다.

다 같이 사는 길은 전도의 길 밖에 없습니다.

- 전도 실행

3월 16일 토요일에 국내선교부와 동반성장위원회, 평신도위원회가 주최하고, 남선교회연합회가 주관하여 진행하는 주말전도대회를 시작하여 남선교회원 6명과 교회성도 5명이 함께 조를 나눠 전도를 시작하였습니다. 전도띠를 두르고 힘찬 구호와 함께 전도를 나간다는 것이 참으로 감격스러웠고 침체되었던 영적 마음까지 회복되는 힘을 얻게 되었습니다. 시작이라는 것이 이렇게 큰 힘을 주는 것이라는 것이 다시 한 번 느끼며 매주 수, 토요일 지역 전도를 시작하고 있습니다. 전도의 불이 꺼져 갈 때 원불을 지원한다는 것이 작은 것 같지만 결국은 교회를 살리고 영혼을 살리는 일이라는 것이 느껴졌습니다.

(1) 축호전도: 매주 수요일 저녁에 수요예배 마치고 물티슈와 전도카드로 전도합니다. 가정에는 들어가지는 않지만 대문과 우편함에 전하고 있고, 전하다가 출입구에서 일대일 만나는 경우도 있어 전도를 하고 있습니다. 1인 100개 이상 물티슈를 전하고 있고, 지역을 나눠서 지역안에 모든가정에 1티슈 전하는 목표로 하고 있습니다.

#3 주말 '2024 전도부흥운동'에 참가한 교회

(2) 노방전도: 매주 토요일 오후1:30에 교회 주변 학원가와 상가 노방전도를 합니다. 전도플랫폼과 에디카드를 통해 주변 주민들과 복음을 전하고 전도를 하고있습니다. 매월 쌀 2kg봉지 50개를 나눔전도를 하고 있습니다

- 전도 효과

일시적으로 숫자가 늘어나거나 새신자가 들어오지는 않았습니다. 하지만 개척교회 사역의 큰 힘을 주는 원동력이 되는 것은 확실한 결과입니다. 한사람이 귀하고 외롭고 쓸쓸한 개척교회에 노회나 연합회의 지체들이 함께 해주시는 것만으로도 큰 힘이 되고 격려가 되는 일인데 전도물품지원과 전도 플랫폼까지 지원하며 전도하는 것은 개척교회 사역자에게 너무도 큰 힘이 되는 것이었습니다. 어떻게 할 수가 없는 상태에서 자연스럽게 전도할수 있는 교회로 만들어 주게 된것입니다. 대부분 미자립교회들이 당연히 전도해야 하고 전도하고 있겠지만 구체적이지 못하고 이또한 지속적이지 못하는 실정일 것입니다. 그런데 이러한 전도대회가 주는 효과는 지속적으로 전도할수 있는 시스템을 마련해주는 결과를 주게 된 것입니다.

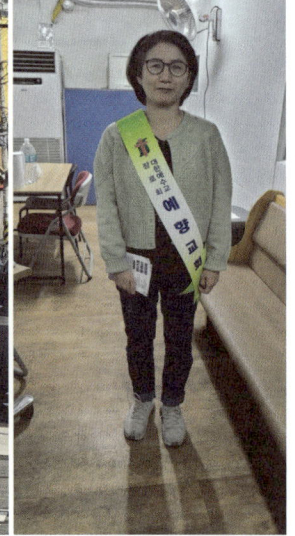

- 전도 이후

일회적으로 끝나서도 안되고 행사로 끝나서도 안됩니다.

한 영혼이라도 구원받기 위해 연결된 태신자는 하나님께서 보내주신 영혼이라 믿

고 관리하겠습니다.

먼저 전도 플랫폼 에디프로그램에 관리시스템이 잘 되었습니다. 에디플랫폼을 통해 꾸준히 복음 영상을 전해주고 마음을 열도록 피드백 합니다.

교회출석이 가능할 때는 교회 태신자 정착 프로그램 산상수훈 100독하기로 신앙 기초양육으로 관리하겠습니다.

- 전도 계획

1. 연 2차례 총동원주일 실시
   - 봄(5월)- 가족사랑 전도 진행(가족전도)
   - 가을(11월)- VIP초청잔치(이웃전도)
2. 소그룹 모임: 지역 동우회 관계전도
   - GTS반(통기타교실, 테니스교실, 축구교실)
3. 일일효도관광 : 국내 관광지, 혹은 기독교 성지 등

지역특성과 주민들의 활동을 파악하여 관계전도가 더욱 필요함을 느낍니다. 가족관계와 지인들의 관계활성화를 위해 소그룹모임과 동우회 활동을 통해 관계관계를 넓혀가는 것이 지역 교회의 꼭 필요함을 느끼면서 3년째 넘어서는 관계전도에 더욱 중점을 두고 있습니다

전도플랫폼 에디를 통해 교회주변 학원가 학생들에게 sns전도를 하고자 합니다. 중고등학생들이 주변에 많은 편입니다. 에디플랫폼을 잘 활용하여 sns가 활성화 되면 "뇌과학, 뇌상담을 통한 학업에 열중하기" 프로그램을 접목하고자 합니다. 잠자는 뇌를 깨우고 각인된 뇌를 각성시켜주는 뇌 피드백을 통한 전도프로그램입니다. 학부님들에게도 연계할 수 있도록 계획하고 있습니다. 꾸준한 노방전도와 물티슈와 복음전도지를 전하는 지역전도는 동일하게 하고 있습니다. 영등포노회 전도대회가 그리 쉬운일은 아니겠지만 일회성으로 끝나지 않고 지속되어 미자립교회의 부흥의 씨앗이 되어 주시길 간절히 바라며 이렇게 전도의 문을 열게 해주신 것에 감사를 드립니다.

#3 주말 '2024 전도부흥운동'에 참가한 교회

8 새언약교회

▶ 섬기는 사람 : 정 성 철 목사

(1) '2024 전도부흥운동의 현장'

2024 전도부흥운동 결과보고서

노회명	영등포노회	교회명	새언약교회
담당자	정 성 철	전 화	010-7639-0234
		E-mail	jsc9kr@hanmail.net
전도부흥 사업목표	1. 성도배가 2. 복음전파		
전도기간	2023.9.22.(제108회 총회 이후) ~ 2024. 6.16.(주일)		
내용 요약	1. 경과 : 새언약교회는 지난 2023년 108회기 총회 이후 매주 교회 앞 노방전도와 가가호호 방문전도등으로 전도를 지속적으로 실시하고 있음 2. 전도의 다양한 형태 　새언약교회는 기존에 노인정을 방문해 부침개 전도와 고시원등에 1인 가구를 위한 라면등 생필품 전달 전도와 매실 등 계절에 따라 맞춤형 전도를 실시해 왔음 3. 확장성(예: 지역사회와 전도를 위한 연합 및 연대 활동 등...)		
기대효과 (효과성)	지속적인 전도 활동등으로 장년 3인 등록 - 이판길(87세), 박성자(85세), 임수연(43세) 어린이 2명 등록 - 란세아 (초등6년), 란연아(7세 유치부) 기타 태신자 7명		
지속방안 (지속성)	1년 2회 전도집회 (부활주일, 추수감사주일) 초청잔치를 통해 이웃드로가 불신자 가족초청등으로 전도기회 확충 교회주변 노인정 (4곳) 분기별 방문 복음제시 및 웃음치료 학교 고시원방문 - 1인가구 전도		

새언약교회의 전도전략은 3가지 방식입니다.

첫째는 불신자 전도입니다. 이를 위해 매주 토요일 교회 앞 노방전도를 실시하여 불신자를 전도하기 위해 각티슈, 물티슈, 건빵등 전도 용품으로 전도를 실시하고 있으며 태신자들을 찾아가 매실등을 선물하며 교회와의 유대관계를 형성해 나가고 있습니다. 두달에 한번정도 푸짐한 전도잔치를 통해 이웃들에게 음식을 제공하며 관계를 다져가고 있습니다.

두 번째는 가족전도입니다. 믿지 않는 가족들을 전도하기 위해 1년에 2회 전도 초청 잔치를 실시하고 있습니다. 부활주일과 추수감사주일을 앞두고 한 달 전부터 불신자 가족들을 전도하기 위해 선물을 준비하고 기도카드에 기도제목을 써서 교인들과 함께 준비합니다. 온가족 만찬과 전도설교등으로 불신자 가족들에게 지속적으로 복음을 받아들이도록 행사를 실시합니다.

마지막 세 번째는 사회 관계전도입니다.

신정사회 복지관을 통해 독거노인 음식만들기를 돕고 시원한 여름나기 선물 지원과 따뜻한 겨울나기 선물, 그리고 5월 가정의 달을 맞이하여 건강키트를 독거노인 및 저소득 가정에 지원하며 사회 관계성 전도를 실시하고 있습니다.

아울러 청년 전도를 위해 청년 부흥강사를 초청하여 말씀집회와 찬양집회등으로 청년들을 전도하고 있습니다.

전도부흥운동 사례집 Ⅱ
전도·부흥·운동 어떻게 할 것인가?

영등포노회에 속한 지교회의
'2024 전도부흥운동'

#4

1. 하람교회
2. 신도교회
3. 영도교회
4. 새영교회
5. 영은교회
6. 시온성교회
7. 남도교회
8. 주향한교회
9. 경일교회
10. 치유하는교회
11. 양평동교회
12. 한영교회
13. 조은교회
14. 영등포교회
15. 새터교회
16. 도림교회

#4 영등포노회에 속한 지교회의 '2024 전도부흥운동'

1 하람교회

▶ 섬기는 사람 : 이 동 한 목사

(1) '2024 전도부흥운동의 현장'

2024 전도부흥운동 결과보고서

노회명	영등포노회	교회명	하람교회
담당자	정 성 훈	전 화	010-9687-8696
		E-mail	tocopherol1005@naver.com
전도부흥 사업목표	1. 지역사회를 섬김으로 교회의 좋은 이미지 제고 2. 자연스러운 교회 성장을 촉진함		
전도기간	2023.9.22.(제108회 총회 이후) ~ 2024. 6.16.(주일)		
내용 요약	1. 경과 : 지난 2022년부터 하람교회는 수요일마다 거리에서 붕어빵을 나누어주는 '오병이어 붕어빵 전도'를 시작해서 지금까지 꾸준히 진행 중입니다. 2. 수요예배를 드린 후, 성도들이 함께 나와서 약 1시간~1시간 반 동안 붕어빵을 구워 전도지와 함께 나누어주었습니다. 누구나 예외없이 붕어빵을 나누어주는 전도운동을 꾸준히 시행해 왔습니다. 3. 확장성(예: 지역사회와 전도를 위한 연합 및 연대 활동 등...): 아직 교회의 사정상 지역사회와 연합하여 어떤 활동을 하기는 어려운 상황입니다. 다만 조건없이 지역사회를 섬기는 모습을 통하여서 어려운 이웃들에게 다가가고 있으며, 주변의 독거노인이나 부모의 케어를 제대로 받지 못하는 아이들에게 연대하여 무엇을 할 수 있지 않을까 기대하고 있습니다.		
기대효과 (효과성)	작년 9월부터 새로 등록한 성도는 장년 16명입니다. 장년 16명은 모두 직접 혹은 간접적으로 붕어빵 전도로 전도된 인원이며, 긍정적인 마음으로 교회를 방문하는 이들도 3~4명 가량 되었습니다.		
지속방안 (지속성)	붕어빵 전도는 지금까지 해온 것처럼 수요일 오후, 정해진 시간에 꾸준히 실시할 것입니다. 더 많은 이웃주민들에게 알려지기 위해서는 꾸준함과 정확한 시간엄수가 중요하다고 생각합니다. 다만, 붕어빵 전도는 더운 여름에는 실시하기가 힘이 듭니다. 여름에도 전도를 지속할 수 있는 매력적인 아이템을 탐색 중입니다.		

2022년부터 코로나의 영향력이 조금씩 줄어들면서 하람교회는 전도의 방법을 고민하다가 길거리에서 하는 붕어빵 전도를 시작하게 되었습니다. 수요예배를 드리기가 힘든 여건이었기에, 대신 그 시간에 붕어빵 전도를 시작하게 되었습니다. 제(담당자)가 부임했을 때, 붕어빵 전도팀이 이미 꾸려진 상태였고, 어느 정도 자리가 잡힌 상황이었습니다. 다만 지역 주민들에게 아직 잘 알려진 상태는 아니어서 붕어빵을 나누어주면 얼마냐고 물어보는 사람들이 종종 있었고, 왜 나누어 주냐고 물어보는 이들도 왕왕 있었습니다.

붕어빵 용품들을 챙겨 붕어빵 나누어줄 장소를 찾아 자리를 잡고, 도구들을 세팅하고 있으면, 사람들이 호기심 어린 눈빛으로 쳐다보면서 지나가거나, 아니면 언제 시작하는거냐고 묻곤 했습니다. 전도팀이 도착해서 붕어빵을 구워내면, 붕어빵을 종이에 싸서 전도지와 함께 나누어 줍니다. 움직이는 것이 조금 불편하신 성도님들은 가만히 서서 하는 일, 즉 붕어빵 굽는 일, 다 구운 붕어빵을 정리정돈하여 배급하는 일 등을 하셨습니다.

반응은 다양했습니다. 몇 주간 붕어빵 전도하는 모습을 지켜보시다가 교회의 위치를 물어보시는 분들, 붕어빵 줘서 고맙다고 되려 음료수를 사오셔서 나눠주시고 가시는 분들, 옆 교회에서 왔는데 힘내라고 격려해주시는 분들, 헌금을 들고 오셔서 기도제목을 부탁하고 가시는 분들 등 다양했습니다. 붕어빵 전도팀은 한 분도 소홀히 대하지 않고 정성껏 응대하였고, 담임목사님(이동한 목사님)이 가장 앞장서서 열심을 내셨고, 기도를 해주기도 하셨으며, 길거리에서 상담을 하는 일도 종종 있곤 했습니다.

그 모든 정성들이 모여서 점차 동네에 좋은 소문이 나기 시작했습니다. 시장에서 파는 붕어빵보다 2~3배는 크고 맛있다는 소문, 하람교회 성도들이 친절하다는 소문, 누구에게나 친절하게 대한다는 소문이 점점 퍼져나갔고, 교회의 이미지가 눈에 띄게 좋아졌습니다. 붕어빵 전도를 통해서 직접 찾아오시는 분들, 방문해서 예배를 드리는 분들, 붕어빵 전도팀을 통해서 등록하시는 분들이 점점 늘어서 작년 9월부터 등록한 사람의 수만 18명이었습니다. 교회학교까지 주일예배 참석 총원이 110명 남짓한 교회에서 18명은 꽤나 의미있는 수치라고 생각합니다.

아쉬운 점은 교회학교 학생들을 전도하지는 못했다는 사실입니다. 실제 붕어빵 전도를 할 때, 아이들에게도 빠짐없이 붕어빵을 권하며 예배 시간까지 자세히 알려주었으나, 아무래도 접근하는 것이 더 조심스러울 수 밖에 없었습니다. 더군다나 같이 다니는 친구가 없으면 오기가 힘든 것이 아이들의 현실이었습니다. 다행인 점은 학생들뿐만 아니라 부모님과 함께 다니는 학생들도 많이 만났고, 꾸준한 섬김으로 부모들이

#4 영등포노회에 속한 지교회의 '2024 전도부흥운동'

하람교회를 긍정적으로 바라보기 시작했다는 신호가 조금씩 감지되고 있습니다. 그동안 교회 나가는 것을 금지하다가 교역자와 교우들과 안면을 트면서 조금씩 교회출석을 허용한다던가, 특별한 행사가 있을 때는 참석을 허락한다던가 하는 식으로 바뀌고 있습니다. 장기적으로 봤을 때, 붕어빵 전도는 분명 교회학교에도 미미하지만 성과가 있으며 곧 결과가 있으리라 생각합니다. 붕어빵 전도 이후에 자연스럽게 교회학교로 끌어들일 수 있는 장치를 마련하는 것이 하람교회의 가장 중요한 숙제 중의 하나가 아닐까 생각해봅니다.

붕어빵 전도가 음식으로 지역을 섬기는 전도방법이요 행사이기에 향후에 지역과 협력하여 교회가 음식으로 지역을 도울 수 있는 방안과 연결될 수도 있다고 생각합니다. 하람교회는 11월 말에 교회 김치를 담그는 김장을 하는데, 교인들 중 혼자 사시는 어르신들을 모두 챙기고 있습니다. 이처럼 복지의 사각지대에 놓여있거나, 혼자 사는 어르신들, 아니면 부모로부터 방치되어 제대로 끼니를 챙기지 못하는 아이들, 병상에 누워있으나 돌볼 이가 제대로 없는 이가 있다면 지역사회와 연계하여 하람교회가 감당할 수 있는 범위 내에서 그들을 돕고 싶은 의사가 분명히 있습니다. 실제로 고강동에서 오랫동안 살아온 성도들은 이웃의 처지를 잘 알고 있습니다. 누구에게 어떤 식의 도움이 좋은지 꾸준히 성도들 사이에도 논의가 있습니다.

#4 영등포노회에 속한 지교회의 '2024 전도부흥운동'

2 신도교회

▶ 섬기는 사람 : 정 현 철 목사

(1) '2024 전도부흥운동의 현장'

2024 전도부흥운동 결과보고서

노회명	영등포노회	교회명	신도교회
담당자	조충연 목사	전　화	010-5242-2312
		E-mail	sanaijo@naver.com
전도부흥 사업목표	1. 장기결석자들에 대한 관심과 기도로 예배 참석율 높이기. 2. 지역주민들과 소통과 교육으로 친숙하게 다가가 주님 품으로 인도하기.		
전도기간	2024.9.22.(제108회 총회 이후) ~ 2024. 6.16.(주일)		
내용 요약	1. 경과 : 꾸준한 활동으로 인하여 매주 새 신자 증가, 특히 하교 길 아이들에게 전도함으로, 아이들과 부모님들에게 거부감 없이 다가설 수 있어 아이들의 출석인원 꾸준히 늘고 있습니다. 2. 학교 하교 길과 놀이터 등에서 간식(젤리 등)과 커피(음료 등) 길거리 전도와 별숲작은도서관 시설을 활용한 다양한 전도활동으로 지역 아이들과 부모님들께 친숙하게 다가가 주님을 증거하는 활동을 합니다 3. 다양한 문화교실(필라테스, 어반스케치, 케익만들기)과 학부모교육(부부간 사랑관계, 아이들과 부모관계), 카페에서 작은 음악회를 통한 지역주민들과 화합과 소통. 별숲작은도서관을 통한 책 대여로 지역주민과 아이들이 교회의 시설을 이용함으로 거부감 없는 교회 출입, 그리고 전도 신도FC(축구클럽)를 통한 아이들과 부모님들의 체육활동을 활용한 전도		
기대효과 (효과성)	올해 상반기 등록자수 (아동부 - 53명, 장년부 - 39명) 유아부 - 6명, 유치부 - 6명, 아동1부(초1~3) - 6명, 아동2부(초4~6) - 13명, 중등부 - 10명, 고등부 - 5명, 청년부 - 7명 장년부 - 39명		
지속방안 (지속성)	*꾸준한 학교 하교 길과 놀이터 등에서 길거리 전도활동 *더욱 다양한 문화교실과 가정을 위한 교육 프로그램으로 주민들의 어려움 (자녀문제, 부부문제)을 해결 할 수 있도록 노력 하겠습니다. *신도FC(축구클럽)을 통하여 자녀들과 아버지들과의 소통과 공감을 위해 더욱 노력하겠습니다. *위의 꾸준한 활동으로 예수님을 증거하는 교회의 사명을 다 하겠습니다.		

*길 거리 전도운동

*별숲작은도서관을 활용한 다양한 문화교실과 교육을 통한 전도 활동
*지역주민들과 함께하는 다양한 음악행사를 통한 전도 활동
*신도FC(축구클럽)을 통한 전도 활동

#4 영등포노회에 속한 지교회의 '2024 전도부흥운동'

3 영도교회

▶ 섬기는 사람 : 박 경 원 목사

(1) '2024 전도부흥운동의 현장'

2024 전도부흥운동 결과보고서

노회명	영등포노회	교회명	영도교회
담당자	김 종 성	전 화	010-7175-1631
		E-mail	sing2e@naver.com
전도부흥 사업목표	1. 지역사회의 불신 영혼들에게 복음을 전하기 위함 2. 성도들로 하여금 전도훈련의 중요성과 구령의 열정을 회복하게 하기 위함			
전도기간	2024.9.22.(제108회 총회 이후) ~ 2024. 6.16.(주일)			
내용 요약	행사기간: 24. 5. 12. ~ 6. 23. 행사개요: 　전도 대상자 작성 및 기도, 연락 및 만남(복음제시) : 5. 12. ~ 6. 8. 　전도 대상자 초청 주일 : 6. 9. 주일 2,3부 예배 - 지선 찬양사역자 　　　　　　　　　　　　6. 16. 주일 오후예배 - 마음 전파상(가수 자두) 새가족 만찬 : 6. 23. 새가족 모임 : 6. 23.부터 4주간			
기대효과 (효과성)	전도자 178명, 전도대상자 775명 초청주일 방문 128명 등록 27명			
지속방안 (지속성)	전도행사를 연례행사로 정착시키기 위해 교인들에게 지속적인 훈련과 전도행사 참여를 독려하고 있음. 7주간의 전도행사를 통해 교인들이 작정부터 연락, 만남과 복음 제시를 단계적으로 훈련해갈 수 있도록 매주 실천지침을 제시하고 소그룹(셀)을 통해 확인하고 있음.			

영도행전 보고서

오직 성령이 너희에게 임하시면 너희가 권능을 받고
예루살렘과 온 유대와 사마리아와 땅 끝까지 이르러 내 증인이 되리라 하시니라 (행1:8)

1. 기간 : 5월 12일 ~ 6월 23일 (7주)
2. 목적 : 예수님의 지상 명령을 따라 복음을 전한다.
   영도교회만의 전도 프로그램(작정부터 정착까지)을 세워간다.
3. 교구활동 : 교구 릴레이 기도진행, 셀리더인턴 모임시 전도대상자를 위한 합심기도 실시
4. 특별행사 : 리더십 기도회(4월 14일, 21일, 28일), 전도간증 집회(5월 5일),
   영도 어게인(5월 25일), 금향로 기도회 2회(5월 10일, 6월 7일),
   영도행전 초청주일 2회(6월 9일, 16일)
5. 홍보 및 독려 : 영상 홍보, 리더십 기도회, 셀모임 시 기도, 주일예배 부스 설치
6. 주차별 진행표

주차	개인	공동체	교회행사
5/5 영도행전 준비		송경호 장로 초청 전도 간증 집회	
5/12 1주차	1. 기도하기 2. 전도대상자 파악 3. 작정하기	전도대상자 나눔 및 기도	5/10(금) 영도행전을 위한 금향로 기도회 5/12(주) 영도행전 선포식
5/19 2주차	1. 기도하기 2. 연락 및 약속잡기	셀/남선교회 여전도회 전도활동계획	5/19(주) 온 세대 예배, 영도한마당
5/26 3주차	1. 기도하기 2. 만남(식사대접)	셀/남선교회 여전도회 전도활동	5/25(토) 영도 어게인 5/26(주) 동아리 모임 초청

#4 영등포노회에 속한 지교회의 '2024 전도부흥운동'

주차	개인	공동체	교회행사
6/2 4주차	1. 기도하기 2. 만남(간증) 3. 영도행전초청	셀/남선교회 여전도회 전도활동	6/1(토) 초하루기도회 6/7(금) 새생명을 위한 금향로 기도회
6/9 영도행전 초청주일1	1. 연락하기 2. 전도대상자와 함께 예배 3. 점심식사(교회) 4. 교회 등록		6/9(주) 영도행전 초청주일1 - 지선
6/16 영도행전 초청주일2	1. 연락하기 2. 전도대상자와 함께 예배 3. 점심식사(교회) 4. 교회 등록		6/16(주) 영도행전 초청주일2 - 마음 전파상(자두X오화평)
6/23 후속 프로그램	1. 연락하기 2. 전도대상자와 함께 예배 3. 점심식사(교회) 4. 교회 등록	새가족 만찬	6/23(주) 새가족 환영회

7. 영도행전을 위한 사전모임

　교인들로 하여금 영도행전에 대한 참여를 독려하기 위해 4주간 기도 모임을 운영한다.

주차	모임내용	대상
4/14 4주전	작정을 위한 기도모임	당회, 안수집사회, 권사회, 남선교회, 여전도회, 셀리더
4/21 3주전	작정을 위한 기도모임	당회, 안수집사회, 권사회, 남선교회, 여전도회, 셀리더
4/28 2주전	작정을 위한 기도모임	당회, 안수집사회, 권사회, 남선교회, 여전도회, 셀리더
5/5 1주전	오후 2시 예배, 송경호 장로 초청 간증집회 → 전도 대상자 작정을 독려	

8. 실천 지침

교인들이 매주 정해진 실천지침을 따라 전도행사에 참여할 수 있도록, 실천목표를 성경구절에 대입하여 제작함. 영도교회만의 사도행전 29장을 써내려가자는 의미로 제작한 것임.

각 구절마다 주차별 실천 지침이 반영되어 있고, 예배 시간에 교인들이 함께 읽는 시간을 가짐.

각 실천 지침을 수행할 경우 '발걸음'이 적립됨. 이 발걸음은 각 셀별로 취합되어 매주 교회 로비에 표시. 발걸음이 적립되는 실천 지침들은 전도 대상자를 초청주일에 데려오는 것 뿐만 아니라, 기도, 예배 참석, 연락 등 전도 대상자를 향한 다양한 행동들 모두를 포함하고 있음.

※ **파란 글씨**는 주차별 실천지침 반영사항임.

1절 : 때가 이르매 주의 제자들이 **기도하니** 성령이 임하사 하나님 나라의 복음이 필요한 이들을 **마음에 떠오르게 하셨고** 제자들은 속히 **작정하고** 교회에 알린지라

2절 : 주의 날에 **온 세대가 모여 하나님께 영광을 돌리매** 복음 전파의 사명을 받은 자들이 날로 더하여졌더라 예수의 이름으로 이웃을 **문안**하매 평화의 복음이 담긴 영상을 전하는 중 **소망에 관한 이유를 묻는 자에게 대답할 것을 친히 준비**하였더라

3절 : **날마다 또 초하루에 모여** 기도하매 성령 안에서 각자에게 허락하신 이들에게 연락하여 만나기로 **약속한 후 식사를 함께하고** 소망에 관한 이유를 나누며 하나님 나라 잔치에 **초대**하였더라

4절 : **밤에 따로 모여 기도하니** 제자들의 마음은 더욱 담대하여지고 이웃에게 나아가 와서 보라 **권면하고** 길과 마을로 나아가 **사람을 찾아나섰더라**

5절 : **정한 날**이 차매 온 성도들이 한 곳에 모였더니 평화의 사람들이 동서남북으로부터 와서 **하나님 나라의 잔치에 참여**하였더라 그때에 찬송이 넘쳐났더라

6절 : 주저하는 이가 아직도 있으매 제자들이 그들을 다시 찾아 나서 **하나님 나라의 잔치에 초대하였고** 하나님의 큰일하심을 들었더라

7절 : 하나님께서 만세전부터 택정하신 이들이 날마다 마음을 같이하여 **성전에 모이기를 힘쓰고** 집에서 떡을 떼며 기쁨과 순전한 마음으로 **음식을 먹고 하나님을 찬미하며** 또 온 백성에게 칭송을 받으니 주께서 구원 받는 사람을 날마다 더하게 하시니라

#4 영등포노회에 속한 지교회의 '2024 전도부흥운동'

9. 홍보 및 유인물 제작

1) 성도참여 독려 및 개인 실천사항 확인용 리플렛 제작 : 성도들이 휴대 소지할 수 있도록 제작. 각 발걸음 숫자 표시, 실천 목표 등 전도행사에 대한 다양한 정보 제공

2) 본당 게시용 현수막 (초청주일)

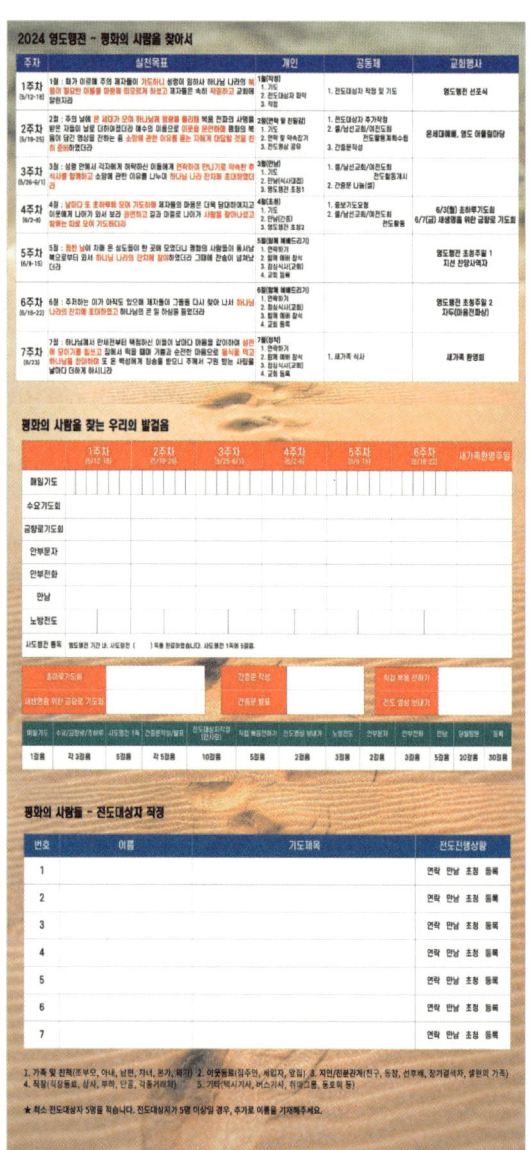

3) 영도행전 기간 로비 게시용 - 성도참여율 표시

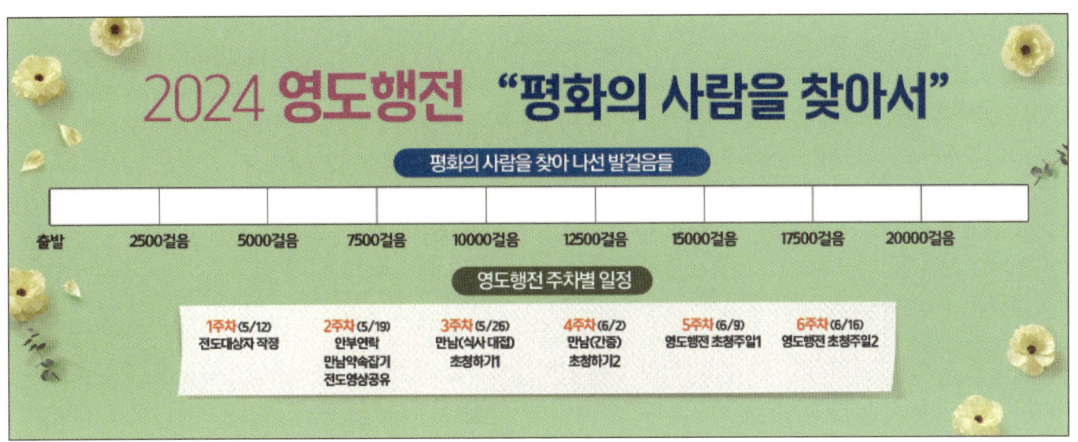

4) 초청주일 초청장

앞

뒤

10. 활동 결과보고

전도자 178명, 전도대상자 775명

초청주일 방문 128명

등록 27명

#4 영등포노회에 속한 지교회의 '2024 전도부흥운동'

4 새영교회

▶ 섬기는 사람 : 곽 근 열 목사

(1) '2024 전도부흥운동의 현장'

2024 전도부흥운동 결과보고서

노회명	영등포노회	교회명	새영교회
담당자	최종덕 목사	전 화	010-4569-7967
		E-mail	jongdeok8989@naver.com
전도부흥 사업목표	1. 사도행전 1장8절 말씀을 따라 지역사회에 예수그리스도의 복음을 전하는 것 2. 교회는 알지만 복음과 예수그리스도의 사랑을 모르는 사람들에게 우리가 받은 사랑을 흘려보내는 것		
전도기간	2024.9.22.(제108회 총회 이후) ~ 2024. 6.16.(주일)		
내용 요약	우리 새영교회는 전도대가 두 팀으로 나눠집니다. 권사님 집사님들을 중심으로 전도지와 물티슈를 나눠주며 복음을 전하는 전도팀과 청년들을 중심으로 교회 앞에서 붕어빵을 나눠주는 전도팀이 있습니다. 우리 새영교회는 겨울에는 붕어빵을 구워 지역 주민들, 학생들, 청년 어른들 모두가 붕어빵을 드시러 오십니다. 당근마켓을 통해 붕어빵전도를 홍보하며 오실 때 복음을 전하기도 하고 복음을 듣기 힘들어하는 분들에게는 에디전도 카드를 나눠주며 전도 활동을 하고 있습니다. 2024년 여름전도는 슬러시기계를 구입하여 슬러시 전도를 진행할 계획을 가지고 있습니다. 더운 여름날씨를 대비해 슬러시를 주며 나눔을 하고 복음을 전하는 전도를 계획하고 있습니다. 특히 요즘 청소년 청년들이 좋아하는 MBTI 검사를 공부하여 적성검사도 함께 병행하여 그 가운데 복음을 전하기 위해 청년들이 공부하고 있습니다.		
기대효과 (효과성)	전도를 통해 아직 등록인원은 없지만 생각보다 관심들을 많이 가집니다. 특별히 아동 중고등부 청년들은 붕어빵을 기다리기도 하지만 이곳에 교회가 있다는 것을 알게 된 것 만으로도 결실이 있다고 생각합니다. 여름 슬러시 전도를 통해 등록인원이 한명이라도 있길 소망합니다.		
지속방안 (지속성)	*전도는 사명입니다. 그렇기에 누가 한다고 해서 하고 하지 않는다고 해서 하지 않는 것이 아닙니다. 새영교회는 계속해서 아동부터 중고등부 청년 장년까지 각자 특색에 맞게 전도프로그램을 만들기도 하고 배우기도하며 전도를 계속 진행할 것입니다. 붕어빵/슬러시 기계 같은 것은 교회를 알리는 중요한 방법이기 때문에 그것을 중심으로 에디전도 터치전도를 같이 할 계획입니다. 특별히 시즌마다 다른 전도방법(떡볶이/파전 음료 아이스크림 등) 사용할 계획입니다.		

매주 화요일, 목요일은 권사님들을 중심으로 지역사회를 돌아다니며 물티슈와 전도지를 전해주는 전도가 진행됩니다.

전도 용품을 구입해 그것을 가지고 전도하며 예수님을 전하며 교회를 알립니다.

 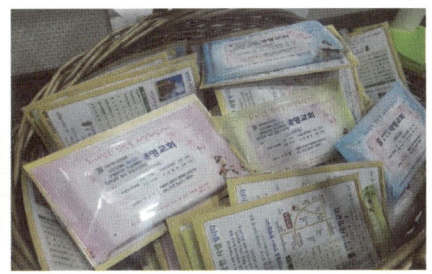

매주 11월-3월 토요일은 부목사, 교육전도사, 청년들이 함께 모여 붕어빵을 만들어 전도합니다.

오후 2시부터-4시30분까지 하루에 300개정도의 붕어빵을 구워 나눠 줍니다.

지역 주민들과 당근 이라는 플랫폼을 통해 홍보하며 지나가는 주민들에게 나눠 줍니다.

아동, 청소년, 청년들 어른들 모두가 좋아하며 교회가 계속해서 무언가를 하고 있다는 것을 보여주기 때문에 전도하는 사람도 받는 사람도 모두가 행복해 합니다.

특별히 2024년 여름전도는(7월-9월) 슬러시기계를 구입하여 에디전도, 터치전도를 함께 병행할 계획을 가지고 있습니다.

 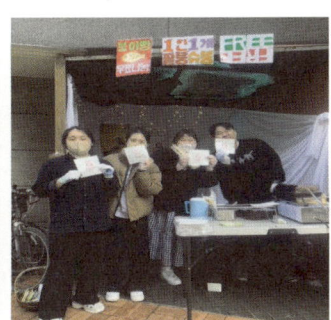 

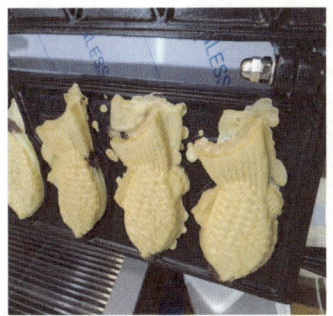 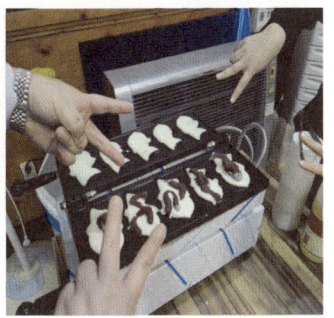

#4 영등포노회에 속한 지교회의 '2024 전도부흥운동'

5 영은교회

▶ 섬기는 사람 : 이 승 구 목사

(1) '2024 전도부흥운동의 현장'

2024 전도부흥운동 결과보고서

노회명	영등포노회	교회명	영은교회
담당자	최정태	전 화	010-5494-1979
		E-mail	
전도부흥 사업목표	1. 전교인의 관계 전도(복음 제시) 2. 체계적인 전도 교육		
전도기간	2024.9.22.(제108회 총회 이후) ~ 2024. 6.16.(주일)		

내용 요약	1. 경과 :
	  1) 토요전도팀:은퇴자 위주로 구성되어 매 주 토요일 오전에 교회 주변 전도
	  2) 주일전도팀:전도훈련(전도폭발) 이수자 위주로 구성되어 매 주일 오후에 교회 주변 노방전도
	  3) 화요전도팀:여성 위주로 매 주 화요일 오전 교회 주변 전도, 전도폭발 훈련생
	2. 전도의 다양한 형태
	   전도훈련(전도폭발 13주 과정)를 통하여 복음제시와 예수님의 삶을 보여 줄 수 있는 전도팀을 양육
	3. 확장성
	  1) 교회 주변 노방 전도 - 전도지와 전도 물품 전달
	  2) 7분 복음제시 - 전도교육(전도폭발)이수자 및 훈련생
	     주변 병원과 연계하여 환자들에게 복음 제시		

기대효과 (효과성)	1. 매주 전도팀을 활동으로 2~3명이 복음을 듣고 서로 복음에 대하여 대화가 이루어지면서 연락처나 기도제목 받음 2. 매 주 정기적으로 교회 주변 상가를 방문함으로 친숙의 과정을 쌓는다 3. 일정기간 경과 후 교회에 등록		
지속방안 (지속성)	매 주 화요 노방팀, 토요 노방팀, 주일 노방팀, 전도폭발 훈련 복음제시를 정기적으로 운영하여 교회 주변 노방전도 및 관계전도 실시		

2024 전도부흥운동 세부보고서

※ 주일/토요/화요노방전도 : 노방전도 참여인원, 전도대상자 중보기도 제목수

년월	주일노방전도	토요노방전도	화요노방전도	화요직장인예배	전도폭발훈련
'23. 9.	(3일) 7명 (10일) 7명, 기도 1 (17일) 7명, 기도 2 (24일) 8명, 기도 2	(2일) 9명 (9일) 10명 (16일) 7명 (23일) 9명	(6일) 16명, 기도 2 (12일) 16명,기도 2 (19일) 11명,기도 1		(9/17~12/3) 전폭 63기 훈련 -훈련생 25명 -전도횟수136회 -전도대상136명 * 결신 53명
'23. 10.	(8일) 9명, 기도 1 (15일) 8명 (22일) 6명 (29일) 8명	(7일) 11명 (14일) 10명 (21일) 11명 (28일) 11명	(10일) 13명,기도 1 (17일) 13명,기도 3 (24일) 11명,기도 3 (31일) 12명,기도 1		
'23. 11.	(5일) 6명 (12일) 7명, 기도 1 (19일) 6명, 기도 1 (26일) 9명, 기도 2	(4일) 10명 (11일) 11명 (25일) 10명 종강예배/방학	(7일) 18명 (14일) 10명 (21일) 15명 (28일) 10명		
'23. 12.	(3일) 6명, 기도 1 (10일) 5명, 기도 2 (17일) 6명 (24일) 4명 (31일) 5명	방학	(5일) 15명 (12일) 11명 (19일) 16명		
'24. 1.	(7일) 7명, 기도 2 (14일) 9명 (21일) 10명,기도 1 (28일) 9명, 기도 5	방학	방학		
'24. 2.	(4일) 8명, 기도 3 (18일) 6명, 기도 2 (25일) 5명, 기도 4	방학	방학		

#4 영등포노회에 속한 지교회의 '2024 전도부흥운동'

년월	주일노방전도	토요노방전도	화요노방전도	화요직장인예배	전도폭발훈련
'24. 3.	(3일) 11명, 기도 2 (10일) 8명, 기도 2 (17일) 8명, 기도 5 (24일) 14명, 기도 3 (31일) 11명, 기도 3	(2일) 9명 (9일) 9명 (16일) 11명 (30일) 11명	(5일) 15명 (12일) 9명 (19일) 13명 (26일) 15명		(3/17~6/9) 전폭 64기 훈련 -훈련생 28명 -전도횟수 177회 -전도대상 177명 * 결신 66명
'24. 4.	(7일) 8명 (13일) 13명 (28일) 8명, 기도 1	(6일) 10명 (13일) 11명 (20일) 12명 (27일) 12명	(2일) 15명 (9일) 15명 (14일) 12명 (23일) 11명	(2) 130명, 개강 (9) 82명 (16) 70명 (23) 70명 (30) 68명	
'24. 5.	(12일) 8명, 기도 3 (19일) 10명 (26일) 12명	(4일) 12명 (11일) 항존직 전도의 날 100명 참여	(9일) 18명	(7) 67명 (14) 80명 (21) 76명 (28) 92명	
'24. 6.	(3일) 6명, 기도 1 (10일) 5명, 기도 2 (17일) 6명 (24일) 4명 (31일) 5명	(1일) 11명	(5일) 15명 (12일) 11명 (19일) 16명	(4) 85명	

※ 주일/토요/화요노방전도 : 노방전도 참여인원, 중보기도요청 대상자 수

#4 영등포노회에 속한 지교회의 '2024 전도부흥운동'

6 시온성교회

▶ 섬기는 사람 : 최 윤 철 목사

(1) '2024 전도부흥운동의 현장'

전도부흥운동 결과보고서

노회명	영등포노회	교회명	시온성교회
담당자	조상명 목사	전 화	010-6319-9231
		E-mail	sindok99@hanmail.net
전도부흥 사업목표	1. 관계중심 전도 강화, 교회 주변 정기적인 노방전도 2. 취약하고 소외된 이웃을 섬기며 돌보기 위한 마을목회		
전도기간	2024.9.22.(제108회 총회 이후) ~ 2024. 6.16.(주일)		
내용 요약	1. 창의적인 방법으로 관계중심 전도 강화 　- 관계중심 전도는 만남, 사귐, 신뢰, 동행의 과정 　- 문화센터 등에서 만나는 분을 대상으로 지속적인 관계를 맺고 자연스러운 전도를 통해 교회에 등록하는 계기가 마련됨 　- 교회 지하에 있는 탁구장을 이웃주민들에게 개방하여 탁구레슨과 모임을 통해 교회 출석으로 이어짐 2. 교회 주변 정기적인 노방전도 　- 주 2회 (월요일, 토요일) 교회 근처 공원과 지하철역에서 전도활동 　- 과자, 사탕 등을 전도지과 함께 나누며 마음열기 전도 　- 복음전도 목표: 1,000명 3. 마을목회 강화 　- 월 2회 취약한 이웃을 위해 반찬나눔 실천 　- 복지관과 연계하여 도움이 필요한 취약계층을 선정하고 함께 돌봄		
기대효과 (효과성)	올해 상반기 등록자수 (25명)		
지속방안 (지속성)	* 새로운 시대와 변화 속에서 복음의 본질 회복 　- 선교적 교회로서 근본적 패러다임 전환 　- 우리가 처한 공동의 생활 생태계를 함께 돌보는 방안 모색 　- 교회의 온라인 영역 활성화		

7 남도교회

▶ 섬기는 사람 : 윤 정 남 목사

(1) '2024 전도부흥운동의 현장'

2024 전도부흥운동 시상신청서

노회명	영등포노회		남도교회
담당자	윤정남 목사	전 화	010-3565-3804
		E-mail	iskra-jx@hanmail.net
전도부흥 사업목표	1. 장년부서(특히 30-40세대) 전도활동 확대 2. 다음세대를 위한 전도		
전도기간	2023.9.22.(제108회 총회 이후) ~ 2024. 6.16.(주일)		
내용 요약	먼저 영등포노회가 주관하는 전도훈련에 교사들이 참여하여 교육을 받은 후 에디전도플랫폼을 활용하여 전도에 임했습니다. 특히 부활절 오후 행사로 교회 주변 20곳을 선정하여 3-4명의 팀으로 배치한 후 전도활동을 하였습니다. 사전에 교육받은 교사의 안내로 전도카드를 활용하는 방안을 충분히 교육한 후 교회에서 준비한 선물과 함께 전도활동을 하였습니다. 또한 아동부서는 교사들이 함께 참여하여 주변 관공서를 직접 방문하여 전도할동을 전개하였습니다.		
기대효과 (효과성)	일단은 교회에 연세가 많으신 분들이 대부분이라서 에디전도플랫폼을 활용하는 데는 한계가 분명히 있었습니다. 따라서 당일과 전도활동을 하였던 그 주간까지 이 플랫폼을 통해 전도에 적극적으로 응한 사람은 없었습니다. 그러나 코로나로 지금까지 전도활동이 전무하였던 상황에서 새롭게 시작한 전도활동은 교회에 다시 전도를 향한 열정을 일으키기에는 충분하였던 것 같습니다.		
지속방안 (지속성)	이후 좀 더 교회 구성원의 연령을 감안한 보다 적절한 전도방법으로 개선하여 절기 및 정기적인 전도활동을 실시하려고 할 계획에 있습니다.		

#4 영등포노회에 속한 지교회의 '2024 전도부흥운동'

먼저 전도교육을 실내에서 모두 받은 후에 교회 앞에서 단체 촬영하고 구호를 외친 후 전도활동을 시작했습니다. 오후예배 시간이라서 먼 거리에 있는 분들은 참석하지 못했지만 평소보다 높은 참여율을 보이며 함께 전도활동에 적극적이셨습니다.

또한 전도 행사로 붕어빵과 솜사탕을 준비하였고, 각 조마다 여러 가지 선물도 함께 준비하여 전도의 분위기를 한껏 더했습니다. 솜사탕을 주로 아이들이 들고 나가서 동네 아이들에게 전달해 주었고, 붕어빵은 청년들이 준비하여 동네에 교회 앞으로 왕래하시는 분들에게, 그리고 동네 주민들에게도 나누어 주었습니다.

아동부서는 길거리 전도와 함께 소방서도 직접 방문하여 전도선물을 나누어 드리고 복음을 제시했습니다.

#4 영등포노회에 속한 지교회의 '2024 전도부흥운동'

　대부분의 교인들이 연세가 많으심에도 불구하고 전도에 열정으로 모두 적극적으로 임해 주셨고, 비슷한 연령대의 분들은 반응을 보이셨지만 젊은 사람은 그냥 지나가는 경우도 많았습니다. 이번 행사로 교회 주변에 있는 분들에게도 교회가 다시 전도로 움직이고 있다는 것을 보여 주는 충분한 계기가 되었고, 좀 더 교회주변의 관계전도 중심으로 활동할 계획입니다.

　이후 아동부서에서는 학교 친구들에게 관계전도하기 위해 전도지로 서로 연습하고 있는 모습입니다.

8 주향한교회

▶ 섬기는 사람 : 허　준 목사

(1) '2024 전도부흥운동의 현장'

전도부흥운동 결과보고서

노회명	영등포노회	교회명	주향한교회
담당자	이학준 목사	전　화	010-4022-0604
		E-mail	jhhch1101@naver.com
전도부흥 사업목표	1. 지역 주민들에게 주향한교회 알리기 2. 지속적인 전도로 복음을 전하기		
전도기간	2023.9.22.(제108회 총회 이후) ~ 2024. 6.16.(주일)		
내용 요약	1. 경과 : 지속적인 전도활동으로 지역 사회에 점차 주향한교회를 알리고 있습니다. 이제는 교회를 알고 스스로 등록하는 주민도 생겨나고 있습니다. 2. 노방전도 : 교회 주변에서 유동인구가 많은 지역을 중심으로 각종 전도 물품을 통한 노방전도를 실시하였습니다. 3. 바자회: 교회에서 바자회를 지역주민에게 주향한교회를 알렸습니다. 본 행사를 통해 2명의 주민이 교회에 등록하였습니다. 4. EDI전도: 올해부터는 노방전도법을 바꿔서 영등포노회에서 소개해준 EDI전도법을 시행하고 있습니다. 8개의 전도팀을 구성하여 각자 맡은 학교 및 교회 사거리에서 EDI카드를 통한 전도를 하고 있습니다.		
기대효과 (효과성)	* 2023.9.22 ~ 2024.6.10(현재) 등록자수 유아·유치부: 5명,　청소년부: 1명, 청년부: 1명, 중장년부: 12명		
지속방안 (지속성)	* 바자회를 매년 기획하여 보다 주민들에게 다가가도록 하겠습니다. * EDI전도법은 길거리에서 주민들의 연락처를 받는 것에 특화된 전도법으로 생각되어 집니다. 받은 연락처를 통해 보다 효율적인 전도가 가능하도록 전도팀의 훈련 및 방법을 강구하도록 하겠습니다.		

#4 영등포노회에 속한 지교회의 '2024 전도부흥운동'

사랑나눔바자회
(바자회를 통하여 지역주민들에게 다가가기)

EDI노방전도
(EDI전도법으로 학교 및 교회 사거리에서 노방전도)

9 경일교회

▶ 섬기는 사람 : 김 용 희 목사

(1) '2024 전도부흥운동의 현장'

전도부흥운동 결과보고서

노회명	영등포노회	교회명	경일교회
담당자	장미화 목사	전 화	010-5297-5689
		E-mail	jmhs0505@hanmail.net
전도부흥 사업목표	1. 작은도서관을 이용한 다음세대 등하교길 전도 2. 계속적인 관계전도로 153운동 정착시키기		
전도기간	2023.9.22.(제108회 총회 이후) ~ 2024. 6.16.(주일)		
내용 요약	153전도(일년에 5사람을 작정하고 3사람을 전도하고 1사람을 등록시키는) 오이코스 전도 예비신자 전도작정서를 제출하게 하고, 이를 위해 전도부와 새가족부에서 계속적으로 기도하고, 에디카드(모바일 전용)과, 스마트폰거치대(젊은이선호) 용품등을 활용하고, 영접기도문으로 전도계획을 하고 있으며, 더 나아가 전도계획은 담임목사님의 비전 선포와 설교, 전도교육, 현장전도가 잘 이루어 질 수 있도록 터치전도교육을 바탕으로 한 교육을 계획하고 있으며, 교육부에서는 어린이전도협회에서 3일간 전도실습을 하는 프로그램으로 전 교인이 교육을 받고 함께 참여하는 전도를 계획하고 있습니다. 　코로나이후 전도패러다임의 방향성을 전환해야 하는 의미와, 친밀하게 만나는 생활관계 전도를 통해 복음으로 살아가며 전도하는 프로그램을 준비하고, 교육 후 오이코스를 찾아가 전도를 실질적으로 하고 있습니다. 에디전도플렛카드를 이용하여 모바일 전도를 하고 있으며, 모바일전도카드 보내기, 친인척 방문 및 전화하기 등 년중 전도가 비전이 되어 사명을 이끌어가는 전도실행을 하고 있습니다.		
기대효과 (효과성)	2024년 상반기 총동원전도주일은 교회의 여러 가지 상황으로 인하여 실시하지 못했습니다. 그러나 생활 속 관계 전도의 효과로 상반기에 장년4명이 교인들의 지인으로 등록을 하였습니다. 4명은 아파트 이웃과 그리고 가족, 그리고 지인의 소개로 오이코스 전도교육의 효과라고 할 수 있습니다. 또한 교육부서는 유치는 가정교육과 연계함으로 4명 정도가 전도되었고, 아동부서는 친구소개로 5명 정도가 새로 나왔지만, 부모님의 반대로 등록이 되지 않고 있으나, 전도효과는 나타나고 있습니다. 　미등록 교인은 우선적으로 전도한 사람과 연결되어 있고, 또 교회의 전도부, 새가족부 이렇게 3팀이 연결되어 삼겹줄 사역이 중요하다고 생각합니다. 가정상황을 빨리 파악하여 생활 속으로 친밀하게 다가가고, 삼겹줄 사역으로 연락과 만남, 생활속도움주기, 기도하기 등 계속적인 관심과 사랑의 계획입니다. 교육부 어린이부서에서 작은 도서관을 개관하게 되었습니다. 작은 도서관을 이용하여 행사 및 프로그램, 그리고 등하교길 어린이들을 전도 효과를 바라보고 기도하고 전도하고 있습니다.		
지속방안 (지속성)	지역사회 행사나 프로그램에 적극참여 하여 만남을 갖고, 교회에 가까운 곳 부터 전도카드 (에디카드, 티슈, 전도지)를 전해주며 찾아가 대화를 하는 방법이 좋으며, 앞으로 우리 교회의 비전은 매주 교육 후 가까운 사람을 만나는 생활관계 전도를 실시하고, 일 년에 2번 초청하는 전도행사를 가질 계획입니다. 구체적인 전도시스템을 구축하는 방안 또한 계획 중 입니다.		

#4 영등포노회에 속한 지교회의 '2024 전도부흥운동'

10 치유하는교회

▶ 섬기는 사람 : 김 의 식 목사

(1) '2024 전도부흥운동의 현장'

2024 전도부흥운동 결과보고서

노회명	영등포노회	교회명	치유하는교회
담당자	국내전도위원장 박영규장로	전 화	010-8596-0501
		E-mail	
전도부흥 사업목표	1. 교회의 양적부흥과 지역사회의 복음화 2. 전 교인들의 전도의 사명적인 의식고취. 3. 기독교의 부정적 이미지 쇄신. 4. 지역주민과의 대화 창구		
전도기간	2024.9.22.(제108회 총회 이후) ~ 2024. 6.16.(주일)		
내용 요약	1. 경과(매년 연 2회 개최) 　행사: 1)새생명초청축제(부활주일 행사) 　　　　2)해피데이축제 (추수감사주일 행사) 2. 전도의 다양한 형태 　1)예술전도대(성인 전도팀) 　2)교회학교(영유아. 중고. 청년 전도팀)로 년 중 전도활동. 3. 확장성(지역사회 밀착. 관계성 전도 확대) 　1) 매 주 전도활동 　2)지역사회 행사를 종교색 없이 교회장소 활용행사 유치 　3)지역학교 청소년 초청 스포츠 전도		
기대효과 (효과성)	1. 2023.11.19(해피데이축제)　새가족 249명 등록자 82명(유고신자) 2. 2024. 3.31(새생명 초청축제) 새가족 647명 등록자 40명		
지속방안 (지속성)	1. 노방전도의 문제점을 개선 2. 관계성밀착 전도 지향 3. 대민 지원사업(청소. 불우가정 환경개선. 독거노인 지원 등) 확대 4. 전도는 시찰회 차원의 공동체 동시 행사 권장 5. 년중 정기 전도 행사(새생명초청축제. 해피데이축제)실시		

2024 전도부흥운동 보고

화곡동 치유하는 교회
제출자: 박영규 장로
(국내전도위원장)

1. 전도대회의 배경

우리 화곡동치유하는 교회는 코로나 이전 기준 성도 수 5,000명 규모의 교회였다. 코로나 이후 비대면과 예배의식 변화와 문명의 개인주의로 현재는 3,500여명(교회학교 포함)의 성도가 예배에 출석하고 있다.

지난 24년여 우리 교회는 매년 2번의 전도 축제를 교회적행사로 개최하여 부활절 에는 새생명축제와 추수 감사절에는 해피데이로 명칭하여 3월과 10월부터 선포식을 선언하고 온 교회가 많은 재정과 사역자들이 전도에 힘을 쓰고 있습니다.

2. 전도 준비

전도팀의 구성은 성인은 예솔전도대. 교회학교는 교사와 어린이와 학생으로 나누어 예솔전도팀은 매주 2회(월.금요일) 전도행사로 모이고 있다(그림1-전도 모임). 팀원들이 모여 전도사명의 분명한 목적을 두고 찬양과 교제를 통해서 우리가 하나님의 일을 감당하고 있다는 분위기를 조성하고, 성령님이 이 구원 사역에 역사하시도록 기도회를 진행하고, 전도할 대상과 특별히 주의해야 하는 부분들을 공지한 뒤에 구호를 외치고, 전도를 나가게 된다. 전도를 나갈 때, 전도지와 교회 홍보지(그림2-교회 홍보지), 전도용품(물티슈. 마스크. 작은 휴지)를 각 사람에게 50에서 100장까지 준다, .

3. 전도 실행

예솔전도대는 두 가지 방식으로 노방전도와 관계전도이다. 많은 이들이 노방전도는 효과가 없다고 하지만 예솔전도대는 노방전도를 통해 전도효과를 어느 정도 거두고 있다. 특히 우리가 사는 강서구 화곡동 지역의 정서는 시골 같은 정서가 있고, 저소득층이 많으며, 아파트 단지가 많지 않은 관계로 노방전도 효과가 꽤 있는 편이다(그림3-노방 전도). 관계전도는 예비 신자를 두고 책갈피 크기의 기도 카드를 나눠준다(그림4-예비신자카드). 예비 신자 후보를 정하고 공유하며 여럿이서 합심하여 기도하면서 계속 찾아가서 만나고 교제하고 대접하는 방식으로 전도를 진행하고 있다.

#4 영등포노회에 속한 지교회의 '2024 전도부흥운동'

4. 전도 효과

우리 교회는 매년 2번의 전도 축제를 열고 있다. 이전에 다뤘던 예비 신자 카드가 본격적으로 사용되는 시기이며, 예비 신자 카드 대상자들을 대상으로 교회로 초대 한다, 지난 3년간 정도 현황이다. 코로나가 본격적으로 시작되었던 2020년에는 제대로 된 전도를 할 수 없었던 상황과 당시의 비대면 상황에서 전도 자체를 시도하는 것에 만족했던 시기였다. 회복의 기미가 보였던 것은 2022년부터 700에서 900 사이에 예비 신자 대상자들이 교회를 방문했다. 물론 등록자가 많지 않은 것은 옥에 티이기는 하지만 그럼에도 불구하고 우리 교회가 수만은 재정을 써가면서 이 구원 사역을 계속 해 나가는 것은 단 1번 이라도 교회 나와 천국에 기쁨과 교제와 사랑과 섬김의 과정을 통해 그들을 부르신 하나님을 경험케 하고 싶은 것이다.

5. 전도 이후

전도 전도 축제 당일 교회 오신 모든 분들은 전산화 처리가 된다(그림6-접수처). 앞쪽은 수기로 작성된 전도 양식지를 접수하면 바로 뒷줄로 전달하면 전산처리가 되는 방식을 취하고 있다. 동시에, 전산화된 수치는 실시간 엑셀로 각 교구 목사에게 보고가 되는 방식이다. 여기에 등록이 되신 예비신자는 바로 선물권을 할당받게 되는데 오늘 예배를 마치고 나올 때, 소정의 선물을 받는다(그림7-선물 배부처). 선물은 행사 때마다 다르며, 10,000원이 넘지 않는 범위에서 선물을 예술전도대 추천과 투표로 결정한다. 행사 이후 전산화된 자료는 새가족부 담당과 국내전도 담당이 공유하게 된다. 별개로 전도 카드에 수기로 작성된 양식지는 각 교구목사에게 할당된다. 데이터는 새가족부에서 보관, 관리하고, 수기 작성카드는 교구에서 보관하여 계속 출석 여부를 파악한다.

6. 기독교의 현실과 전도의 비젼

전도의 목적은 교회의 양적부흥과 교인들의 전도사명적인 의식고취, 교회의 부정적 이미지 쇄신, 등 여러 목표를 두고 매 주 긴장하며 새가족을 초대하는 새가족부. 안내부와 이른 시간 부터 오후 늦은 시간까지 새신자 초대를 섬기고 있습니다. 현재 교회는 세상에서 참 미움을 많이 받는 분위기이다. 윤리적, 도덕적, 종교인들의 사건, 사고가 빈번한 상황이기 때문에 비신자와 타 종교인들의 부정적인 시각을 먼저 교계전체의 이미지개선이 중요하다. 사실 전도는 예전이나 지금이나 크게 차이가 없다. 단지 갈수록 개인주의, 고유의 정체성을 현실과 상황에 맞춘 변질과 물질주의가 만연해지고 있다는 것이 문제이며, 교회도 그 분위기에 휩쓸려 가고 있다는 안타까움이 있다. 교회가 그 지역사회를 제대로 섬기고, 이 시대의 교회로서의 순기능을 회복한다면 자연스럽게 전도는 이루어질 것입니다. 지금도 불철주야 영혼 구원을 위해서 전도 사역을 감당하는 우리 전도 대원들을 사역을 바라보면 아직 이 시대는 분명 소망이 있다고 확신하며 전도 보고를 마칩니다.

#4 영등포노회에 속한 지교회의 '2024 전도부흥운동'

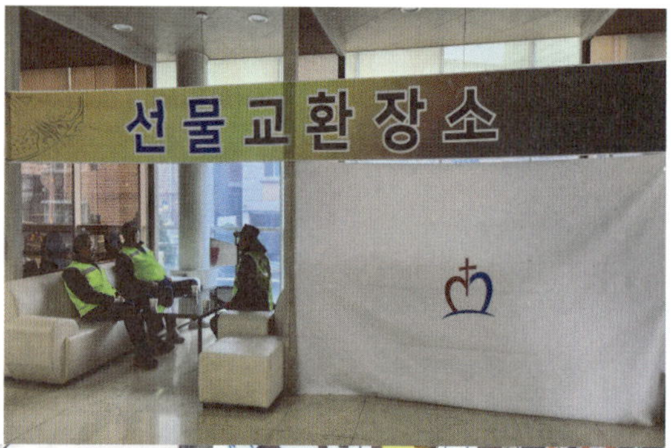

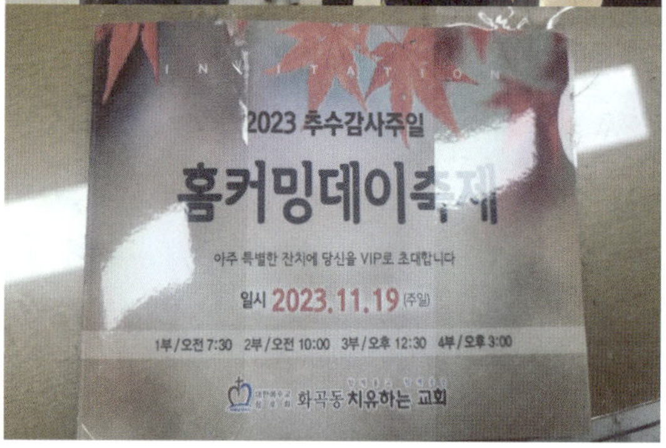

11 양평동교회

▶ 섬기는 사람 : 김 경 우 목사

(1) '2024 전도부흥운동의 현장'

2024 전도부흥운동 결과보고서

노회명	영등포 노회	교회명	양평동 교회
담당자	권오성 장로	전 화	010-6271-4646
		E-mail	k5star1201@naver.com
전도부흥 사업목표	전교인 복음 전파의 사명(1인 1전도) 에디플랫폼전도의 활성화(노방전도, 관계전도, 공연전도) 태신자 500명 / 등록 교인 300명 / 새 가족 수료 100명		
전도기간	2023.9.22.(108회 총회 이후)~2024. 6. 16(주일)		

내용요약	1. 경과 : 매주 화요(오후3시) 토요(오전10시) 노방전도팀 가동
	    공연전도 매 주 2곳 양평동4가 지역내 경로당 12곳 섹소폰 난타 워십 플리웃/
	    버스킹 / 초청공연 시 전도
	2. 전도의 다양한 형태(전도 행사)
	    2023.11.3.12:00 IS비즈타워 빌딩 공개공지 버스킹 공연
	    2023.11.5.(주일) 11:00 김창옥교수 초청 강연
	    2023.4.3.~6.29. 경로당 공연전도 및 노방전도 & 각티슈, 액자 전도
	    2024.4.28.11시 세계적인 복화술사 안재우소장 초청공연
	    2024.5.31.12:00 IS비즈타워 빌딩 공개공지 제2회 버스킹 공연
	    2024.6.2.(주일)오후 3시 찬양예배 시 월드비전 홍보대사
	           "개그우먼 조혜련 눈물의 간증" 집회
	    2024.11.2.(주일) 11시(2부예배 시) 소통령 김창옥교수 초청강의 예정
	3. 확장성
	    기도전도 노방전도 공연전도 각티슈&액자 전도 버스킹은 하반기에도 계속되며
	    중고등학교 학원전도와 함께 청년부 등 교회학교 에디카드 플랫폼 전도를 확대
	    적용하는 것을 적극 검토하고 있습니다		

기대효과	전도행사를 통한 결신, 등록인원 등 총회 교세통계표 입력자료를 기준해서 장년과 청년, 중고등, 아동, 영유아등을 구분해서 반영해 주시기 바랍니다		
지속방안 (지속성)	전반기 진행한 경로당 공연 전도(여름철 수박 포도 나눔/겨울철 고구마 군밤 옥수수 나눔)에 이어 하반기에도 노방&공연전도를 계속해 나아갈 것이며, 특히 노방전도는 에디플랫폼 QR코드와 GS쿠폰을 활용한 에디전도를 청년과 중고등학교 학원복음화를 확장하는 도구로 활용하는 것과 직장인을 위한 버스킹 전도와 젊은이 예배를 기획하여 양평동 지역의 특성을 살려 직장인과 젊은 세대와 함께 실버 세대를 찾아가는 맞춤형 전도에 초점을 맞춰 나아갈 계획임		

#4 영등포노회에 속한 지교회의 '2024 전도부흥운동'

(세부보고서)

1. 조직 구성

교역자 : 정승구 목사		총무 임혜경 권사	
위원장 : 권오성 장로		회계 김찬숙 집사	
부 장 : 안방선 안수집사		서기 원종철 안수집사 부서기 최지은 집사	
전략기획팀	이준호 안수집사 이현준 안수집사 이상전 안수집사	• 전도왕 시상기준 및 상품선정 • 각종 전도지 전단지 포스터 기획 • 현수막 / 새생명 축제 기획	
행정지원팀	안방선 안수집사 김찬숙 집사	• 선물(떡, 고급 스카프 + 물휴지) • 새생명 축제 선물	
노방전도팀	조좌영 권사 외 원종철 안수집사	• 화요전도팀 운영(화요일3시) • 토요전도팀 운영(토요일10시)	
기도전도팀	노금숙 권사 권선자 권사 외	• 노방 및 경로당 기도팀 운영	
각티슈전도팀	양연숙 권사 성유정 권사	• 각 티슈 제작 배포	
각 경로당 반장	경남(안옥희 권사) 현대6차(정현주 집사) 동보(최애순 권사) 성원(최미영 권사) 양평구립(권명숙 권사) 양화구립(박미례 권사) 한신(김사라 권사, 양연숙 권사) 한솔(방영희 권사) 동양(김은숙 권사) 삼호한숲(송재순 권사) 거성(임혜경 권사)		

2. 경로당 공연 전도

월	주간	날자/요일	대상	공연 구성
9	2주 3주 4주	15금 22금 28~10.3	현대 6차 아파트(11:30) 동보 아파트(12:30) 추석	워십 / 색소폰 / 난타 / 건강체조 워십 / 색소폰 / 난타 / 건강체조
10	1주 2주 3주 4주	6금 11수/13금 18수/21토 24회/25수	경남아파트(11:30) 구립 양화 노인정(11:30) 한솔아파트(11:30) 양평 구립 경로당(11:30) 동양아파트(11:30) 한신아파트(11:30) 삼호한숲아파트(11:30)	워십 / 색소폰 / 난타 / 건강체조 워십 / 색소폰 / 난타 / 건강체조 워십 / 색소폰 / 난타 / 건강체조 워십 / 색소폰 / 난타 / 건강체조
11	1주	1수 5/주일	거성파스텔(11:30) '전교인 출석DAY 소통령 김창옥교수 초청'	워십 / 색소폰 / 난타 / 건강체조

전반기4~6월/ 후반기9~10월 매주 1~2회 11시 30분 방문 공연 원칙

구 분	1	2	3	4	5	6	7	8	9	10	11	12
홀리 워십팀				경남4/14 구립양평4/21 삼호한숲4/26	한신5/2 현대6차5/12 동양5/18 양화구립5/31	성원6/14 거성파스텔6/22			현대9/15 동보9/22	경남6 양화11 한솔13 양평구립17 동양21 삼호25 한신31		
색소폰				경남4/14 구립양평4/21 삼호한숲4/26	한신5/2 현대6차5/12 동양5/18 양화구립5/31				현대9/15 동보9/22	경남6 양화11 한솔13 양평구립17 동양21 삼호25 한신3	거성1 버스킹 비즈타워 11/2	
크루오 난타						성원6/14 거성파스텔6/22					거성1 버스킹 비즈타워 11/2	
건강체조						거성파스텔6/22			동보9/22	구립양평10/17 한신10/31		

홀리워십팀(유재남 임혜경 양연숙 안은영 정현주 신영실) 색소폰(임종완 김희정 최용희) 난타(임혜경 양연숙) 건강체조(소흥섭)

1) [2024년 1차 전도위원회 임원회의] 전, 후반기 15회 임원회의 진행

일정: 2024. 2.2(금) 오후 7시 담임목사님실(안식월 정승구 부목사 인도)

시작기도: 권오성 장로 / 참석인원: 정승구 목사, 권오성 위원장, 안방선 부장, 안옥희, 권선자, 임혜경, 양연숙, 김찬숙, 이준호, 최지은 / 마침기도: 정승구 목사

방학동안 경과보고: 권오성 위원장 -12월 방학 이후(김창옥 교수 초청 이후 1달반 방학)

- 카렌다 배포: 25년 카렌다 제작예정, 전도에 필요, 예산 확보 예정 - 복음 명함 제작: 전도위원 이외 40명 참여 - 고구마 전도: 고구마 기계구입(45만원), 경로당 방문
- 각티슈 전도: 지역 상가에 배포 - 액자 전도: 관내 25곳 배포(상호를 넣어서 제작/미용실, 부동산, 카페, 식당, 빵집 등)

2024년 각 임원의 각오 및 다짐

- 안방선: 에디 전도 플랫폼 체계적으로 만들 필요있음, 우리교회에 맞게 내용 변경, 내용은 좋은데 전도용품 나갈 때 함께 배포, 물티슈 디자인 변경 필요(교회 소개 QR코드 삽입), 신규제작 또는 기존 물품에 카드 삽입하여 배포, 꽃전도 필요(1년 2번 정도, 작년에 호응이 좋음, 꽃전도 용품 내용 고민 필요, 전도위원회와 청년부)
- 안옥희: 계절별 전도용품 고려 필요(가격 고려; 김찬숙)
- <u>이준호</u>: 선유도 야외용품 무료 대여(전도방법), 우산 비치 무료 대여, 다양한 전도방법 고민 필요(지역 상권 고려) - <u>원종철</u>: 조기 축구회 지원 - 김찬숙: 에디 카드 이용법을 교인들에게 교육이 먼저 - <u>최지은</u>: 에디 카드 젊은 세대 타켓(평일 직장인, 주말 전도 활용), 전교인이 전도에 참여 할 수 있는 시간 마련(전도회별) - <u>권선자</u>: 기도팀 장소 마련 필요(장소 변경이 자꾸되어 어려움이 있음) - <u>양연숙</u>: 기도, 노방, 공연 모두 참여하였는데 노방전도에서 많은 은혜를 받음. 노방 전도는 새로 유입된 지역사람들에게 교회 홍보 효과 있음. 일시적 아니라 계속적으로 생활화된 전도 필요, 꽃전도 등 다양한 전도 방법 고민 필요, 오래된 교회의 특성인 안주하는 마음에서 머무르지 않도록 지지필요. 각티슈 전도는 이사날에는 입주자가는 없고 이사 이후 입주하는 경우가 많음. 각 아파트 팀장님들이 관심 없음 각티슈 활용방법 확대 필요. 물티슈도 지역 상점에도 배치하여 두고 두고 전도할 수 있었으면 좋겠음 - <u>임혜경</u>: 각티슈 어떻게 활용할 것인가? 소비 방법 필요 - <u>안옥희</u>: 경로당, 수박전도, 고구마 전도 너무 잘하고 있음

#4 영등포노회에 속한 지교회의 '2024 전도부흥운동'

기획안 보충설명(권오성 장로)
- 경로당 공연전도: 2024년도 계속 진행 - 분기별(4회) 버스킹: 30분 소요, 청년들 미중물
- 초청 공연: 복화술사(1,2차), 손연보 목사(세계로 교회) - EDI 전도 플랫폼 : 어르신들 전도 - 열린음악회(호산나, 난타 등등) - 노방전도 계속 - 바둑대회(가안) - 김창옥 교수 초청: 5/29 - 전도자수련회, 교육필요 - 전도왕 시상, 예산 마련 - 2025년 교회 카렌다 제작

담당 정승구 목사님 의견 / 1년 열심히 함께 하겠음.

권오성 전도위원장 의견 - 모든 일정은 담임목사님과 상의하여 결정 - 오래된 교회이지만 작년부터 전도위원회 중심으로 서서히 전도의 불길이 번지고 있음 올해는 모든 교인들이 전도에 좀 더 적극적으로 참여할 수 있는 교회 부흥의 원년으로 삼자

모두 통성기도 후 정승구 목사님 기도로 마침

2) 전도위원회 출정식

2024.3.31.주일 오후3시 찬양예배 시 기도전도, 노방전도, 경로당 공연전도 전략기회 행정지원팀 60여명이 참여한 가운데 출정식이 본당에서 있었습니다.

#전도위원장 권오성 장로의 출정식 선포와 함께 크루오 난타팀의 축하공연이 있었으며 "오라 우리가 양평동을 변화시키자" "오라 우리가 영등포를 변화 시키자" "오라 우리가 교회를 부흥시키자"는 구호를 외치고 / #담임목사님이 전도홍보지를(에디QR코드 + 4.28. 안재우 소장 공연 초청장)4천장을 전도부장과 노방전도 팀장에게 전달 수여하고 기도 후 찬양과 기념촬영으로 행사가 진행되었습니다

3. 노방전도(화요일, 토요일팀 운영)

화요전도팀은 매주 화요일 오후2시 교회 역사관에 모여 전도물품을 준비하고 오후3시 담임목사님의 기도를 받고 팀장 조좌영과 김점순 박미례 조좌영 김선자 양연숙 공기순 사옥희 이계순 이수자 진종숙 홍정애 윤현숙 김길자 장금순 채석현등이 노방전도를 하고 있으며, 토요팀은 매주 토요일 오전10시에 교회역사관에 모여 전도물품을 준비하고 오전11시에 담임목사님 기도를 받고 노방전도를 나가고 있으며, 팀장은 원종철, 부팀장 문예은, 전도대는 서진석 민애식 전행자 김정희 최윤숙 권오성 노천구 문정희 반재수 강칠용입니다. 물티슈+사탕+교회 행사초청장+ 에디전도 영상QR코드를 노방전도 나가기전 비닐포장을 하고 필드(전철역 입구 상가 및 아파트)에 나가 전도활동을 통하여 연락처를 남긴 태신자에게

GS쿠폰을 증정하고 교회에 나오기까지 전화 등으로 소통하며 관리함

#4 영등포노회에 속한 지교회의 '2024 전도부흥운동'

4. 각 티슈 및 그림 액자 전도

각티슈 활용 개요는 각 아파트 반장과 팀장을 통하여 새로 이사 온 가구를 사전에 정보 입수, 집을 방문하여 인사를 드리고 각티슈 3개 1box를 드리고 양평동 관내 미장원 이발소 부동산 소개소 제과점 유명 음식점에 출입하는 고객이 자유롭게 사용할 수 있도록 상시 비치해 두어 양평동교회가 후원함을 통하여 새가족의 영혼구원에 힘쓴다.

(각티슈전도팀장)팀장 양연숙권사 & 성유정 권사

(각 아파트 담당 반장님 명단)/양평구립경로당 권명숙권사 / 양화구립경로당 박미례권사/한신아파트 김사라권사/현대6차아파트 정현주집사/경남아파트 안옥희권사/동보아파트 최애순권사/한솔아파트 방영희권사/성원아파트 최미영권사/삼호한숲아파트 송재순권사님/동양아파트 김은숙권사 / 거성파스텔 임혜경권사

#4 영등포노회에 속한 지교회의 '2024 전도부흥운동'

5. 어버이 날 초청 공연

5.8(수)11시 양평 구립 경로당에서 어버이날 초청 위문공연

전도위(위원장 권오성장로)가 주관한 공연으로 5.8.어버이날을 맞아 양평구립경로당의 초청으로 이루어져, 어버이 날을 맞아 특별한 추억을 선물하여 어르신께 기쁨과 행복을 드리며 하나님 사랑 이웃 사랑을 전하는 축복의 통로가 됨. 이번 공연은 1st 크루오 난타 공연(임혜경 원종철 양연숙 김미숙 권오성) 2nd 시낭송&하모니카 연주(권오성) 3rd 플룻 연주(장현정) 4th 워십 공연(유재남 임혜경)으로 진행되었고 마지막으로 담임목사님의 격려와 응원의 말씀이 선포되었습니다. 한편, 어버이 날 초청공연은 전도위가 준비한 음료와 경로당에서 정성껏 준비한 간식을 어르신과 서로 나누며 웃음과 기쁨으로 가득 차 어르신에

대한 사랑과 감사가 풍성한 귀한 시간으로 채워졌습니다.

6. 여름철 수박(포도)과 겨울철 군고구마(군밤) 전도

전반기 노방, 공연전도를 마치고 방학(7월,8월)기간을 이용하여 관내 12군데의 경로당을 순차적으로 돌며 전날 교회식당 냉장고에 시원하게 얼린 수박을 2통들고 경로당을 방문 그 곳에 계신 어르신들과 수박을 쪼개어 나누어 드리자 공연전도로 그칠 줄 알았던 어르신들이 가까이서 자신의 아들이 어머니 아버님을 찾아 온 것 같다며, 음료수도 내 오시고 가족과 같은 분위기가 되어 '교회를 안나가면 안되겠다'는 말씀을 하시며 편하고 친근하게

#4 영등포노회에 속한 지교회의 '2024 전도부흥운동'

하나님을 전하는 축복의 통로가 되기에 충분했습니다

후반기에는 겨울방학을 하고 군고구마 굽는 기계를 중국에 주문하여 구입한 후 30~50개를 구워 따끈 따끈한 고구마와 군밤을 봉지에 나누어 들고 각 경로당을 순차로 방문하여 그 곳에 모인 어르신들에게 드렸더니 군고구마 냄새가 진동하여 경로당에 가득차 함께 기도하며 식탁의 교제를 할 때 하나님의 사랑이 피어나고 어르신의 마음이 열려 말씀을 전하는데 더욱 좋았습니다

7. 교회 추수감사주일 햇과일 나눔 전도

10월 마지막 주일은 추수감사주일로 주일이 지나고 강대상에 가득한 과일 채소를 각 경로당 별로 어르신의 인원 수에 맞춰 바구니에 나누어 담아 드리며 하나님께 드린 추수감사주일 햇과일을 예배 후 나누어 드릴 때 하나님의 사랑이 듬뿍 어르신의 미소와 감사의 마음이 서로 전해져 뭉클한 감동이진하게 전해 졌습니다

할렐루야!

2023년 11.23.(목)10:30~12:00까지 추수감사주일 감사예배 후 7개 경로당(양평구립 한신 양화구립 동양 현대6차 거성 삼호한숲)을 김경우 담임목사님과 부목사님(백철우, 김영진, 황수영 목사님)께서 직접 경로당을 찾아가 추수감사 제단 과일 상자를 전달하며 감사와 기쁨을 나누셨고, 11.24(금) 11:30~12:40까지 전도위 권오성부장과 임혜경총무가 나머지 경로당 4곳(경남 성원 동보 한솔)을 돌며 감사와 기쁨을 잘 나누었습니다. 무엇보다도 여리고성과 같은 성원에서 카톨릭 신자이신 지영숙자매님을 만나 그 동안 속사정?을 듣고 함께 기도했으며, 동보에서는 황옥순회장이 반갑게 맞고 마음을 열어 함께 사진을 찍어 분위기가 너무 좋았습니다 이를 위하여 함께하신 담임목사님과 부목사님 각 경로당 반장님의 수고와 헌신이 양평동지역을 복음화 하는 마중물이 될 것을 확신하며 함께한 모든 형제 자매에게 하나님의 헤세가 충만하기를 간절히 기도합니다

8. 유명 인사(연예인) 초청 새 생명 축제 주요 행사
2023.5.14.(주일) "가수 션"과 함께하는 초청전도 주일
2023.5.27.(토) 오후6:30 양평동교회 본당 노아콘서트 축제
2023.9.7.(목) 부흥회 / 최고의 복화술사 안재우(깡여사)소장 공연
2023.11.2.(목) 12:00~13:00 IS비즈타워 공개공지 "직장인을 위한 버스킹'
2023.11.5.(주일) 11:00 김창옥교수 초청 강연
2024.4.26.(금) 12:00 IS비즈타워 공개공지 '직장인을 위한 버스킹'
2024.4.28.11시(2부예배 시) 복화술사 안재우소장 초청공연
2024.6.2.(주일)오후 3시 찬양예배 시 월드비전 홍보대사
　　　　　　　　　　"개그우먼 조혜련 눈물의 간증" 집회
2024.11.2.(주일) 11시(2부예배 시) 소통령 김창옥교수 초청강의 예정

9. 직장인을 위한 버스킹
소소한 도심속 작은 행복-Live Concert / 제2회 직장인을 위한 버스킹- 힐링 타임!
일시 : 2024. 4. 26.(금) 12:00~13:00(점심시간) / 장소 : 아이에스 비즈타워 공개공지 광장
Program-직장인을 위한 힐링 콘서트 사회 & 진행 : 미키 & 배희영 청년 / 신디 반주 : 염영주

#4 영등포노회에 속한 지교회의 '2024 전도부흥운동'

Opening 크루오 난타팀 (임혜경 원종철 양연숙 김미숙 미키마우스) / 찔레 꽃 / 하이어
Green Stage 색소폰 연주 (임종완) /My heart will go on(타이타닉 OST) /비오는 날의 수채화 플루트 연주 (장현정) /Another Day Of Sun/영화 La La Land OST
Dream Stage 'O when the saints go marching in' / 양평동교회 호산나 남성중창단(유투브)
Special guest 오페라 카르맨 중 <투우사의 노래> 바리톤 배승현
　　　　　　　이태리 칸쵸네 <오 솔레미오> 테너 정보람 & 바리톤 배승현
　　　　　　　오페라 투란도트 중 <네순 도르마> 테너 정보람 & 바리톤 배승현
　　　　　　　서울시립합창단 단원 / 수석 테너 정보람 & 바리톤 배승현 특별출연
Surprise Stage 성우 이의선 모노드라마 베드로의 고백 '디베랴 바닷가에서'

<광 고>초청공연 : 지역사회와 소통하는 깡여사 복화술사 안재우 / 2024. 4. 28(일) 오전 11시 양평동교회 본당 <초청공연에 오신 분들에게 맛있는 식사와 함께 푸짐한 선물을 드립니다> 경품 추첨을 통하여 **전자렌지, 자전거** 등을 드립니다
★★★이 행사를 주관하는 양평동교회는 1907년 언더우드선교사가 설립한 대한예수교장로회(통합) 소속의 117년된 교회입니다 ***함께하신 직장인 모두에게 하나님의 은혜와 축복이 가득하시길 기원드립니다

10. 양평동 지역 내 중 고등학교 학원 복음화 동아리 활동

1) 선유중학교

선유중 기독교 동아리는 2023.5.10.(수)오후 1시10분 영어교실에서 첫 모임을 가지고 Seonyoo Cristian Group으로 하나님 말씀과 찬양이 있는 모임으로 성장하여 점점 회원의 수가 늘어나 70여명의 회원수를 갖게 되자 교장선생님이 2023년 2학기에는 기독교와 관련 있는 동아리는 안된다고 하여 2024년에는 동아리 이름을 '썰크'(Seonyoo English Holly Bible Club)으로 바꾸고 동아리 활동을 통하여 하나님 말씀과 찬양으로 동아리 활동을 이어가고 있습니다

2) 선유고등학교

동아리 '제네시스'를 결성하여 활동하고 있으며

3) 한강미디어 고등학교

동아리 '찬미'를 결성하여 활동하고 있습니다

#4 영등포노회에 속한 지교회의 '2024 전도부흥운동'

<2023년도 선유중학교 기독교 동아리 활동 사진>

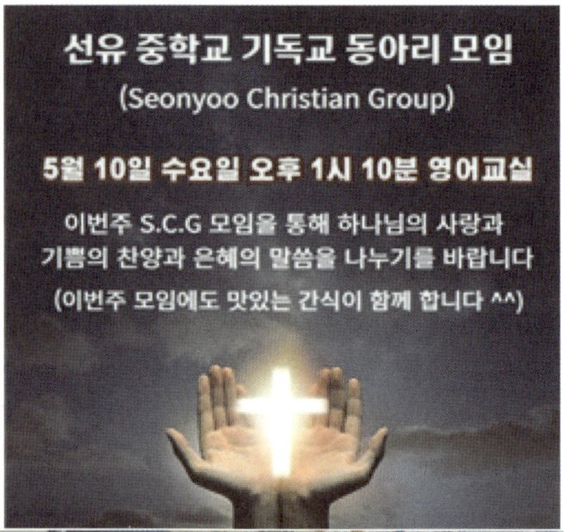

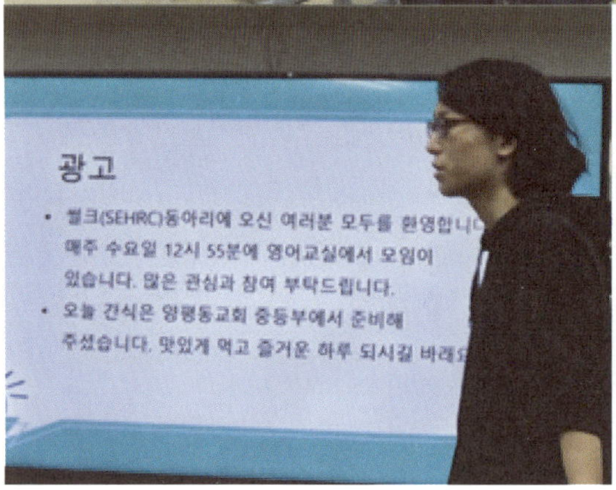

<2024년 선유중학교 동아리 '썰크' 활동 사진>

#4 영등포노회에 속한 지교회의 '2024 전도부흥운동'

12 한영교회

▶ 섬기는 사람 : 나 경 식 목사

(1) '2024 전도부흥운동의 현장'

전도부흥운동 결과보고서

노회명	영등포노회	교회명	한영교회
담당자	강연숙 전도사	전화	010-3287-3670
		E-mail	gqjjang@naver.com
전도부흥 사업목표	\multicolumn{3}{l	}{1. 온라인 예배자들의 현장 예배 독려 및 구역 장결자에 대한 관심과 기도로 교회로 시선 옮기게 하기. 2. 교회 주변 지역과 나눔과 봉사로 예수를 전하며 현장 전도하기 3. 매주 화요일 거리 전도로 한 영혼 구원하기.}
전도기간	\multicolumn{3}{c	}{2024.9.22.(제108회 총회 이후) ~ 2024. 6.16.(주일)}

내용 요약	\multicolumn{3}{l	}{1. 상반기 한 영혼 사랑 초청 잔치 등 전도 행사 시행. : 성인 총 등록 인원 32명
		2. 다양한 전도 세미나 참석(EDI 전도 세미나, 터치 전도 부흥 세미나등
		3. 지역 사회 접근 및 전도 전략
		  1) 아가페 사역 : 매월 셋째 주 수요일 70세 이상 어르신 초청 예배 및 5,000원 나눔 전도 (약 300명 정도 참석)
		  2) 밀알 주일 : 매월 마지막 주 1,000원 헌금으로 각 남,녀 선교회가 지역 주민 센터와 연계하여 영등포 지역 반찬 및 생필품 나눔 전도,
		  3) 전도대 활동 : 상하반기(3~6월/ 9-12월) 전도대 교회 주변 길거리 휴지 전도 (성도 40~45명 활동)
		  4) 교회 주변 청소 : 집게와 비닐 봉투 들고 교회 주변 및 아파트등 화단 휴지 줍기 (교회 띠 없이 활동 하나, 지역사회가 한영교회의 섬김을 알고 지지해 주심)}

기대효과 (효과성)	\multicolumn{3}{l	}{올해 상반기 등록자 수 (아동부 – 71명, 장년부 – 60명) 영아부 – 26명, 유치부 – 17명, 아동부(초1~3) – 9명, 소년부(초4~6) – 4명, 중등부 – 6명, 고등부 – 1명, 청년부 – 8명}
지속방안 (지속성)	\multicolumn{3}{l	}{*교회 전도대 활동을 통한 지역사회 길거리 전도 활동을 꾸준히 진행하고 있습니다. *남.선교회를 통해 교회 성도들의 전도 및 봉사의 참여를 높이고 전도가 하나님의 지상명령임을 기억하고 실천할수 있는 길을 열어 드리고 있습니다. *다양한 지역에서 교회로 방문하시는 어르신들께 지속적으로 복음을 전하며, 한 영혼이 결실할 수 있도록 기도하고 있습니다. *위의 꾸준한 활동으로 예수님을 증거하는 교회의 사명을 다 하겠습니다.}

1) 밀알주일

#4 영등포노회에 속한 지교회의 '2024 전도부흥운동'

2) 아가페 전도

3) 전도 세미나 참석

13 조은교회

▶ 섬기는 사람 : 한 윤 희 목사

(1) '2024 전도부흥운동의 현장'

2024 전도부흥운동 결과보고서

노회명	영등포노회	교회명	조은교회
담당자	한윤희목사	전 화	010-9007-0489
		E-mail	zeal91@naver.com
전도부흥 사업목표	1. 한영혼 영혼 구원을 위한 매주일 믿음의 발걸음을 내딛는다 2. 생명이 살아나고 세워짐을 본다		
전도기간	2023.9.22.(제108회 총회 이후) ~ 2024. 6.16.(주일)		
내용 요약	1. 경과 : 교회의 전도활동 및 전도부흥운동 　조은교회는 매주일 토요일(혹은 주일오후) 놀이터에서 전도하며 새소식반을 통하여 복음을 전한다. 2. 전도의 다양한 형태 　❶ 새소식반 전도 : 대상 어르신 / 학생 / 어린이 　❷ 상담 및 복음교육: 시니어 강사 / 제이콥 가정 　❸ 영적 네트워킹으로 기도한다 - 중보기도사역 　❹ 열린교회- 24시간 찬양과 기도의 자리마련 　　요양보호사 교육(백경임권사) 　❺ 통장사역으로 조은교회 이미지를 좋게 한다. 3. 확장성 　❶ 코로나 전에는 품앗이 전도를 통하여(교파초월 7개 교회 연합) 연합전도를 했음. 현재는 잠시 보류중임. 　❷ 광명지역 교회 연합 활동 중: 연합성탄축하, 연합바자회 등		
기대효과 (효과성)	전도행사를 통한 결신, 등록 인원 (4명 전도) 　❶ 장년(장승옥성도)- 시니어강사 중 한명임. 현재 교회에서 스트레칭 담당으로 "주여 치유하게 하소서" 주제에 맞게 성도들의 건강향상에 한 몫을 담당하고 있음. 　❷ 제이콥성도 샨성도 에스더어린이 가족(호주): 호주에서 주일예배를 영상스트리밍으로 함께 예배하고 있음. 교회 기도회 및 성경공부 등에 적극 참여중임		
지속방안 (지속성)	*전도부흥운동 시상 종료 후 지속방안에 대해 적어주세요. 매주 복음을 전한 어르신들과 어린이들에게 가을(10월 예정)에 초청잔치를 통해 교회인도할 계획임		

#4 영등포노회에 속한 지교회의 '2024 전도부흥운동'

❶**새소식반 전도** : 매주일 토요일(혹은 주일오후) 놀이터에서 전도하며 새소식반을 통하여 복음을 전합니다.

↪대상: 어르신 / 청소년 / 어린이

↪일시: 2023.9.9(토) 오후3시(혹시 우천으로 모이지 않으면 주일에 모임)
　　　　신나는 어린이공원, 또래놀이터(광명7동) 12주동안.
　　　　2024.3.9(토) 오후3시 신나는 어린이공원(광명7동) 12주동안

↪내용: 조은교회는 매주 정해진 장소, 정해진 시간에 복음을 전합니다. 그러면 전도받고 새소식반을 통해 함께하는 분들과 자연스럽게 관계가 맺어집니다. 어느덧 그 시간을 기억하고 함께 하시는 분들이 생깁니다. 비록 교회인도는 아니지만 복음듣고 구원받은 자들이 있습니다.

↪10월에 초청잔치를 통해 자연스럽게 교회에 인도할 예정입니다.

↪어르신명단: 김소분(85) 한숙자(82) 반금자(82) 최병구(86) 윤순분 남춘식 김수옥 최영자 김미향 등등

↪어린이명단: 은찬 재성 김주원 최정빈 등등

❷**상담 및 복음교육: 시니어 강사**

↪일시: 2023.9.23-12.11 (매주 월, 토 저녁)

↪대상: 시니어 강사

↪방법: 영적인 도서(안방속의 돼지떼들 / 프랭크 D. 하몬드 저)를 통해 독서 나눔을 갖고 복음을 전함(지도: 김현애사모)

↪열매: 현재 장승옥 성도가 전도되어 믿음생활을 잘 하고 있음

❸기독교상담으로 위로하며 격려하며 믿음위에 서게 함.

⇨한달에 한번 김현애 사모와 기독교 상담중임.

⇨대상: 호주에 사는 제이콥 가정

⇨열매: 호주에서 주일예배를 영상스트리밍으로 함께 예배하고 있음/교회 기도회 및 성경공부 등에 적극 참여중임

❹열린교회-

⇨24시간 찬양과 기도의 자리마련: 언제든지 조은교회에서 기도할 수 있도록 개방합니다. 주변에 갈급한 분들이 기도합니다.

⇨요양보호사들이 모여 기도하며 공부할 수 있도록 개방함. 5.24(월)-28(금) (백경임권사 지도)

⇨오랫동안 믿음생활을 쉬었던 분들이 다시금 믿음 가질 용기 얻음

⇨중보기도 대상자: 김재순 박순자 손순희 윤민숙 등등

❺통장사역으로 조은교회 이미지를 좋게 한다-

현재 광명7동 통장으로 지역주민들을 섬기고 있습니다. 돌봄과 섬김으로 조은교회에 좋은 이미지를 심고 있습니다.

감사합니다.

#4 영등포노회에 속한 지교회의 '2024 전도부흥운동'

14 영등포교회

▶ 섬기는 사람 : 윤 길 중 목사

(1) '2024 전도부흥운동의 현장'

2024 전도부흥운동 결과보고서

노회명	영등포노회	교회명	영등포교회
담당자	김종선 부목사	전 화	010-5510-5833
		E-mail	powerofla@naver.com
전도부흥 사업목표	1. 24년 전반기 전도행사 결신자 정착 2. 에디전도플랫폼 소개 및 활용		
전도기간	2024.9.22.(제108회 총회 이후) ~ 2024. 6.16.(주일)		

내용 요약	1. 경과 : 전도대 위주
	2. 전도의 다양한 형태
	 1) 전도교육
	  ① 'The Four' 심볼 전도법으로 전도학교 커리큘럼 구성
	  ② 에디전도플랫폼 세미나 및 홍보 : 186명 가입
	 2) 전도활동
	  ① 기드온전도대 : 매주 수요일 오후 3시 30분, 노방전도
	  ② 토요오병이어전도 : 동계 붕어빵, 춘계 떡볶이 등 간식 전도
	3. 확장성
	  ① 아크로아파트 앞 전도물품 부스 활용 : 애견용품, 핫팩, 물티슈 등		

기대효과 (효과성)	장년 : 41명 등록 교회학교 : 28명 등록		
지속방안 (지속성)	1. 24년 후반기 새생명축제(전도행사) 준비 2. The Four 전도법 교육을 통해 누구를 만나도 복음을 전할 수 있도록 영적 무장 3. 에디전도플랫폼 계속 활용		

1. 에디전도플랫폼 세미나 : 2023년 12월 23일(토), 강사 성수권목사(에디훈련원장)

2. 오병이어 토요전도대 활동 : 매월 마지막 주 토요일 오전 11시~오후 1시

#4 영등포노회에 속한 지교회의 '2024 전도부흥운동'

15 새터교회

▶ 섬기는 사람 : 안 지 성 목사

(1) '2024 전도부흥운동의 현장'

2024 전도부흥운동 결과보고서

노회명	영등포노회	교회명	새터교회
담당자	안지성목사	전 화	010-2375-0955
		E-mail	saeterch@naver.com
전도부흥 사업목표	1. 다음 세대로 이어지는 교회 2. 영적 각성을 전하는 교회			
전도기간	2024.9.22.(제108회 총회 이후) ~ 2024. 6.16.(주일)			
내용 요약	1. 경과 : 관계를 통한 1가정 전도, 2명의 영유아 전도 2. 새롭게 아이를 낳고 키우는 부부와 아이를 잉태하거나 기다리는 부부들을 위한 수다 모임을 통해 교회에 정착하도록 유도함 (발도르프 수제 인형 만들기 / 모빌 만들기 등) 3. 아이를 낳고 만나는 다른 소모임(아이들 이유식 만들기 모임 등)을 통해 확장, 지속하려고 함			
기대효과 (효과성)	장년: 2명 결신 영유아: 3명 교회 출석			
지속방안 (지속성)	*영유아를 키우는 아이 엄마, 아빠들을 위한 편안한 공간을 제공함으로 젊은 엄마, 아빠가 아이를 함께 키우는 공간으로 교회를 인식하도록 할 예정임.			

16 도림교회

▶ 섬기는 사람 : 정 명 철 목사

(1) '2024 전도부흥운동의 현장'

노회명	영등포노회	교회명	도림교회
담당자	김 성 호	전 화	010-3255-0821
		E-mail	ksrjunior@naver.com
전도부흥 사업목표	주제:2024 프로포즈-내게 정말 소중한 그 사람, 하나님께 소개하고 싶은 그 사람 목표:모든 성도들이 가장 소중한 한 사람 (배우자, 부모, 자녀, 친구, 이웃 등)을 교회로 초청한다.		
전도기간	2023년 9월 22일 ~ 2024년 6월 현재		
내용 요약	1. 경과 : 교회의 전도활동 및 전도부흥운동 　- 도림교회는 지난 2024년 4월7일부터 5월26일까지, '2024 프로포즈' 라는 주제로 모든 성도가 참여하는 초청잔치를 진행하였습니다. 2. 전도의 다양한 형태(전도행사의 다양한 형태 등.. 가능하면 뒷면에 사진첨부) 행사별 2컷 정도 　1) 성도들의 참여활성화를 위한 다양한 활동을 전개 　　(1) 선포식 / 사행시 짓기 　　(2) 교구별 노래가사 바꿔 부르기 대회 　　(3) 간증집회 　2) 초청자들이 편안하게 교회에 참여할 수 있도록 함 　　(1) 가정을 주제로 한 초청주일 진행 　　(2) 영접부와 새가족부의 섬김 활동 3. 확장성(예: 지역사회와 전도를 위한 연합 및 연대 활동 등…) 　1) 지역사회 축제 참여 - 2024 도림동 장미마을 축제 　2) 지역사회와 함께 하는 행사 - 2024 전교인 체육 대회 　3) 지역사회 섬김 활동		
기대효과 (효과성)	1. 전도행사 초청인원: 1,228명 (2024년 4월 ~ 2024년 5월) 등록인원 제외 2. 전도행사 등록인원: 968명 (2024년 4월 ~ 2024년 5월) 3. 등록인원: 531명 2023년 9월 ~ 2024년 3월) + 다음세대 별도		
지속방안 (지속성)	1. 블레싱 사역자 교육 및 수련회 (6월) 2. 새가족 환영회 진행 (6월) 3. 하반기 총동원 예배주일 진행 4. 하반기 바자회 진행		

#4 영등포노회에 속한 지교회의 '2024 전도부흥운동'

1. 경과 : 교회의 전도활동 및 전도부흥운동

 1) 주제: 2024 프로포즈, 내게 정말 소중한 그 사람, 하나님께 소개하고 싶은 그 사람

 2) 진행일정: 2024. 4. 7~ 5. 26. (8주간) / 초청주일: 5. 5~ 5.26 (4주간)

 3) 초청전략

  (1) 편안한 초대: 성도들이 '거룩한 부담'과 함께 '편안한 마음'으로 초청에 참여

  (2) 관계 전도: '총동원' 보다 가장 소중한 한 사람을 초청하기로 함

  (3) 팀 전도: '전도 상황실'을 운영하여 교역자와 성도들이 한 팀으로 진행

  (4) 교구활성화: 4월 한달간 교구 이벤트를 개최하여 교구의 힘을 집중시킴

  (5) 초청이벤트: 5월 초청주일을 가정과 관련된 주일로 준비하여 진행

2. 전도의 다양한 형태

 1) 4월 교구 이벤트

 (1) 선포식

  - 선포식 행사를 통해 성도들의 마음에 가장 소중한 한 사람을 상기시킴

  - '작정서'가 아닌 '기도카드'를 배부하여, 모든 성도가 함께 하는 분위기로 진행

 (2) 사행시 짓기

  - 초청잔치 주제를 두고 사행시 공모전을 진행

  - 모든 성도들이 투표에 참여하여 가장 멋진 사행시를 선정하여 시상함.

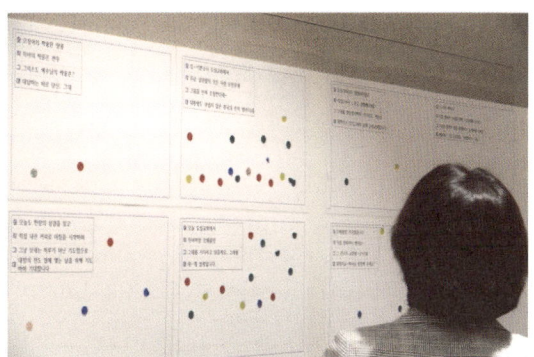

(3) 노래가사바꿔부르기 대회
 - 교구별로 노래가사 바꿔부르기 대회 개최
 - 노래 가사는 교회 및 종교에 관련된 내용이 아닌, 공동체 생활의 기쁨과 행복을 표현하는 내용으로 함

(4) 조혜련 집사 초청 간증집회
 - 유명인을 초청하여 간증집회를 진행
 - 특별히 조혜련 집사는 어머니를 전도한 간증이 있어, 이번 초청잔치 주제와 잘 연결되어 초청함

#4 영등포노회에 속한 지교회의 '2024 전도부흥운동'

(5) 프로포즈 생명나무
- 성도들이 가장 소중한 사람의 이름을 카드에 적어 트리에 달고 기도함

2) 5월 초청주일 이벤트
- '가정'을 메인 주제로 정하여, 각 주일마다 해당하는 주제에 관한 말씀을 선포함
- 이를 통하여 교회가 가정에 관심을 갖고 있으며, 가정에 대한 이야기를 교회에서 들을 수 있다는 사실을 초청자들에게 알림

(1) 어린이주일 이벤트
- 어린이들이 성경봉독, 대표기도의 순서를 담당함
- 자녀의 기쁨을 표현하는 특별 영상을 제작하여 방송

(2) 어버이주일 이벤트

- 청년들의 부모님께 감사하는 행사를 진행
- 어버이주일 감사 특별 영상을 제작하여 방송

3) 청년 행사 / Dear My Friend

(1) 초청대상자 손편지 작성 및 전달

(2) 도림천 플로깅 전도활동

(3) 초청 축제 부스 (먹거리, 아나바다 장터)

(4) 루프탑 야외예배

(5) 어노인팅과 함께하는 젊은이예배

#4 영등포노회에 속한 지교회의 '2024 전도부흥운동'

4) 교회학교 / 도림 올래 페스티벌

날짜	프로그램
5월 5일 어린이주일	-어린이 연합 예배 & 복화술 어린이공연 -올래 먹거리 마당 -이벤트: 페이스페인팅 / 포토존
5월 12일 어버이주일	*부서별 전도 / 초청잔치 ※ 5월 12일 4부 예배 전후로 중고등부 및 아동부 - 카네이션 달아드리기, 어버이노래

5월 19일	-도림랜드: 놀이기구, 에어바운스, 바이킹
	  (새친구는 등록카드 작성 후 자유이용권 팔찌 지급)
	-올래 먹거리 마당
	-중고등부 연합 행사 <도림 모친소>
	  :포토존, 레크레이션, 선물나눔, 수제버거 파티
	-소망부 <가족의 날>

3) 확장성(예 : 지역사회와 전도를 위한 연합 및 연대 활동 등...)

 (1) 지역사회 축제 참여 - 2024 도림동 장미마을 축제

 (2) 지역사회와 함께 하는 행사 - 2024 전교인 체육대회

 (3) 지역사회 섬김 활동

전도부흥운동사례집 Ⅱ
전도·부흥·운동 어떻게 할 것인가?

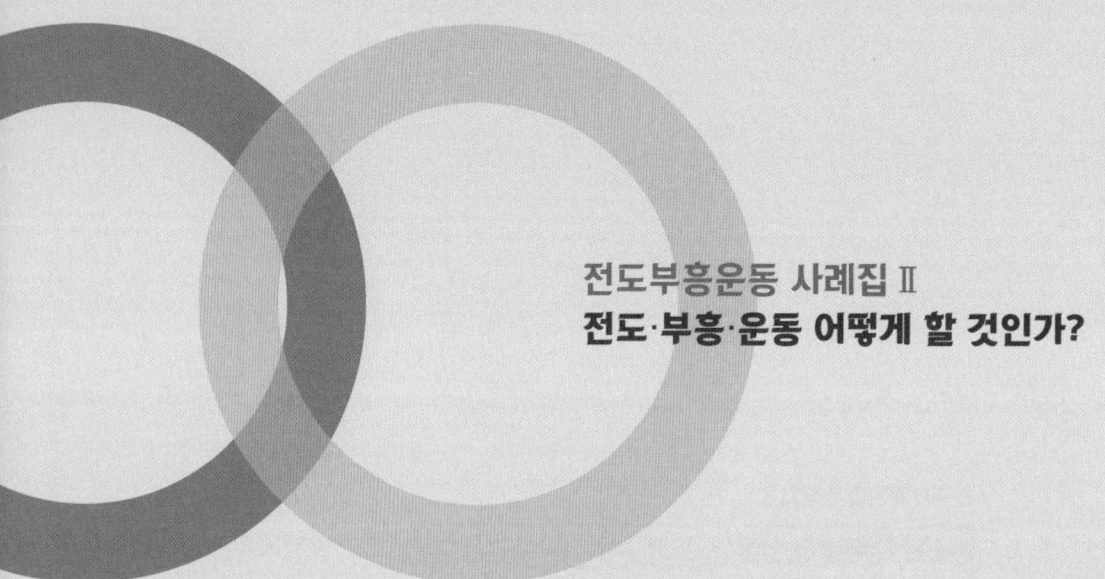

전도부흥운동 사례집 Ⅱ
전도·부흥·운동 어떻게 할 것인가?

전도·부흥·운동 어떻게 할 것인가?

1. 우리동네 행복나눔
2. 오이코스 전도훈련
3. 텃치전도운동
4. 전도제자훈련
5. 어린이에디
6. 한국어린이전도협회(CEF)사역

#5 전도·부흥·운동, 어떻게 할 것인가?

1 우리동네 행복나눔

▶기획, 글 : 배정수 장로(한영교회)

1. 행복한 지역공동체

(1) 1단계 : 행복한 지역공동체를 위한 법인 설립 및 기반구축

1) 행복한 지역공동체를 위한 공익법인 개요

　　우리지역 행복나눔교회와 행복나눔소상공인 연합으로 행복한 지역공동체를 만들기 위해 공익법인을 설립하여 참여하는 교회와 소상공인이 지역사회에 기여할 수 있는 기회를 제공하고, 지역의 어려운 이웃을 돕고 삶의 질을 높이며, 지역환경을 개선하는 사업을 지속하기 위함이다.

　① 목적 : 지역사회의 발전과 행복을 위해 지역 교회와 지역 소상공인이 연합하여 어려운 이웃을 돕고 지속 가능한 행복공동체를 만드는 것.

　② 활동 내용 : 기부를 통한 어려운 이웃 지원, 지역사회 프로젝트 및 이벤트 개최, 소상공인 지원 프로그램 제공 등.

　③ 자금 조달 : 기부 캠페인, 모금 행사, 지역사회와의 파트너십 등을 통해 자금을 조달.

　④ 조직 구조 : 이사회(지역 교회와 지역 소상공인 대표), 직원 및 자원봉사자.

2) 사업 목표

　　참여하는 교회와 소상공인의 기부를 통해 지역사회에 도움을 주고, 지속 가능한 발전을 이끌어내며, 행복한 지역공동체를 세워가는 것을 목표로 한다.

　　교회와 소상공인을 권역별로 구분하여 참여시키므로 지역사회에 밀착된 지원을 실현하고, 나아가 각 지역을 행복공동체로 발전시키는 사업을 계획, 추진하고자 함이다.

3) 운영관리 방법

　① 이사회 회의 : 정기적으로 모여 전략적 방향성을 결정하고 프로젝트를 승인한다.

　② 프로젝트 관리 : 각 프로젝트마다 책임자를 지정하여 실행과 모니터링을 담당한다.

　③ 재정 관리 : 자금 조달 및 지출을 철저히 관리하고 투명하게 보고한다.

　④ 지역사회와의 협력 : 지역사회와의 파트너십을 강화하여 지역사회 발전을 위한 협력을 이끌어낸다.

4) 활동 내용

　　행복나눔교회와 행복나눔소상공인이 연합하여 권역 내에 있는 사회적 약자에게 배려와 관심을 베풀어 정신적, 신체적으로 피폐한 상태를 개선하고, 소외되지 않도록 돕는 역할을 한다.

　　지역사회가 다툼없는 삶의 터전이 되도록 서로를 인정하고 협력하는 공동체문화를

#5 전도·부흥·운동, 어떻게 할 것인가?

조성한다.

5) 우리의 비전

우리는 지역사회의 발전과 행복을 위해 노력하며, 교회와 소상공인의 연합을 통해 지역사회에 긍정적인 변화를 이끌어내고자 한다.

지역교회와 지역소상공인이 연합하여 행복한 지역공동체를 만들기 위해 공익법인을 설립하고, 참여교회와 소상공인이 일정한 물품이나 금전을 기부하여 지역의 어려운 이웃을 돕고, 환경을 개선, 유지하는 사업을 지속함으로 행복한 지역공동체를 이루기 위함이다.

공익법인은 설립 후 지역공동체에 참여하려는 교회와 소상공인들을 권역별로 구분하여 참여시키고, 나아가 영등포구 전체를 행복공동체로 발전시키는 사업계획이다.

교회가 위치한 반경 1키로미터 안에는 사회적으로 소외되고, 정신적으로 피폐하고, 건강이 연약하여 도움을 구하나 도움을 받을 수 없는 사회적 약자에 대하여 스스로 배려와 관심, 긍휼을 베푸는 손길이 되기로 작정하고, 실천한다.

이는 영등포동, 당산동을 시작으로 영등포구에서, 그리고 교회의 연합조직을 통하여 전국 각지로 퍼져나가 이 땅에 사는 모두가 행복한 공동체 안에서 서로를 인정하고, 협력하여 다툼이 없는 삶의 터전이 되기를 꿈꾼다.

(2) 2단계 : 행복한 지역공동체를 위한 지역구분 및 협력망 구축

1) 지역구분

행복한 공동체는 권역별로 구분하여 활동하는 것이 효과적이고, 이는 지역의 특성과 구성원들의 용이성을 고려하여 결정한다. 각 지역의 고유한 특성을 고려하여 지원활동을 진행함으로써 더욱 효과적인 결과를 이끌어 낼 수 있다.

2) 협력망 구축

각 지역 권역별로 협력할 수 있는 네트워크를 구축하고, 교회와 소상공인들 뿐만 아니라 정부기관이나 주변단체, 사회적 기관과의 협력을 강화한다. 이를 통해 다양한 자원과 지원을 확보하고, 지역사회에 보다 깊이 영향을 미칠 수 있으며, 함께 협력하여 지역사회의 발전과 행복을 위한 노력에 집중할 수 있다.

(3) 3단계 : 행복한 지역공동체를 위한 사회서비스 및 지원 프로그램 개발

1) 지역사회 서비스

각 권역에서 필요한 지역사회 서비스를 파악하고 이에 맞는 프로그램을 개발한다.

예를 들어, 노인 돌봄 서비스, 어린이 보육 프로그램 등이 있고, 나아가 지역사회의 다양한 요구와 필요에 맞추어 프로그램을 설계하여 지속적으로 제공함으로써 지역 주민들의 삶의 질을 향상 시킨다.

2) 지원 프로그램

교회와 소상공인들이 기부하는 자원을 활용하여 지역사회를 지원하는 프로그램을 개발한다. 예를 들어 무료 음식 나눔, 교육 지원, 기술 교육 등이 될 수 있고, 교회와 소상공인들의 기부와 지원을 통해 지역사회의 경제적, 교육적, 문화적 발전을 촉진하고 지역 주민들에게 보다 나은 삶의 기회를 제공한다.

(4) 4단계 : 행복한 지역 공동체의 확장 및 지속성 확보

1) 활동 확장

성공적으로 운영되고 있는 프로그램을 다른 지역에도 확장하기 위해 새로운 협력 관계를 구축하고, 지역사회의 요구에 맞게 프로그램을 수정한다. 다양한 지역에서 우리의 사회서비스와 지원 프로그램을 확대하여 더 많은 사람들에게 도움을 제공할 수 있도록 노력한다.

▶ 지역사회에서 확장 가능한 프로그램을 구체적으로 설명하면,

(1) 노인 돌봄 서비스 프로그램

- 방문 돌봄 서비스 : 노인들의 일상 생활에서 필요한 도움을 제공하기 위해 자원봉사자들이 노인들의 가정을 방문하여 가사 도우미, 산책 도우미 등의 역할을 수행한다.
- 긴급 상황 대응 : 노인들의 긴급한 응급 상황에 대비하여 응급상황 대응훈련을 실시하고, 응급상황 발생 시 신속한 대응을 지원한다.
- 활동 프로그램 : 노인들의 사회적 활동을 촉진하기 위해 정기적으로 노인센터에서 체육활동, 문화행사, 예술활동 등 다양한 프로그램을 운영한다.

▶ 노인센터에서 운영 가능한 활동 프로그램으로는,

① 체육활동

- 걷기 프로그램 : 노인들이 주변 동네나 공원을 걷는 활동을 통해 운동량을 늘리고 건강을 유지할 수 있도록 돕고, 매주 정기적으로 걷기 모임과 함께 걷는 즐거움을 누린다.
- 스트레칭 및 근력 운동 : 노인들의 유연성과 근력을 향상시키기 위해 스트레칭과 근력 운동 프로그램을 운영하여 안전하고 효과적인 운동 방법을 가르치고 지도하여 건강한 신체를 유지한다.

#5 전도·부흥·운동, 어떻게 할 것인가?

② 문화행사
- 문화 강좌 및 강연 : 다양한 주제의 문화 강좌와 강연을 개최하여 노인들이 지식을 습득하고 문화적인 활동에 참여할 수 있도록 한다. 문화 예술, 역사, 문학 등 다양한 주제로 진행한다.
- 공연 관람 : 극장이나 전시관 등으로 나들이를 가서 다양한 공연이나 전시물을 감상하는 등 음악회, 연극 공연, 미술 전시회 등 다양한 문화 활동을 통해 즐거운 시간을 보내며 문화적인 자극을 받는다.

③ 예술활동
- 미술 및 공예 활동 : 노인들이 그림 그리기, 도자기 모델링, 종이 공예 등 다양한 미술과 공예 활동을 통해 창의성을 발휘하고 취미 생활을 즐기고, 전문 강사의 지도 아래에서 자유롭게 표현한다.
- 음악 치료 프로그램 : 음악을 통해 스트레스를 해소하고 감정을 표현하는 기회를 제공하여 노래 부르기, 악기 연주하기, 음악 치료 세션 등을 통해 음악의 힘을 경험한다.

(2) 어린이 보육 프로그램
- 어린이 교육 프로그램 : 육아가 부족한 가정이나 어려운 가정의 어린이들을 대상으로 교육적인 활동을 제공하고, 이를 통해 어린이들의 학습 능력과 사회성을 향상시킨다.
- 보육 서비스 : 부모님의 일상 생활을 돕기 위해 어린이 보육 서비스를 제공하고, 안전한 환경에서 어린이들을 돌봄하고, 영양식을 제공하여 건강한 성장을 도모한다.
- 문화 예술 활동 : 창의성과 감성을 키우기 위해 다양한 문화 예술 활동을 펼치고, 그림 그리기, 음악 감상, 연극 공연 등을 통해 어린이들의 예술적 감성을 발전시킨다.

▶ 어린이들의 창의성과 감성을 키우기 위한 프로그램으로는,
① 미술활동
- 그림 그리기 : 어린이들에게 종이와 색연필, 크레용 등을 제공하여 자유롭게 그림을 그리도록 유도하여 주제를 주고 그에 맞는 작품을 만들거나, 자유 주제로 자신의 상상력을 펼칠 수 있게 한다.
- 모형 만들기 : 종이나 접착제, 재료 등을 활용하여 다양한 모형을 만들어보고, 동물 모형, 건물 모형, 우주선 모형 등 다양한 주제로 창작하게 한다.

② 공예활동
- 종이접기 : 색종이나 종이접기 전용 종이를 사용하여 다양한 동물, 꽃, 나비 등을 접어 보고, 종이접기를 통해 손끝 감각을 발달시키고, 창의성을 키운다.
- 손뜨개 짓기 : 어린이들에게 색상과 실을 선택하여 캐릭터 모양의 인형이나 동물 모양의 손뜨개를 직접 만들도록 하고, 손뜨개 짓기를 통해 집중력을 향상시키고, 창의성을 발휘하게 한다.

③ 연극활동
- 연극놀이 : 어린이들에게 간단한 스토리를 제시하고, 그에 따라 캐릭터 역할을 맡아 연극을 연습, 공연하고, 어린이들은 자신의 상상력을 발휘하여 캐릭터를 연기하고, 함께 놀이를 즐긴다.
- 판소리/동화 듣기 : 전통적인 판소리나 동화를 들려주며 어린이들에게 이야기를 전달하고, 이야기 속 캐릭터의 목소리를 따라하거나, 이야기를 바탕으로 직접 그림을 그려 볼 수 있게 한다.

④ 음악활동
- 노래 부르기 : 다양한 어린이 노래를 함께 부르며 음악에 대한 감성을 키우고, 간단한 동작과 함께 노래를 부르며 리듬을 따라 움직이는 활동도 함께 진행한다.
- 악기 연주 체험 : 간단한 악기를 사용하여 어린이들에게 악기 연주를 체험시켜주고, 타악기나 현악기, 관악기 등 다양한 악기를 활용, 음악에 대한 이해와 흥미를 높인다.

2) 자금 조달
- 사업을 확장하고 지속하기 위해 자금을 조달해야 하는데, 이는 정부 보조금, 기업 후원, 개인 기부 등을 포함할 수 있다. 다양한 자금 조달 경로를 탐색하고 효율적으로 활용하여 우리의 활동을 지속 가능하게 유지한다. 지속적인 자금 조달을 통해 우리의 노력을 지역사회에 지속적으로 제공할 수 있다.

(5) 5단계 : 행복한 지역공동체에 대한 평가 및 지속성 유지
1) 평가
▶ 평가의 주요 방법은 다음과 같다.
① **주기적인 프로그램 평가** : 프로그램을 주기적으로 평가하여 성과를 분석하기 위해 다음과 같은 평가 방법을 사용할 수 있다.

#5 전도·부흥·운동, 어떻게 할 것인가?

- 참여자 만족도 조사 : 프로그램에 참여한 교회 및 소상공인 회원들의 만족도를 조사하여 프로그램의 효율성을 평가한다.
- 성과 지표 추적 : 프로그램의 목표와 일치하는 성과 지표를 설정하고, 이를 추적하여 프로그램의 성과를 평가한다.
- 피드백 수집 : 참여자, 자원봉사자, 협력 기관 등으로부터 피드백을 수집하여 프로그램의 강점과 개선점을 파악한다.

2) 지속성 유지

▶ 지속성을 유지할 수 있는 구체적인 방법은 다음과 같다.

① 지속적인 자금 조달
- 다양한 자금 조달 경로 탐색 : 정부 보조금, 기업 후원, 개인 기부, 자선 행사 등 다양한 자금 조달 경로를 활용하여 지속적인 자금을 확보한다.
- 장기적인 기부자 유치 : 꾸준한 홍보와 감사의 인사를 통해 장기적인 기부자를 유치하고 유지한다.

② 지원자 및 자원봉사자 모집
- 홍보 활동 강화 : 지역사회에 프로그램을 알리고 참여를 독려하기 위해 홍보 활동을 강화하고, 소셜미디어, 포스터, 지역 방송 등 다양한 매체를 활용하여 홍보를 진행한다.
- 자원봉사자 관리 프로그램 : 자원봉사자를 유지하고 관리하기 위한 프로그램을 운영하여 자원봉사자들의 참여를 장려하고 보상한다.

③ 홍보 활동
- 커뮤니케이션 강화 : 지속적인 커뮤니케이션을 통해 교회 및 소상공인 회원들에게 프로그램의 중요성과 성과를 전달하고, 이메일 소식지, 소셜미디어, 웹사이트 등을 활용하여 홍보를 강화한다.

2. 행복한 지역공동체를 위한 공익법인의 목적과 로드맵
(1) 목적과 비전
1) 목적 : 지역교회와 지역소상공인이 연합하여 지역 내 어려운 이웃들을 돕고, 지역사회의 발전과 행복을 추구하는 것을 목적으로 한다.
2) 비전 : 지역사회 안에서 서로 협력하고 배려하는 행복한 공동체문화를 조성하여 모든

이웃이 풍요롭고 행복한 삶을 누릴 수 있도록 하는데 있다.

(2) 활동 내용
1) 지역 내 어려운 이웃들을 위한 식량, 의료, 교육 등의 지원 제공.
2) 환경 보호와 지역 문화 유산 보존을 위한 프로젝트 진행.
3) **지역 소상공인을 위한 지원과 협력 프로그램 개발.**
   - 행복한 지역공동체에 참여하는 지역 소상공업체에 사업 홍보를 위한 랜딩페이지 무상제공
   - 소상공업체의 랜딩페이지를 지역민에게 온라인 직접홍보
4) 지역사회의 상호 연대와 공동체 의식 강화를 위한 이벤트 및 교육 프로그램 개최.

(3) 조직 구조
1) 이사회 : 지역교회와 지역소상공인 대표로 구성되며, 전략적 방향성과 프로젝트 승인을 총괄한다.
2) 직원 및 자원봉사자 : 프로젝트 및 활동의 실행과 지원을 담당한다.

(4) 자금 조달 및 지속성 보장
1) 기부 캠페인 및 자금 모금 행사 개최.
2) 지역 기업 및 단체와의 파트너십 구축.
3) 지속 가능한 사업 모델 개발 및 운영.

(5) 로드맵
1) 1 단계 : 행복한 지역공동체를 위한 법인 설립 및 기반구축
2) 2 단계 : 행복한 지역공동체를 위한 지역구분 및 협력망 구축
3) 3 단계 : 행복한 지역공동체를 위한 사회서비스 및 지원 프로그램 개발
4) 4 단계 : 행복한 지역 공동체의 확장 및 지속성 확보
5) 5 단계 : 행복한 지역공동체에 대한 평가 및 지속성 유지

3. 행복한 지역공동체에 참여하는 지역 교회와 지역 소상공인의 자격
(1) 지역공동체 참여를 위한 교회와 소상공인의 자격
1) 교회 : 정기적인 기부와 자원봉사를 통해 지역사회에 기여하는 교회와 교회 구성원

#5 전도·부흥·운동, 어떻게 할 것인가?

들로, 지역사회 활동에 자원하여 참여하는 교회와 구성원에게 자격이 주어진다.
2) 소상공인 : 자체 비즈니스를 통해 이를 공동체에 경제적 지원을 제공하고, 지역사회 프로젝트에 협력하며 지역사회 발전에 기여하는 소상공인에게 자격이 주어진다.

(2) 교회와 소상공인에게 공익법인 참여안내 방법
1) 워크샵 및 세미나 개최 : 교회와 소상공인을 대상으로한 워크샵이나 세미나를 개최하여 공익법인의 목적과 활동을 설명하고 참여 방법을 안내한다.
2) 정기적인 소통 : 교회와 소상공인에게 공익법인의 활동과 진행 상황을 정기적으로 소통하여 참여를 유도한다.
3) 개별 회의 및 상담 : 개별적으로 교회와 소상공인을 만나 공익법인에 대한 관심과 참여 의사를 파악하고 지원 방법을 안내한다.

4. 지역 교회와 성도들이 참여할 수 있는 ESG운동

ESG운동을 통해 교회와 교인들은 환경보호에 적극적으로 참여할 수 있으며, 지역사회 내 ESG 운동의 확산에 기여할 수 있다.

(1) 환경 (Environmental)

교회와 성도들이 ESG운동 중 환경운동에 참여할 수 있는 프로그램과 활동에 대해 예를 들면,

1) 에너지 절약 프로그램
- 목표 : 교회의 에너지 사용을 줄이고, 지속 가능한 에너지 사용을 촉진한다.

[활동내용]
- 정기 점검 : 교회의 전기 및 기계 시스템을 정기적으로 점검, 에너지 효율성을 유지.
- 절전 캠페인 : 교인들에게 에너지 절약 의식을 심어주는 캠페인. 예를들어 불필요한 조명 끄기와 에너지 효율적인 제품 사용 장려.
- 태양광 패널 설치 : 교회 건물에 태양광 패널을 설치하여 재생 가능한 에너지를 활용.

2) 아나바다 운동
- 목표 : 교회와 교인들에게 자원을 재활용하고 재사용하는 문화를 장려한다.

[활동내용]
- 재활용 프로그램 : 교회 내에서 재활용 쓰레기통을 설치하고 재활용을 활성화.

- 리사이클링 교육 : 교인들을 대상으로 정기적인 재활용 및 환경보호 교육을 실시.
- 중고품 교환 : 사용하던 물건을 교인 간에 교환하거나 재사용할 수 있도록 중고품 시장이나 교환 이벤트를 주최.

3) 지역사회 청소 활동
- 목표 : 교인들이 지역사회의 환경을 깨끗하게 유지하는데 기여한다.

[활동내용]
- 정기적인 청소활동 : 교회와 인근 지역의 길거리, 공원 등을 정기적으로 청소하는 활동.
- 쓰레기 줍기 : 교인들이 주기적으로 모여 지역사회 내 쓰레기를 줍는 봉사활동.
- 환경 보호 캠페인 : 지역사회내에서 환경보호의 중요성을 알리는 캠페인, 워크숍 진행.

4) 나무 심기 및 도시 녹화 프로젝트
- 목표 : 교회와 교인들이 녹색 공간을 조성하고, 기후 변화에 대응할 수 있도록 한다.

[활동내용]
- 나무 심기 및 관리 행사 : 정기적으로 교회 주관, 나무 심기 및 관리하는 행사를 개최.
- 도시 녹화 프로젝트 : 지역 사회와 협력하여 공원 조성 및 녹화 사업 참여.
- 식물 기르기 교육 : 가정에서 쉽게 심을 수 있는 식물에 대한 교육 프로그램 진행.

5) 물 절약 프로그램
- 목표 : 물 자원의 낭비를 방지하고, 물 절약 문화를 확립한다.

[활동내용]
- 물 절약 캠페인 : 교인들에게 물 절약의 중요성을 교육하고 홍보.
- 빗물 저장 시스템 : 교회 내 빗물 저장 탱크를 설치하여 정원 및 여타 용도로 재사용.
- 정기 점검 : 수도 및 배수 시스템의 누수를 점검하고 즉시 수리하여 물 낭비 방지.

(2) 사회 (Social)

교회와 성도들이 ESG운동 중 사회운동에 참여할 수 있는 프로그램과 활동에 대해 예를 들면,

1) 지역사회 봉사 프로그램
- 목표 : 지역사회의 필요를 충족시키고, 교회의 사회적 책임을 강화한다.

#5 전도·부흥·운동, 어떻게 할 것인가?

[활동내용]
- 노인 돌봄 서비스 : 독거 노인들을 방문, 정기적으로 안부를 묻고 필요한 서비스를 제공.
- 식료품 배급 : 경제적으로 힘든 가정에 식료품 및 생필품 등을 정기적으로 제공.
- 주거 환경 개선 : 저소득층 가정의 주택을 수리하거나 개선하는 프로그램에 참여.

2) 교육 지원 프로그램
- 목표 : 교육의 기회를 확대, 모든 연령대의 사람들이 교육을 받을 수 있도록 지원한다.

[활동내용]
- 방과 후 프로그램 : 지역 아동들을 대상으로 방과 후 교육 프로그램 제공. 예를들어 숙제 도우미, 학습 지도 등.
- 성인 교육 : 컴퓨터 사용법, 외국어, 직업 훈련 등의 교육 프로그램 제공.
- 장학금 지원 : 경제적인 이유로 교육을 받기 어려운 학생들에게 장학금을 지원.

3) 정신적 및 정서적 지원 프로그램
- 목표 : 정신적 및 정서적 건강을 증진시키고, 교인 및 지역사회의 심리적 지원을 강화한다.

[활동내용]
- 상담서비스 : 전문 상담사를 초빙하여 상담서비스를 제공하고, 정신건강에 대한 인식을 높임.
- 지원 그룹: 다양한 문제(예: 중독, 이혼, 슬픔 등)를 겪는 사람들을 위한 소그룹 모임을 조직.
- 마음 챙김 워크숍 : 스트레스 관리, 마음 챙김을 주제로 워크숍과 세미나 개최.

4) 평등 및 포용성 증진 프로그램
- 목표 : 교회 내외에서 평등과 포용성을 증진하고, 차별 없는 사회를 만드는 데 기여한다.

[활동내용]
- 다문화 행사 : 다양한 문화와 배경을 가진 사람들이 함께 모여 문화적 교류와 이해를 증진시키는 행사 개최.
- 포용적 예배 : 교회의 예배와 행사에서 모든 사람을 환영하고, 다양한 사회적 배경을

존중하는 환경 조성.
- 차별 반대 교육 : 차별과 편견에 대한 교육 프로그램 및 워크숍을 제공하여 인식 개선.

5) 일자리 창출 및 경제적 자립 지원 프로그램
- 목표 : 경제적 자립을 도모하고, 일자리 창출을 지원하여 경제적 불평등을 해소한다.

[활동내용]
- 창업 지원 프로그램 : 소액 대출, 창업 교육 및 멘토링을 통해 지역 주민들의 창업을 지원.
- 직업 훈련 : 실업자를 대상으로 직업 훈련 프로그램을 제공하여 고용 가능성을 높임.
- 구인 센터 : 일자리를 찾는 사람들과 일손이 필요한 기업과 기관을 연결해주는 역할.

6) 인권 보호 활동
- 목표 : 사람들의 기본 인권을 보호하고, 정의롭고 공정한 사회를 구축한다.

[활동내용]
- 인권 캠페인 : 인권 보호의 중요성을 알리는 캠페인과 세미나를 개최.
- 법률 지원 : 법적 문제를 겪고 있는 사람들에게 무료 법률 상담 및 지원 제공.
- 인권 모니터링 : 지역사회 내에서 인권침해 사례를 모니터링하고, 필요한 조치를 취함.

(3) 지배구조 (Governance)

ESG(환경, 사회, 지배구조) 운동 중 지배구조(Governance)는 교회와 교인들이 투명성과 윤리성을 강화하고, 책임감 있는 리더십을 발휘하며, 조직 내 의사결정 과정을 개선하는 데 중점을 둡니다. 구체적으로 교회와 성도들이 지배구조 분야에서 어떻게 활동할 수 있는지 프로그램별로 제시하는데, 예를들면,

1) 투명성 강화 프로그램
- 목표 : 교회 운영의 투명성을 높여 교인들과 지역사회로부터 신뢰를 얻게 한다.

[활동내용]
- 재정 보고서 공개 : 교회의 수입과 지출 내역을 정기적으로 교인들에게 공개하여 재정 투명성을 확보.
- 평가 및 감사 : 외부 혹은 내부 감사팀을 구성, 정기적으로 교회재정을 검토하고 평가.
- 투명성 워크숍 : 교인들과 리더십을 대상으로 투명성의 중요성에 대하여 교육과 워크

#5 전도·부흥·운동, 어떻게 할 것인가?

숍 제공.

2) 윤리적 리더십 프로그램

- 목표 : 교회 리더십이 윤리적 기준을 준수하고, 모범적인 행동을 통해 신뢰를 쌓는다.

[활동내용]

- 윤리강령 제정 : 교회 지도자와 교인들이 준수해야 할 윤리강령을 작성, 이를 널리 알림.
- 윤리 교육 : 교회 리더와 교인들을 대상으로 윤리적 의사결정 및 행동에 대한 정기적인 교육 실시.
- 리더십 평가 : 리더십 팀의 윤리적 행동과 의사결정을 평가하는 시스템 구축.

3) 참여적 의사결정 프로그램

- 목표 : 교회와 교인의 참여를 통해 민주적이고 참여적인 의사결정을 실현한다.

[활동내용]

- 의사결정 회의 : 중요한 결정을 내릴 때 교회의 모든 구성원이 참여할 수 있는 회의를 정기적으로 개최.
- 온라인 설문조사 : 교인의 의견을 수렴하기 위해 정기적으로 온라인 설문조사 실행.
- 포커스 그룹 : 다양한 교인들로 구성된 포커스 그룹을 만들어 특정 문제에 대한 논의를 통해 결정을 돕는다.

4) 지속적인 리더십 개발 프로그램

- 목표 : 교회 리더십의 지속적인 발전과 역량 강화를 통해 조직의 효과성을 높인다.

[활동내용]

- 리더십 트레이닝 : 교회 리더들이 참여하는 리더십 개발 프로그램과 워크숍 제공.
- 멘토링 프로그램 : 경험 많은 교회 리더가 신임 리더를 멘토링할 수 있는 구조 마련.
- 교류 프로그램 : 다른 교회 또는 조직의 리더들과 교류하며 배우고 성장할 수 있는 프로그램 마련.

5) 포용적 리더십 촉진 프로그램

- 목표 : 다양한 배경과 생각을 가진 사람들이 교회의 리더십에 참여할 수 있도록 한다.

[활동내용]
- 포용성 교육 : 리더십 팀과 교인들에게 다양성 및 포용성의 중요성을 교육.
- 다양성 위원회 : 다양한 배경을 가진 교인들로 구성된 위원회를 조직, 리더십 활동에 참여.
- 포용적 채용 : 리더십과 교회 직원모집 과정에서 다양한 인재를 포용할 수 있는 프로세스 마련.

6) 지속 가능성 정책 수립 프로그램
- 목표 : 교회의 장기적 지속 가능성을 고려한 정책을 수립하고 실행한다.

[활동내용]
- 전략계획 수립 : 교회의 장기적 목표와 비전을 설정, 이를 달성하기 위한 전략계획 수립.
- 정기적 정책 검토 : 설정된 정책과 전략을 정기적으로 검토하여 필요시 수정 보완.
- 지속 가능한 운영 : 교회 운영의 전반적인 프로세스를 지속 가능성을 고려하여 개선.

5. 지역 소상공인들이 참여할 수 있는 ESG운동
ESG운동을 통해 지역 소상공인들이 참여할 수 있는 프로그램과 활동내용을 제시하고, 이러한 프로그램을 통해 지역 소상공인들은 지속 가능한 목표를 달성하고, 기여할 수 있다.

(1) 환경 (Environmental)
1) 에너지 효율 프로그램
- 목표 : 소상공인들이 에너지효율을 높여 운영비용을 절감하고, 탄소 발자국을 줄인다.

[활동내용]
- 에너지효율 진단 : 에너지 전문가를 초청하여 사업장의 에너지 사용현황을 진단하고, 개선방안을 제시.
- 고효율 장비 도입 : 에너지효율이 높은 조명, 기기, 냉난방 시스템 등으로 교체.
- 절전 캠페인 : 절전습관을 장려하고, 점포 내부에 절전 팁을 알리는 홍보물 설치.

#5 전도·부흥·운동, 어떻게 할 것인가?

2) 재사용 및 재활용 프로그램
- 목표 : 자원을 재활용하고 재사용하여 폐기물을 줄이고, 환경 보호에 기여한다.

[활동내용]
- 재활용 시스템 구축: 사업장에서 발생하는 폐기물을 분리 배출할 수 있도록 재활용 시스템을 설치.
- 재활용 캠페인 : 직원과 고객을 대상으로 재활용의 중요성을 알리고, 참여를 유도하는 캠페인 전개.
- 업사이클링 제품 판매 : 재활용 재료를 활용한 제품을 제작하여 판매하거나 기존 제품을 업사이클링.

3) 친환경 제품 사용 및 판매
- 목표 : 환경 친화적인 제품을 사용하고, 판매하는 것을 장려함으로써 지속 가능성을 촉진한다.

[활동내용]
- 친환경 제품 구매 : 점포 내에서 사용되는 청소용품, 포장재 등을 친환경 제품으로 교체.
- 로컬 제품 판매 : 지역 생산자와 협력하여 로컬 제품을 판매함으로써 탄소 발자국을 줄이고 지역 경제 활성화.
- 친환경 인증제품 홍보 : 친환경 인증을 받은 제품을 우선적으로 판매하고, 이를 강조하여 고객에게 알림.

4) 물 절약 프로그램
- 목표 : 물 자원의 낭비를 방지하고, 물 절약 문화를 확립한다.

[활동내용]
- 저수량 화장실 및 수도꼭지 설치 : 물 사용량을 줄이는 저수량 화장실과 절수형 수도꼭지 설치.
- 물 절약 교육 : 직원들을 대상으로 물 절약 방법에 대한 교육 실시.
- 빗물 활용 시스템 도입 : 빗물을 저장하여 정원이나 청소 등 비음용 용도로 사용하는 시스템 설치.

5) 녹색 공간 조성
  - 목표 : 소상공인 점포 내외부에 녹색 공간을 조성하여 환경 개선과 생태계를 보존한다.

[활동내용]
  - 점포 내 화초 배치 : 실내에 공기 정화식물을 배치하여 쾌적한 환경을 조성.
  - 녹화사업 참여 : 지역사회의 녹화사업에 참여, 나무심기, 도시농업 프로젝트 등에 기여.
  - 녹색 옥상 : 가능한 경우, 건물 옥상을 텃밭이나 정원으로 조성하여 도시 열섬현상 완화에 기여.

6) 탄소 배출 감소 프로그램
  - 목표 : 소상공인들이 탄소 배출을 줄임으로써 기후변화 대응에 기여합니다.

[활동내용]
  - 저탄소 차량 이용 : 배달이나 이동에 사용하는 차량을 전기차나 자전거로 전환.
  - 카풀 및 대중교통 이용 장려 : 직원들에게 카풀이나 대중교통 이용을 장려하고, 이에 대한 인센티브 제공.
  - 탄소 발자국 계산 및 감축 계획 수립 : 사업장의 탄소 배출량을 계산하고, 이를 감축하기 위한 구체적인 계획 수립.

(2) 사회 (Social)
1) 지역사회 참여 및 봉사 프로그램
  - 목표 : 지역사회 문제 해결에 기여하고, 소상공인과 지역사회 간의 유대감을 강화한다.

[활동내용]
  - 지역 행사 후원 : 지역축제, 스포츠이벤트, 문화행사 등을 후원, 지역사회와의 교류 확대.
  - 자원봉사 참여 : 직원들과 함께 지역사회 청소, 노인돌봄, 음식배급 등 자원봉사 활동에 참여.
  - 고용창출 : 지역 주민, 특히 청년과 취업 취약 계층을 우선적으로 고용.

2) 교육 및 훈련 지원 프로그램
  - 목표 : 지역사회의 교육수준을 향상시키고, 고용 가능성을 높인다.

#5 전도·부흥·운동, 어떻게 할 것인가?

[활동내용]
- 인턴십 제공 : 지역 학생들에게 인턴십 기회를 제공하여 실무 경험을 쌓도록 지원.
- 직업 훈련 프로그램 : 소상공인협회나 지역사회와 협력, 직업 훈련 프로그램을 운영.
- 교육 후원 : 지역 학교 및 교육 프로그램에 기부하거나 장학금 제공.

3) 건강과 복지 증진 프로그램
- 목표 : 소상공인과 지역 주민의 건강과 복지를 증진합니다.

[활동내용]
- 건강검진 제공 : 직원과 지역 주민에게 무료 건강검진을 제공하거나 검진 프로그램을 후원.
- 정신건강 지원 : 직원들에게 정신건강 지원 프로그램을 제공, 필요한 경우 전문가 연결.
- 복지 혜택 강화 : 직원들에게 다양한 복지 혜택(예: 개인연금, 건강보험, 유급휴가 등)을 제공.

4) 다양성과 포용성 증진 프로그램
- 목표 : 다양한 인종, 성별, 연령, 능력을 포용하는 사업장을 조성한다.

[활동내용]
- 포용적 고용정책 시행 : 다양한 배경을 가진 사람들을 고용하고, 채용 과정에서의 공정성을 보장.
- 포용성 교육 : 직원들에게 다양성과 포용성의 중요성에 대한 교육과 훈련을 제공.
- 다양한 문화 행사 개최 : 다양한 문화를 기념하고 이해를 돕기 위한 사내 및 지역사회 이벤트 개최.

5) 윤리적 구매 및 협력 프로그램
- 목표 : 윤리적이고 공정한 방법으로 상품과 서비스를 구매하고, 협력업체와의 관계를 강화한다.

[활동내용]
- 공정무역 제품구매 : 공정무역 인증을 받은 제품을 우선적으로 구매하여 판매.
- 현지 구매촉진: 가능하면 현지 공급업체와 거래하여 지역 경제 활성화에 기여.

- 윤리적 공급망 구축: 협력업체가 환경 및 사회적 기준을 준수하는지 점검, 개선을 요구.

6) 고객과의 소통 및 협력 프로그램
  - 목표 : 고객과의 관계를 강화하고, 고객의 의견을 반영하여 사회적 책임을 실천한다.

[활동내용]
  - 고객 피드백 시스템 : 고객의 의견을 수렴할 수 있는 피드백 시스템을 구축하고, 이를 반영하여 개선.
  - 커뮤니티 이벤트 : 지역 주민들을 초대하여 사업장 투어, 상품 체험, 의견 나눔 행사 등을 개최.
  - 사회적 캠페인 참여 : 환경 보호, 인권 증진 등 사회적 캠페인에 참여하고, 이를 고객에게 알림.

(3) 지배구조 (Governance)

1) 투명성 강화 프로그램
  - 목표 : 사업 운영의 투명성을 높여 고객과 지역사회의 신뢰를 얻는다.

[활동내용]
  - 재정보고서 공개 : 소상공인들이 연간 재정 보고서 및 주요 지표를 고객과 지역사회에 공개.
  - 정기 감사 실시 : 외부 또는 내부 감사를 통해 사업 운영의 투명성을 지속적으로 점검.
  - 정보공개 세미나 : 이해관계자들을 대상으로 사업 운영 현황과 계획을 공유하는 정기 세미나 개최.

2) 윤리경영 프로그램
  - 목표: 윤리적인 경영을 통해 공정한 사업 운영과 고객 신뢰를 확보한다.

[활동내용]
  - 윤리강령 제정 및 공표 : 사업장의 윤리강령을 제정하고, 이를 직원과 고객에게 명확히 알림.
  - 윤리교육 프로그램 : 직원들을 대상으로 정기적인 윤리교육 시행.
  - 불공정거래 신고시스템 구축: 비윤리적 행동이나 불공정 거래를 신고할 수 있는 시스템 마련.

#5 전도·부흥·운동, 어떻게 할 것인가?

3) 이해관계자 참여 프로그램
- 목표 : 이해관계자의 의견을 수렴하여 사업 운영에 반영하고, 협력 관계를 강화한다.

[활동내용]
- 고객 의견 수렴 : 정기적으로 고객 설문조사를 시행하고, 고객 의견을 적극 반영.
- 이해관계자 회의 : 지역사회, 직원, 협력업체 등 주요 이해관계자들과 정기적으로 회의를 열어 의견 교환.
- 참여 플랫폼 구축 : 의견 수렴을 위한 온라인 플랫폼이나 소셜 미디어 채널 운영.

4) 지속가능한 공급망 관리 프로그램
- 목표 : 공급망의 투명성과 지속 가능성을 확보하여 책임 있는 기업 활동을 촉진한다.

[활동내용]
- 공급업체 평가 : 공급업체들이 환경 및 사회적 기준을 준수하는지 평가하는 시스템 구축.
- 공급망 투명성 공개 : 주요 공급업체 리스트와 그들의 지속 가능성 정책을 공개.
- 협력업체와의 지속 가능성 협약 : 공급업체와 지속 가능성을 중심으로 한 협약 체결.

5) 포용적 리더십 및 조직문화 프로그램
- 목표 : 다양한 배경의 인력을 포용하는 리더십을 발휘, 차별 없는 조직문화를 조성한다.

[활동내용]
- 포용적 채용정책 : 다양성을 고려한 인재 채용 및 승진 정책을 시행.
- 문화 다양성 교육 : 직원들에게 정기적인 문화 다양성 및 포용성 교육 제공.
- 익명의 피드백 시스템 : 조직 내 모든 직원들이 자유롭게 의견을 제출할 수 있는 익명 피드백 시스템 마련.

6) 리스크 관리 및 내부 통제 시스템
- 목표 : 잠재적인 리스크를 관리, 내부 통제를 강화하여 안정적인 사업 운영을 실현한다.

[활동내용]
- 리스크 평가 및 관리 플랜 : 다양한 사업 리스크를 평가하고, 대응 전략을 마련하는

리스크 관리 플랜 수립.
- 내부 통제 시스템 : 사업 운영의 투명성과 책임성을 높이기 위한 내부 통제 시스템 구축.
- 정기 감사 및 점검 : 내부 및 외부 감사를 통해 운영 과정에서의 문제점을 지속적으로 점검하고 개선.

7) 사회적 책임 및 지역사회 공헌 프로그램
- 목표 : 지역사회와의 관계를 강화, 사회적 책임을 다하는 기업으로서 역할을 수행한다.

[활동내용]
- 지역사회 기여 활동 : 지역 학교, 사회단체와 협력하여 기부, 봉사활동 등을 정기적으로 실시.
- 사회적 책임 보고서 발간 : 연간 사회적 책임 활동 실적을 보고서로 정리하여 공개.
- 사회적 가치 창출 프로젝트 : 지역사회 문제 해결을 위한 프로젝트를 기획 및 실행.

6. 한국교회 탄소중립 켐페인

한국교회 위기대응 프로젝트, 탄소중립 캠페인, 생명의 길 초록발자국
(한국교회 탄소중립 캠페인 '옮김')

한국교회 탄소중립 캠페인 '생명의 길 초록 발자국' : 기독교환경운동연대에서는 전 세계적인 기후 위기 문제의 대응을 위한 '그린 엑소더스 프로젝트'의 일환으로 한국교회 탄소중립 캠페인 '생명의 길, 초록 발자국'을 진행하고 있습니다. 7가지 분야에서 탄소 배출을 줄이는 행동을 가정, 교회, 지역사회에서 실천하고 인증하는 방식으로 동참할 수 있습니다.

한국교회 탄소중립 캠페인 '생명의 길 초록 발자국'에서 제시하는 7가지 분야는 다음과 같습니다.

1. 전기 : 에너지 효율이 높은 가전제품 사용, LED 등으로 교체, 대기전력 차단, 플러그 뽑기 등
2. 교통 : 대중교통 이용, 자전거 이용, 카풀 이용, 친환경 차량 이용 등

#5 전도·부흥·운동, 어떻게 할 것인가?

3. 먹거리 : 로컬푸드 이용, 채식 식단 이용, 음식물 쓰레기 줄이기 등
4. 자원순환 : 일회용품 사용 줄이기, 재활용 분리배출, 쓰레기 줄이기 등
5. 건물 : 단열재 시공, 태양광 패널 설치, 절수 설비 설치 등
6. 생활용품 : 친환경 제품 사용, 리필 제품 사용, 플라스틱 제품 사용 줄이기 등
7. 교육 : 기후 위기 교육, 탄소중립 교육, 환경보호 교육 등

위의 7가지 분야에서 탄소 배출을 줄이는 행동을 실천하고 인증함으로써, 기후 위기 문제에 대한 인식을 높이고, 탄소중립 사회를 구현하는 데 기여할 수 있습니다.

구체적인 실천방법은 다음과 같습니다.

(1) **기후미식** : '기후미식'은 기후위기 시대에 지구와 나의 건강을 위한 식사를 의미합니다.
 1) 주 채식 : 육류와 생선, 계란, 우유 등의 동물성 식품을 제외하고 채소, 과일, 곡류, 견과류 등의 식물성 식품을 중심으로 식사를 하는 것을 말합니다. 주 채식은 탄소 배출을 줄이고, 지구 환경을 보호하는 데 큰 도움이 됩니다.
 2) 친환경 농산물 : 화학 비료나 농약을 사용하지 않거나 최소화하여 재배한 농산물을 말합니다. 친환경 농산물은 지구 환경을 보호하고, 건강에도 좋은 것으로 알려져 있습니다. 주 채식과 친환경 농산물을 이용하여 식사를 하면, 탄소 배출을 줄이고, 지구 환경을 보호하는데 기여할 수 있습니다.

(2) **슬로우 패션** : 친환경 의류 이용하기, 옷 오래 입기
 '슬로우 패션'은 환경을 생각하는 지속 가능한 패션을 의미합니다.
 1) 친환경 의류 이용하기 : 친환경 소재로 만들어진 의류를 이용하는 것입니다. 친환경 소재로는 면, 마, 린넨, 실크, 울 등의 천연 소재와 재생 소재, 유기농 소재 등이 있습니다.
 2) 옷 오래 입기 : 옷을 구매할 때는 신중하게 선택하고, 오래 입을 수 있는 옷을 선택하는 것이 중요합니다. 옷을 수선하거나, 재활용하는 것도 좋은 방법입니다.

(3) **'미니멀 라이프'** : 불필요한 물건이나 일 등을 줄이고, 일상생활에 꼭 필요한 적은 물건으로 살아가는 단순한 생활 방식을 말합니다.
 1) 생활용품 줄이기 : 생활에 필요한 물건의 수를 줄이는 것으로 필요한 물건만 구매하고, 사용하지 않는 물건은 기부하거나 재활용하는 것이 좋습니다.

2) 재활용하기 : 사용한 물건을 재활용하여 새로운 물건을 만드는 것입니다. 재활용은 자원을 절약하고, 환경 오염을 예방하는 데 도움이 됩니다. 미니멀 라이프를 실천하면, 생활에 여유가 생기고, 환경 보호에도 기여할 수 있습니다.

(4) **녹색교통 : 환경 친화적인 교통 수단으로 다음과 같은 종류가 있습니다.**
1) 대중교통 : 지하철, 버스, 트램 등
2) 자전거 : 개인용 자전거, 공유 자전거 등
3) 도보 : 걸어서 이동하는 것

녹색 교통은 탄소 배출을 줄이고, 대기 오염을 예방하는 데 도움이 됩니다. 교통 체증을 완화하고, 이동 시간을 단축할 수 있습니다. 국내에서는 서울시에서 '녹색교통지역'을 지정하여 운영하고 있습니다. 배출가스 5등급 차량의 운행을 제한하고, 대중교통을 활성화하는 등의 노력을 기울이고 있습니다.

(5) **그린에너지 : 친환경적인 에너지로, 화석 연료와 달리 재생 가능한 자원을 이용하여 생산됩니다. 대표적인 예로는 태양 에너지, 풍력 에너지, 수력 에너지, 지열 에너지 등이 있습니다.**
1) 태양광 패널 설치 : 가정이나 건물에 태양광 패널을 설치하여 전기를 생산할 수 있는데, 태양광 패널은 태양 에너지를 전기 에너지로 변환하는 장치입니다.
2) 에너지 절약 : 가정이나 건물에서 에너지를 절약하는 방법은 다양합니다. 예를 들어, 전기를 사용하지 않을 때는 플러그를 뽑아두고, 에어컨이나 히터를 사용할 때는 적정한 온도를 유지하는 것이 좋습니다. 그린에너지를 활용하고 에너지를 절약하는 것은 지구 환경을 보호하고, 지속 가능한 미래를 만드는 데 큰 도움이 됩니다.

(6) **녹색서재 : 전자책 이용하기, 종이책 재활용하기**
미국 비영리단체인 Green Press Initiative에 따르면, 전자책보다 종이책에서 온실가스가 덜 나온다고 합니다. 종이책은 재활용이 가능하지만, 전자책 기기는 매립지에 버려지기 때문입니다.

(7) **녹색경제 : 생명의 경제 실천하기, 녹색 투자에 참여하기**
1) 생명의 경제 실천하기 : 생명의 경제는 지구 환경을 보호하고, 지속 가능한 발전을 추구하는 경제 모델입니다. 이를 위해서는 다음과 같은 노력이 필요합니다.
2) 친환경 제품 구매하기 : 친환경 제품은 지구 환경을 보호하는 데 기여합니다.

#5 전도·부흥·운동, 어떻게 할 것인가?

3) 에너지 절약하기 : 에너지를 절약하면 탄소 배출을 줄일 수 있습니다.

4) 재활용하기 : 재활용은 자원을 절약하고, 환경 오염을 예방하는 데 도움이 됩니다.

5) 친환경 교통수단 이용하기 : 친환경 교통수단은 탄소 배출을 줄이고, 대기 오염을 예방하는 데 도움이 됩니다.

6) 녹색 투자에 참여하기 : 녹색 투자는 지구 환경을 보호하고, 지속 가능한 발전을 추구하는 기업에 투자하는 것입니다. 이를 통해 기업이 성장하고, 일자리가 창출되며, 지구 환경을 보호하는 데 기여할 수 있습니다.

녹색 경제 실천과 녹색 투자 참여는 지구 환경을 보호하고 지속 가능한 미래를 만드는 데 큰 도움이 됩니다.

2 오이코스 전도훈련

▶ 글, 제공 : 손성민 목사(로뎀선교회)

1. 전도의 목표

기독교의 본질적인 명령인 "대위임령"에 따라, 전도는 교회가 세상에 존재하는 중요한 목적 중 하나입니다. 그 말씀에 따라 우리가 해야할 일은 오직 한 생명을 구하는 그 명령을 실천하는 것입니다.

전도의 필요성과 기독교인으로서의 책임을 이해하기 위해 전도의 목표를 명확히 서술하는 것은 중요합니다. 따라서 전도의 목표를 먼저 살펴보고자 합니다.

(1) 복음 전파 : 전도의 가장 기본적인 목표는 예수 그리스도의 복음, 즉 죄에서 구원을 가져다주는 예수의 죽음과 부활의 소식을 전하므로 모든 사람에게 천국소망과 구원의 기회를 제공합니다.

(2) 영적 성장 촉진 : 전도를 통해 신자는 자신의 신앙을 공유함으로써 자신의 신앙에 대해 더 깊이 이해하고 강화할 기회를 갖게 되므로서 기독교 공동체 내의 신앙적 유대감을 강화시킵니다.

(3) 교회 성장 및 확장 : 전도를 통해 교회는 새로운 구성원을 맞이하고, 교회의 성장과 확장을 이룰 수 있는데, 이는 교회가 보다 많은 사람들에게 하나님의 은혜 안에 거할 수 있는 기회를 제공하게 됩니다.

(4) 사회적 변화 촉진 : 복음은 사회적 정의, 평화, 사랑과 같은 가치를 촉진하는 힘을 가지고 있습니다. 전도를 통해 이러한 원칙들이 사회에 널리 퍼지고, 결과적으로 더 건강하고 조화로운 공동체가 형성될 수 있습니다.

(5) 구원의 기회 제공 : 기독교는 모든 사람이 구원받을 기회가 있어야 한다고 믿습니다. 전도는 이 구원의 메시지를 널리 알려 모든 사람이 이 기회를 가질 수 있도록 하는 것을 목적으로 합니다.

(6) 신앙의 순종 실천 : 전도는 예수님의 지상 명령에 순종하는 행위입니다. 모든 크리스천은 복음을 '모든 족속에게 전파하라'(마태복음 28장 19-20절)는 명령을 받았으므로, 전도는 이 명령에 대한 순종의 표현입니다.

#5 전도·부흥·운동, 어떻게 할 것인가?

2. 전도의 중요성

이 시대에 전도의 중요성은 여러 가지 사회적, 문화적, 기술적 변화와 연관되어 더욱 강조되는데, 급변하는 현대사회에서 전도의 역할은 다음과 같은 이유로 중요하게 부각됩니다:

(1) 다문화 및 다종교 사회 : 세계화와 이민의 증가는 다양한 문화와 종교가 혼재하는 사회를 만들었습니다. 이러한 환경에서 기독교 전도는 다양한 배경을 가진 사람들에게 복음을 전하는 중요한 기회를 제공하는데, 이는 서로 다른 배경을 가진 사람들 간의 이해와 대화를 증진시킬 수 있습니다.

(2) 현대인의 영적 공허감 : 물질주의, 개인주의가 강조되는 현대 사회에서 많은 사람들이 영적 공허감을 경험합니다. 전도는 이러한 공허감을 해소하고, 인생의 진정한 목적과 의미를 찾는 데 도움을 줄 수 있는 복음을 제공합니다.

(3) 기술의 발전 : 현대사회는 소셜 미디어, 인터넷, 다양한 디지털 플랫폼의 발전을 이루어 왔습니다. 이러한 발전은 전도의 방법과 범위에 있어서도 혁신적으로 확장시켰습니다. 이러한 새로운 도구들을 활용하여 더 많은 사람들에게 전할 수 있게되고 진정성 있는 방식으로 소통할 수 있는 기회가 마련되었습니다.

(4) 사회적 변화와 도덕적 도전 : 현대 사회는 빠른 사회 변화와 함께 도덕적, 윤리적 문제들에 직면하고 있습니다. 기독교 전도는 복음에 기초한 도덕적 원칙과 가치를 제시하며, 개인과 사회에 긍정적인 변화를 제공할 수 있습니다.

(5) 젊은 세대와의 소통 : 젊은 세대들은 종종 기존의 종교적 관행과 거리를 두기도 합니다. 현대적인 전도 방법을 통해 이러한 세대에 맞춘 접근 방식을 개발하고, 그들의 언어와 문화에 맞는 전도를 진행함으로써 보다 효과적으로 그들과 연결될 수 있습니다.

(6) 종교적 무관심 증가 : 현대 사회에서는 종교에 대한 무관심이나 부정적인 시각이 증가하는 경향이 있습니다. 전도는 이러한 현상에 대응하여 기독교 신앙의 진정성과 긍정적인 영향을 강조하고, 사람들에게 신앙에 대한 새로운 관점을 제시할 수 있습니다.

3. 오이코스 전도교육의 특징

오이코스 전도교육은 그리스어로 "가정"을 의미하는 "oikos"와 "전도"를 의미하는 "evangelism"의 결합어로, 가정을 중심으로 하는 전도 교육 프로그램을 의미하는데, 이 프로그램은 개인이 자신의 주변 사람들, 특히 가족, 친구, 이웃들을 대상으로 복음을 전파하는 데 중점을 두고 있습니다.

오이코스 전도교육은 다음과 같은 특징을 가지고 있습니다:

(1) 가정 중심 전도 : 오이코스 전도교육은 개인의 주변 가정을 중심으로 전도를 진행합니다. 이는 개인이 자신의 가족, 친구, 이웃들과의 관계를 바탕으로 복음을 전달하는 것을 의미합니다.

(2) 관계 구축과 이해 : 이 프로그램은 관계 구축과 이해를 강조하여, 복음을 전달할 때 상대방의 신념과 가치관을 이해하고 존중하는 것을 중요시합니다. 따라서 관계 형성을 통해 상대방과의 신뢰와 소통을 강화하며, 복음을 전달할 수 있는 기회를 창출합니다.

(3) 효과적인 전도 전략 : 오이코스 전도교육은 효과적인 전도 전략과 방법을 제공하여 개인이 자신의 오이코스(가정)에서 복음을 전파할 수 있도록 돕습니다. 이는 대화 기술, 질문법, 증인의 역할 등을 훈련하고, 실전에서의 전도 능력을 강화합니다.

(4) 지역사회와의 연계 : 이 프로그램은 지역사회와의 연계를 강화하여, 교회와 지역사회가 함께 협력하여 전도활동을 지원하고 지속성을 유지합니다. 지역사회의 리더들과 협력하여 복음 전파를 위한 파트너십을 구축하고, 지역사회의 변화와 성장에 기여합니다.

(5) 지속성과 유지확장 : 오이코스 전도교육은 지속성과 유지확장을 위해 교육과 훈련 프로그램을 제공하고, 참가자들이 지속적으로 전도활동을 이어나갈 수 있도록 지원합니다. 이를 통해 전도활동의 지속성을 유지하고, 지역사회에 영향력을 확대합니다.

4. 오이코스 전도교육 커리큘럼

오이코스 전도교육 프로그램은 효과적인 전도 방법을 학습하기 위해 커리큘럼을 구성할 수 있는데, 여기서는 5주차로 계획된 커리큘럼을 구성하고 각 주차별로 관련 주제를 선정하여 교육 내용을 구성, 실제 활용 가능한 전략과 도구를 제안하고자 합니다.

(1) 1주차 : 전도의 기초와 신앙의 중요성 이해하기

▶ 목표 : 전도의 필요성과 기독교인으로서의 책임 이해하기

▶ 강의내용

- 이 시대의 전도의 중요성
- 기독교 신앙의 중요성과 전도의 필요성

#5 전도·부흥·운동, 어떻게 할 것인가?

- 전도의 성경적 근거와 예수님의 전도 명령
▶ 활동
- 개인 신앙 고백 작성하기
- 팀별로 전도의 중요성에 대해 토론

(2) 2주차 : 전도 대상 이해하기
▶ 목표 : 전도 대상의 특성과 이해, 접근 방법 학습
▶ 강의내용
- 다양한 배경을 가진 사람들과의 소통 방법
- 문화적, 연령별 차이를 고려한 전도 전략
- 대화 개시 방법과 신앙 공유의 실제 사례 연구
▶ 활동
- 롤플레잉을 통한 다양한 전도 상황 연습

(3) 3주차 : 메시지와 자료의 준비
▶ 목표 : 효과적인 전도 메시지와 자료 준비
▶ 강의내용
- 성경 구절과 기독교 교리를 활용한 메시지 개발
- 전도 자료(트랙트, 동영상, 앱 등)의 이해와 활용 방법
- 개인화된 전도 메시지 준비하기
▶ 활동
- 전도 트랙트 작성 및 디자인 만들기
- 개인 전도 메시지 발표 및 피드백 받기

(4) 4주차 : 실제 전도 실습
▶ 목표 : 실제 환경에서의 전도 경험
▶ 강의내용
- 전도 활동 준비와 기도의 중요성
- 공공장소에서의 전도 방법과 주의 사항

- 대화 유지 기술과 반응형 전도 전략
▶ 활동
- 지역 사회 내 실제 전도 활동
- 팀별 전도 실습과 경험 공유

(5) 5주차 : **평가와 피드백, 지속적인 전도 전략**
▶ 목표 : 전도 활동 평가와 지속적인 실천 계획 수립
▶ 강의내용
- 전도 활동의 자체 평가 방법 입문
- 장기간에 걸친 전도 전략 개발
- 교회와의 연계 및 공동체 내에서의 전도
▶ 활동
- 전도 활동 평가 보고서 작성
- 향후 전도 계획 발표

5. 오이코스 전도교육

(1) 1주차 : **전도의 기초와 신앙의 중요성 이해하기**
▶ 목표 : **전도의 필요성과 기독교인으로서의 책임 이해하기**

[강의내용]

1) 이 시대의 전도의 중요성

▶ 현대사회에서 전도의 의미

① 변화하는 사회에서의 전도 : 현대사회는 기술의 발전, 문화의 다각화, 글로벌화 등으로 인해 빠르게 변화하고 있습니다. 이러한 변화 속에서 전도는 기독교인들이 성경의 진리를 전하고, 예수 그리스도의 사랑과 소망을 나누는 중요한 방법입니다.

② 영적 갈망과 필요 : 많은 사람들이 물질적인 풍요 속에서도 영적인 공허함이나 갈망을 느낍니다. 현대사회는 스트레스와 불안, 불확실성으로 가득 차 있으며, 이로 인해 영적 평안을 찾는 사람들이 증가하고 있습니다. 전도는 이러한 사람들에게 진정한 평안과 소망을 제공할 수 있습니다.

#5 전도·부흥·운동, 어떻게 할 것인가?

③ 윤리적·도덕적 가치 공유 : 기독교의 가르침은 사랑, 용서, 정의, 자비와 같은 윤리적 가치들을 강조합니다. 전도를 통해 이러한 가르침을 널리 알리고, 사회 전반에 긍정적인 영향을 미칠 수 있습니다. 이는 사회의 도덕적 기초를 강화하고, 공동체의 건강성을 증진시키는 역할을 합니다.

④ 공동체 형성과 지원 : 교회는 전도를 통해 사람들을 공동체로 초대하며, 이 공동체 안에서 서로를 돕고 지지하는 풍토를 만듭니다. 이는 특히 현대사회의 고립과 외로움 문제를 해결하는 데 중요한 역할을 합니다. 많은 사람들이 교회 공동체를 통해 강한 유대감을 느끼고, 심리적·정서적 지지를 받습니다.

⑤ 다문화 속의 다양성 존중 : 현대 사회는 교통의 발달과 메스미디어의 발달로 인해 더 다양한 문화와 종교가 우리 사회속에 함께 공존하는 사회입니다. 이런 맥락에서 전도는 기독교가 진리임을 선포할때에 그들의 문화와 배경을 함께 수용하면서 복음을 나누는 것이 매우 중요합니다.

⑥ 세속화에 대한 대응 : 현대사회는 물질만능주의로 인하여 기독교세속화가 급격히 진행되고 있으며, 이는 종교적 가치와 전통이 약화되는 상황을 초래합니다. 전도는 이러한 세속화에 대응하여 신앙을 유지하고 전파하는 중요한 방법입니다. 전도 활동을 통해 기독교의 핵심 가치를 재확인하고, 미래 세대에도 그 가치를 전달할 수 있습니다.

⑦ 개인적 체험과 실천의 강조 : 현대 사회는 개인의 경험과 실천을 중요시합니다. 따라서 전도는 단순히 말을 통한 전달이 아니라, 자신의 삶을 통해 복음을 보여주는 것이 중요합니다. 예수님의 가르침을 실천하며 살아가는 모습이 가장 강력한 전도의 도구가 될 수 있습니다.

▶ 전도의 중요성

① 하나님의 사랑을 전파 : 전도를 통해 하나님의 사랑과 구원의 메시지를 세계에 전파하는 것은 모든 기독교인에게 주어진 중요한 사명입니다. 이는 사람들이 하나님의 은혜를 깨닫고, 그리스도 안에서 새로운 삶을 찾게 합니다.

② 영혼 구원 : 전도는 사람들이 죄와 죽음에서 구원받고 영생을 누릴 수 있도록 도와줍니다. 이는 기독교 신앙의 근본적인 목표 중 하나로, 전도 활동을 통해 더 많은 사람들이 예수 그리스도를 구주로 영접하게 됩니다.

③ 교회의 성장과 발전 : 전도는 교회 공동체의 성장을 가져옵니다. 새로운 성도들이 교회에 합류함으로써 교회의 활력과 역동성이 증대되며, 다양한 은사와 재능이 활용됩니

다. 이는 교회의 사명 수행과 사회적 역할 수행에 큰 도움이 됩니다.

④ 사회 변혁 : 기독교의 가르침은 사랑, 정의, 평화 등의 가치를 강조합니다. 이러한 가치들을 통해 현대 사회의 다양한 문제들, 예를 들어 빈곤, 불평등, 폭력 등을 해결하는 데 기여할 수 있습니다. 전도는 단순히 믿음의 전파를 넘어서, 더 나은 사회를 만드는 데에 중추적인 역할을 할 수 있습니다.

⑤ 기독교인의 사명 완수 : 마지막으로, 전도는 기독교인들이 예수님의 명령을 순종하는 행위입니다. "너희는 가서 모든 족속으로 제자를 삼으라"는 예수님의 말씀(마태복음 28:19-20)에 따라, 전도는 기독교인으로서의 사명을 충실히 완수하는 중요한 방법입니다.

⑥ 정신적, 심리적 지원 : 현대 사회는 개인의 정신적, 심리적 건강에 많은 도전과 스트레스를 주고 있습니다. 복음의 메시지와 신앙 공동체의 지원은 사람들에게 심리적 안정과 희망을 제공합니다.

2) 복음의 중요성과 전도의 필요성

▶ 복음의 중요성

① 복음의 정의 : 복음(Gospel)은 "좋은 소식"이라는 뜻입니다. 기독교에서 복음은 예수 그리스도의 탄생, 삶, 죽음, 부활을 통해 인간에게 구원의 길이 열렸다는 소식을 의미합니다.

② 구원의 메시지 : 복음은 죄로 인해 하나님의 영원한 사랑과 영원한 생명에서 멀어진 인간에게 구원의 길을 제시합니다. 예수 그리스도는 십자가에 못 박히고 부활함으로써 우리의 죄를 대신 감당하고, 이를 믿는 자들에게 구원을 약속합니다.

③ 하나님의 사랑과 은혜 : 복음은 하나님이 세상을 사랑하셔서 예수 그리스도를 보내셨다는 증거입니다. 이는 요한복음 3:16 "하나님이 세상을 이처럼 사랑하사 독생자를 주셨으니 이는 저를 믿는 자마다 멸망치 않고 영생을 얻게 하려 하심이라"에 잘 나와 있습니다.

④ 새로운 삶의 시작 : 복음을 받아들인 사람은 영적으로 다시 태어나며(중생), 하나님의 자녀가 되는 특권을 누리게 됩니다. 이는 죄와 죽음의 권세에서 해방되고, 하나님의 나라에 소속되는 삶을 의미합니다.

#5 전도·부흥·운동, 어떻게 할 것인가?

▶ 전도의 필요성

① 예수님의 명령 : 예수님은 지상 대위임령에서 제자들에게 "너희는 가서 모든 민족을 제자로 삼아, 아버지와 아들과 성령의 이름으로 세례를 베풀고, 내가 너희에게 명한 모든 것을 가르쳐 지키게 하라"(마태복음 28:19-20) 말씀하셨습니다. 이는 모든 그리스도인에게 주어진 사명입니다.

② 구원의 길 안내 : 많은 사람들이 복음을 듣지 못하면 구원의 기회를 갖기 어렵습니다. 전도를 통해 그들이 예수 그리스도를 알게 되고 구원의 길로 인도될 수 있습니다.

③ 영적 성장과 성숙 : 전도는 단순히 복음을 전하는 행위가 아니라, 전도자 자신도 영적으로 성장하고 성숙하게 됩니다. 전도 활동을 통해 그리스도인들은 믿음이 깊어지고 공동체의 일원으로서의 책임감을 느끼게 됩니다.

④ 사랑의 실천 : 하나님은 모든 사람들이 구원받기를 원하십니다. 전도는 하나님의 사랑을 실천하는 방법 중 하나로, 이웃을 향한 진정한 사랑의 표현입니다.

⑤ 세상의 변화 : 복음은 개인뿐만 아니라 사회와 문화를 변혁시키는 힘이 있습니다. 전도를 통해 많은 사람들이 변화되고, 이로 인해 사회가 더욱 정의롭고 평화롭게 변화될 수 있습니다.

3) 전도의 성경적 근거와 예수님의 전도 명령

▶ 초기 교회의 전도활동

초기 교회는 매우 활발하게 전도 활동을 펼쳤으며, 이러한 전도는 기독교 신앙의 확산에 중요한 역할을 했습니다.

① 사도들의 전도 : 초기 교회의 전도 활동은 주로 사도들을 통해 이루어졌습니다. 사도들은 직접 예수님으로부터 배운 가르침을 토대로, 예수님의 죽음과 부활을 증언하고 복음을 전했습니다.

② 사도 바울의 선교 여행 : 사도 바울은 초기 교회의 가장 열정적이고 영향력 있는 선교사 중 한 명이었습니다. 그는 세 차례에 걸쳐 대규모 선교 여행을 다녔으며, 소아시아, 마케도니아, 그리스 등지에 복음을 전파했습니다.

③ 공동체 중심의 전도 : 초기 교회는 예루살렘을 중심으로 모여 예배를 드리고, 성찬을 나누고, 함께 생활하면서 복음을 전했습니다. 이러한 공동체 생활을 통해 많은 사람들이 기독교 신앙을 받아들였습니다.

④ 고난 속의 전도 : 초기 기독교인들은 종종 박해를 받았지만, 이러한 고난 속에서도 전도 활동을 멈추지 않았습니다. 박해는 오히려 기독교 신앙의 확산을 촉진했으며, 많은 사람들이 순교자들의 믿음과 용기를 보고 복음을 받아들였습니다.

▶ 성경적 근거

① 마태복음 28:19-20 (대위임령) : "그러므로 너희는 가서 모든 민족을 제자로 삼아 아버지와 아들과 성령의 이름으로 세례를 베풀고 내가 너희에게 명한 모든 것을 가르쳐 지키게 하라. 볼지어다 내가 세상 끝날까지 너희와 항상 함께 있으리라."

- 이 말씀은 예수님이 부활 후 제자들에게 하신 명령으로, 모든 민족에게 복음을 전하라는 명령입니다. 초기 교회는 이 대위임령을 절대적 사명으로 받아들였습니다.

② 사도행전 1:8 : "오직 성령이 너희에게 임하시면 너희가 권능을 받고 예루살렘과 온 유대와 사마리아와 땅 끝까지 이르러 내 증인이 되리라."

- 예수님은 성령의 권능을 받아 예루살렘에서 시작하여 온 유대와 사마리아, 그리고 땅 끝까지 이르러 증인이 될 것을 말씀하셨습니다. 이는 초기 교회의 전도 전략의 순서를 보여줍니다.

③ 사도행전 2:41-47 : 오순절 성령 강림 후 베드로의 설교를 통해 약 3천 명이 회개하고 세례를 받았다고 기록되어 있습니다.

- "그 말을 받은 사람들은 세례를 받음에 이 날에 제자의 수가 삼천이나 더하더라. 그들이 사도의 가르침을 받아 서로 교제하고 떡을 떼며 기도하기를 전혀 힘쓰니라...주께서 구원받는 사람을 날마다 더하게 하시니라."

- 이 구절들은 초기 교회의 공동체 생활과 예배가 사람들을 끌어들였고, 전도의 중요한 역할을 했다는 것을 보여줍니다.

④ 사도행전 13-28장 : 바울의 선교 여행들이 상세하게 기록되어 있습니다. 바울은 안디옥, 이코니움, 루스드라, 더베 등 여러 도시를 다니며 유대인과 이방인들에게 복음을 전했습니다.

- 바울은 다양한 문화와 배경을 가진 사람들에게 복음을 전하기 위해 여러 전략을 사용했으며, 이는 초기 교회의 전도 활동의 다양성과 효율성을 보여줍니다.

▶ 예수님의 명령

초기 교회의 전도활동과 그 성경적 근거는 초기 기독교 신앙의 형성과 확산에 중요한

#5 전도·부흥·운동, 어떻게 할 것인가?

역할을 했습니다. 초기 교회의 전도 활동은 주로 예수 그리스도의 가르침과 명령에 기초했으며, 신약성경을 통해 그 근거를 찾을 수 있습니다. 다음은 그 주요 내용을 설명해드리겠습니다.

▶ 예수 그리스도의 대위임 명령

초기 교회의 전도활동은 예수 그리스도의 대위임 명령(Great Commission)에 의해 시작되었습니다. 이는 마태복음 28장 19-20절에서 잘 나타나 있습니다.

"그러므로 너희는 가서 모든 민족을 제자로 삼아 아버지와 아들과 성령의 이름으로 세례를 베풀고, 내가 너희에게 분부한 모든 것을 가르쳐 지키게 하라. 보라, 내가 세상 끝날까지 너희와 항상 함께 있으리라 하시니라."

이 명령을 통해 예수님은 제자들에게 모든 민족에게 복음을 전파하고 예수의 가르침을 전수할 것을 명하셨습니다.

[활 동]

1) 개인 신앙 고백 작성하기
2) 팀별로 전도의 중요성에 대해 토론
3) 예수님의 대위임령(마태복음 28:19-20)과 그리스도인의 사명에 대해 학습한다.
4) 신앙생활과 전도가 어떻게 연결되는지 고찰한다.
5) 각 개인의 신앙 성숙이 공동체와 사회에 미치는 영향을 이해한다.

(2) 2주차 : 전도 대상 이해하기

*목표 : 전도 대상의 특성과 이해, 접근방법 학습

[강의내용]

1) 다양한 배경을 가진 사람들과의 소통방법

① 이해의 시작

- 다양한 종교적 배경 이해 : 종교는 사람들의 삶의 방식과 신념 체계를 형성함. 각기 다른 종교적 배경에서 온 사람들을 이해하려면 그들의 신앙과 가치관을 존중해야 함.
- 다양한 문화적 배경 이해 : 전도대상자들이 속한 문화적, 사회적 배경을 이해하는 것이 중요하고, 이는 그들의 가치관, 행동 양식, 의사소통 방식에 영향을 미칠 수 있으므로

그들의 가치관, 관습, 신념 등에 대한 이해가 도움이 됩니다.

② 소통의 기본 원칙
- 존중과 공감 : 상대방의 배경과 신념을 존중하고, 그들이 어떤 점에 가치를 두는지 공감하려는 자세가 필요함. 무시하거나 폄하하는 느낌을 주지 않도록 주의합니다.
- 언어 사용 : 대상자의 언어와 그들이 사용하는 표현에 민감해야 합니다. 어떤 표현들이 무례하게 들릴 수 있는지를 파악하는 것이 중요합니다.
- 라벨링 금지 : 개인을 어떤 특정한 그룹으로 라벨링하는 것을 피하고, 개별적으로 접근하는 것이 중요합니다.
- 경청 : 진정성을 가지고 상대방의 이야기에 귀를 기울이며, 그들이 말하는 내용과 감정을 이해하려고 노력함.
- 개방성과 융통성 : 다양한 관점과 생활 방식을 열린 마음으로 받아들이며, 상황에 따라 유연하게 대처하는 태도가 중요함.

③ 실질적인 소통 방법

▶ **개인의 경험과 배경**
- 개별적인 이야기에 귀 기울이기 : 사람마다 고유한 경험과 배경이 있으므로, 그들의 개인적인 이야기를 들어주는 것이 중요합니다.
- 경청 기술 : 진심으로 경청하고 이해하려는 태도를 가집니다. 질문을 통해 상대방의 경험을 더 깊이 이해하려고 노력합니다.

▶ **상황에 맞는 소통 방법**
- 개인적 상황 파악 : 전도대상자가 현재 겪고 있는 상황에 따라 접근 방법을 조절합니다. 예를 들어, 어려운 상황에 있는 사람에게는 위로와 지지를 먼저 제공하는 것이 좋습니다.
- 적절한 예시 사용 : 대상자의 경험과 관련 있는 예시를 사용하여 신앙을 설명하는 것이 효과적입니다. 이는 더 쉽게 공감할 수 있게 도와줍니다.

④ 다양한 소통 스타일 활용하기

▶ **비언어적 소통**
- 신체 언어 : 미소, 제스처, 눈 맞춤 등 비언어적인 표현은 많은 것을 전달할 수 있습니

#5 전도·부흥·운동, 어떻게 할 것인가?

다. 이는 신뢰와 이해를 구축하는 데 도움을 줍니다.
- 적극적인 몸짓 : 상대방과의 소통에서 몸짓과 표정으로 자신의 진심을 표현하는 것이 중요합니다.

▶ **적절한 소통 스타일 선택**
- 직접적 대화 대 간접적 대화 : 어떤 문화에서는 직접적인 대화를 선호하는 반면, 다른 문화에서는 간접적이고 완곡한 표현을 더 좋아합니다. 이를 감안하여 소통 스타일을 선택해야 합니다.
- 저자세의 소통 : 상대방을 가르치는 것이 아니라 그들과 함께하는 동반자의 자세로 소통합니다.

▶ **디지털 소통 채널 활용**
- 소셜 미디어 활용 : 대상자가 소셜 미디어나 디지털 채널을 주로 사용하는 경우, 이를 활용한 소통도 고려해볼 수 있습니다. 온라인 상에서 편안하게 대화를 시작할 수 있습니다.
- 적절한 매체 선택 : 연령과 선호도에 따라 문자 메시지, 이메일, 화상 통화 등 다양한 소통 매체를 활용합니다.

⑤ 다양한 배경의 예시와 접근법
- 문화적 차이 : 다른 문화적 배경을 존중하고 문화적 차이에 대한 선입견 없이 접근함.
- 예: 음식을 통한 소통, 문화 행사 참여
- 세대 차이 : 세대 간의 가치관과 경험의 차이를 이해하고 갭을 좁히기 위한 노력을 함.
- 예: 최신 기술에 대한 설명, 옛날 이야기에 귀 기울이기
- 사회적 배경 : 경제적, 교육적 배경의 차이에 대한 이해와 연대감을 형성함.
- 예: 교육 기회 제공, 지역 사회 활동 참여

⑥ 주의사항
- 선입견 버리기 : 개인에 대한 선입견을 버리고, 열린 마음으로 다가야 함.
- 강요하지 않기 : 상대방에게 자신의 신념이나 의견을 강압적으로 전달하려 하지 않음.
- 피할 주제 인식 : 민감한 주제나 상대방이 불편해할 수 있는 주제에 대해 신중하게 접근함.

2) 문화적, 연령별 차이를 고려한 전도전략

▶ 문화적 차이를 고려한 전도 전략

① 문화적 배경 이해

- 문화적 조사 : 전도 대상의 문화적 배경, 종교적 전통, 가치관 등을 미리 조사합니다. 이를 통해 대상이 가진 문화적 특성을 파악할 수 있습니다.
- 문화적 민감성 교육 : 전도 팀원들에게 문화적 민감성에 대한 교육을 실시하여, 소통 시 대상자의 문화를 존중하고 이해할 수 있도록 합니다.
- 혼합된 문화 : 현대 사회에서는 다양한 문화가 혼합되어 있는 경우가 많으므로, 이러한 상황에 대한 유연한 접근이 필요합니다.

② 상호 문화적 소통 방법

- 존중과 배려 : 대상자의 문화를 비판하거나 폄하하지 않고 존중하는 태도를 유지하는 것이 중요합니다.
- 언어와 소통 방식 : 대상자가 사용하는 언어와 소통 방식을 고려하여 접근합니다. 예를 들어, 어떤 문화에서는 비유나 이야기를 통해 메시지를 전달하는 것이 자연스러울 수 있습니다.
- 지역사회 참여 : 지역사회의 행사나 활동에 적극적으로 참여하여 신뢰를 쌓습니다.

③ 문화 연극 및 행사 활용

- 문화적 이벤트 참여 : 대상자의 문화적 이벤트나 축제에 참여하여 자연스럽게 관계를 형성하는 것이 효과적입니다.
- 문화 연극 및 워크숍 : 대상자의 문화적 배경을 반영한 연극이나 워크숍을 통해 신앙을 소개하는 방법을 고려할 수 있습니다.

▶ 연령별 차이를 고려한 전도 전략

① 세대별 특성 이해

- 연령대 이해 : 각 연령대가 가지고 있는 고유의 가치관, 생활 방식, 관심사 등을 파악.
- 청소년 : SNS, 음악, 패션 등과 밀접한 관계가 있습니다.
- 젊은 성인 : 직업, 교육, 사회적 관계 등에 중점을 둡니다.
- 중장년층 : 가족, 직장, 사회적 안정 등이 주요 관심사일 수 있습니다.

#5 전도·부흥·운동, 어떻게 할 것인가?

- 노년층 : 건강, 과거 회상, 영적인 문제 등에 관심이 많을 수 있습니다.

② 연령별 의사소통 전략
- 청소년과 젊은 성인 : 비공식적이고, 디지털 매체를 활용한 접근이 효과적일 수 있습니다.
- 중장년층 : 이성과 논리를 기반으로 한 대화와 신뢰 구축이 중요합니다.
- 노년층 : 경청과 공감이 중요한 역할을 하며, 삶의 경험을 존중하는 태도가 필요합니다.

③ 세대별 전도 전략
* 어린이 및 청소년
- 시각적 자료 활용 : 어린이와 청소년에게는 시각적 자료(책, 영상, 애니메이션 등)를 활용하는 것이 효과적입니다.
- 게임과 활동 : 놀이와 게임을 통해 자연스럽게 신앙을 소개하는 방법을 사용합니다. 재미있는 활동을 통해 흥미를 유발할 수 있습니다.
- 소셜 미디어 : 청소년은 소셜 미디어를 많이 사용하므로, 이를 활용한 접근이 중요합니다. 청소년이 자주 이용하는 플랫폼에서 신앙 관련 콘텐츠를 제공할 수 있습니다.

* 청년층
- 진로 및 삶의 목표 : 청년층은 진로와 삶의 목표에 관심이 많으므로, 신앙이 그들의 삶의 목표와 진로에 어떤 긍정적 영향을 미칠 수 있는지 이야기합니다.
- 소그룹 모임 : 소그룹으로 모임을 갖고, 그들의 관심사와 고민을 나누며 자연스럽게 신앙을 공유하는 방식이 효과적입니다.
- 온라인 콘텐츠 : 청년층도 디지털 환경에 익숙하므로, 블로그, 유튜브, 팟캐스트 등의 온라인 콘텐츠를 통해 접근합니다. 레크레이션, 소셜 미디어 이벤트, 캠프 등을 통한 참여 유도.

* 중년층
- 가족과 직장 : 중년층은 가족과 직장 문제에 관심이 많으므로, 신앙이 가족과 직장에서의 문제 해결에 어떻게 도움이 될 수 있는지를 강조합니다.
- 커뮤니티 활동 : 이들은 종종 지역사회 활동에 참여하므로, 이러한 커뮤니티에 참여하

여 관계를 형성하고 신앙을 소개합니다.
- 워크숍과 세미나 : 삶의 다양한 문제(건강, 재정 관리 등)에 대한 워크숍과 세미나를 통해 신앙을 연계시키는 방법을 사용합니다.

* 노년층
- 역사와 전통 : 노년층은 종종 역사와 전통에 관심이 많으므로, 신앙의 역사와 전통을 강조하며 접근합니다.
- 사회적 관계 : 이들은 사회적 관계를 중시하므로, 교회나 신앙 공동체가 어떻게 사회적 관계를 풍요롭게 할 수 있는지를 이야기합니다.
- 개인적 돌봄 : 노년층은 개인적 돌봄과 친절한 접근을 선호합니다. 따라서, 개별적인 관심과 배려를 통해 신앙을 소개하는 것이 중요합니다. 방문, 전화 상담, 활동 센터 프로그램 등을 통한 접근.

3) 대화 개시 방법과 신앙 공유의 실제 사례연구
① 대화 개시 방법
▶ 문화적 차이를 고려한 대화 개시
*존중을 바탕으로 한 접근
- 첫인사 : 상대방의 문화적 배경에 맞는 적절한 인사말을 사용합니다. 예를 들어, 아시아 문화권에서는 고개를 살짝 숙이는 인사를 할 수 있습니다.
- 문화적 호기심 : 상대방의 배경에 대해 진심 어린 호기심을 표현합니다. "귀하의 문화나 전통에 대해 더 알고 싶습니다. 설명해주실 수 있나요?"와 같은 질문을 사용할 수 있습니다.
- 대화를 시작할 때 상대방의 시간과 의견을 존중하는 태도를 갖는 것이 필수적입니다. 또한 공감하는 자세가 중요합니다.
- 경청하기 : 대화를 나누면서 상대방의 말을 진심으로 듣고 이해하려는 태도를 보여주는 것이 중요합니다.
- 비판하거나 강요하지 않기 : 상대방의 신념이나 의견을 비판하거나 자신의 신념을 강요하지 않도록 주의해야 합니다.

*공통 관심사 찾기

#5 전도·부흥·운동, 어떻게 할 것인가?

- 공통의 주제 : 문화행사, 음식, 여행 등 서로 공통의 관심사에 대해 대화를 시작합니다. "최근에 어떤 좋은 음식점을 발견했나요?"와 같은 질문으로 시작할 수 있습니다.
- 이야기 나누기 : 상대방이 좋아하는 주제에 대해 자연스럽게 이야기를 나눕니다.
- 질문 활용 : 개방형 질문을 통해 상대방이 편안하게 자신의 이야기를 할 수 있도록 유도하는 것이 중요합니다. 예를 들어, "요즘 어떤 일들이 있으셨나요?" 같은 질문을 할 수 있습니다.

▶ **연령별 차이를 고려한 대화 개시**

*어린이 및 청소년

- 흥미 유발 : 어린이와 청소년에게는 흥미롭고 재미있는 주제를 꺼내는 것이 좋습니다. "좋아하는 만화 캐릭터가 뭐예요?"와 같은 질문으로 시작할 수 있습니다.
- 활동 중심 : 놀이나 활동을 통해 대화를 시작하는 것도 좋은 방법입니다. "우리 같이 게임할래?"라며 접근할 수 있습니다.

*청년층

- 진로와 꿈 : 청년층에게는 진로와 꿈에 대한 이야기를 나누며 접근합니다. "앞으로 어떤 일을 하고 싶으세요?"와 같은 질문을 던질 수 있습니다.
- 현재 관심사 : 그들의 현재 관심사나 고민에 대해 물어보는 것도 좋습니다. "요즘 어떤 것에 관심이 많으세요?"와 같은 질문이 효과적입니다.

*중년층

- 가족과 직장 : 중년층에게는 가족과 직장 이야기를 나누며 접근합니다. "가족은 어떻게 지내세요?" 또는 "직장 생활은 어떠세요?" 같은 질문으로 접근합니다.
- 생활의 지혜 : 그들이 가진 경험과 지혜를 존중하는 태도로 접근합니다. "어떤 조언이나 팁을 주실 수 있나요?"와 같은 질문이 좋습니다.

*노년층

- 추억과 역사 : 노년층은 자신의 추억과 역사를 이야기하는 것을 좋아하므로, "젊었을 때 어떤 일이 있었나요?"와 같은 질문으로 대화를 시작합니다.
- 경청하기 : 이들의 이야기를 진심으로 경청하고 공감하는 태도를 보입니다.

② 신앙 공유의 실제 사례 연구

▶ 문화적 배경을 고려한 신앙 공유

*사례 1 : 다양한 문화적 배경을 가진 공동체

- 상황 : 다문화 공동체에서 열린 행사.

- 방법 : 일상적인 대화를 나누며 문화와 신앙을 연결합니다. 예를 들어, "각기 다른 문화 속에서도 어떤 공통된 가치를 발견하셨나요? 저는 제 신앙에서 그런 가치를 많이 느껴요."와 같이 접근합니다.

*사례 2 : 특정 문화 행사에서의 접근

- 상황 : 특정 문화 축제나 행사.

- 방법 : 축제의 분위기를 활용해 자연스럽게 신앙을 이야기합니다. 예를 들어, "이 축제는 정말 아름다운 전통을 가지고 있네요. 저희도 신앙 행사에서 이런 가치를 이어가고 있어요."와 같이 이야기할 수 있습니다.

▶ 연령별 특성을 고려한 신앙 공유

*사례 1 : 어린이와 청소년 대상 신앙 이야기

- 상황 : 교회의 어린이 프로그램이나 청소년 모임.

- 방법 : 이야기와 애니메이션, 게임을 통해 신앙을 소개합니다. 예를 들어, "이 이야기를 통해 우리는 서로를 어떻게 도울 수 있는지를 배울 수 있어요. 여러분도 그렇게 느껴 보셨나요?"와 같이 접근할 수 있습니다.

*사례 2 : 청년층과의 신앙 공유

- 상황 : 대학 캠퍼스나 청년 모임.

- 방법 : 실질적인 삶의 문제와 신앙을 연결하여 이야기합니다. 예를 들어, "삶의 목표를 찾는 데 있어서 신앙이 큰 도움이 되었어요. 여러분은 어떤 경험을 했나요?"와 같은 질문으로 시작합니다.

*사례 3 : 중년층과의 신앙 공유

- 상황 : 직장 동료나 이웃과의 대화.

- 방법 : 가족 문제나 직장 고민에 대한 조언을 통해 자연스럽게 신앙을 이야기합니다. 예를 들어, "가족과의 관계를 통해 많은 걸 배우게 되었어요. 신앙이 큰 도움이 되더군요. 여러분은 어떻게 느끼시나요?"와 같이 접근할 수 있습니다.

#5 전도·부흥·운동, 어떻게 할 것인가?

*사례 4 : 노년층과의 신앙 공유
- 상황 : 노년층 모임이나 지역 사회 활동.
- 방법 : 인생 경험과 신앙의 연결점을 강조합니다. 예를 들어, "지금까지 많은 경험을 해오셨군요. 제 신앙은 저에게 많은 깨달음을 주었답니다. 여러분은 어떻게 느끼시나요?"와 같이 이야기할 수 있습니다.

▶ 생활 속 신앙 공유
- 상황 : 직장에서 점심시간에 동료와 대화를 나누던 중.
- 방법 : 먼저 일상적인 이야기로 대화를 시작한 후, 자연스럽게 자신의 신앙을 언급합니다. 예를 들어, "주말에 교회에서 봉사활동을 했는데 정말 보람 있었어요. 당신은 주말에 어떤 특별한 일을 하셨어요?"와 같이 접근할 수 있습니다.

▶ 우정 기반의 신앙 이야기
- 상황 : 오랜 친구와의 만남.
- 방법 : 깊은 신뢰를 바탕으로 한 대화에서 신앙에 대한 이야기를 자연스럽게 섞습니다. 예를 들어, 친구가 어려움을 털어놓을 때, "나는 그럴 때마다 기도로 힘을 얻곤 해. 혹시 너도 관심이 있으면 같이 기도해볼래?"와 같은 방식으로 공유할 수 있습니다.

▶ 지역 사회 활동을 통한 신앙 공유
- 상황 : 지역 사회의 봉사활동에 참여한 후.
- 방법 : 공동의 목표를 가진 사람들과의 대화에서 신앙을 이야기할 기회를 찾습니다. 예를들어, "이런 활동이 내가 믿는 신앙의 가르침에 맞아서 하는 거야. 너는 어떤 이유로 참여하게 됐어?"와 같이 대화를 이끌 수 있습니다.

[활 동]
1) 롤플레잉을 통한 다양한 전도상황 연습

(3) 3주차 : 메시지와 자료의 준비
▶ 목표 : 효과적인 전도 메시지와 자료준비
[강의내용]
1) 성경 구절과 기독교 교리를 활용한 메시지 개발

① 성경구절 활용 방법

*성경구절 선택의 중요성 : 전도 메시지를 구성할 때, 성경구절은 신뢰성과 권위를 부여합니다.

- 타겟 청중의 상황 고려 : 청중의 필요와 상황에 맞는 성경구절을 선택합니다. (예: 위로가 필요한 사람에게 하나님의 사랑을 전하는 구절 선택)
- 주제와 일치하는 구절 선택 : 메시지의 중심 주제와 일치되는 구절을 선택합니다.

*성경구절의 해석과 적용

- 문맥 이해 : 성경구절이 쓰인 문맥과 역사적 배경을 이해하고 전달해야 합니다.
- 현대적 적용 : 해석한 성경구절을 오늘날의 삶에 적절히 적용하는 방법을 제시합니다.

*구체적인 예시 제공 : 아래 주제별 예시를 참조할 수 있습니다.

▶ **그리스도의 사랑**

- 요한복음 3:16 – "하나님이 세상을 이처럼 사랑하사 독생자를 주셨으니 이는 그를 믿는 자마다 멸망치 않고 영생을 얻게 하려 하심이라."
- 로마서 5:8 – "우리가 아직 죄인 되었을 때에 그리스도께서 우리를 위하여 죽으심으로 하나님께서 우리에 대한 자기의 사랑을 확증하셨느니라."
- 요한일서 4:9-10 – "하나님의 사랑이 우리에게 이렇게 나타난 바 되었으니 하나님이 자기의 독생자를 세상에 보내신 것은 그로 말미암아 우리를 살리려 하심이라. 사랑은 여기 있으니 우리가 하나님을 사랑한 것이 아니요 하나님이 우리를 사랑하사 우리 죄를 위하여 화목 제물로 그 아들을 보내셨음이라."
- 에베소서 5:2 – "그리스도께서 너희를 사랑하신 것 같이 너희도 사랑 가운데서 행하라 그는 우리를 위하여 자신을 버리사 향기로운 제물과 생축으로 하나님께 드리셨느니라."

▶ **믿음**

- 히브리서 11:1-2절 – "믿음은 바라는 것들의 실상이요 보지 못하는 것들의 증거니 선진들이 이로써 증거를 얻었느니라"
- 마가복음 9:23 – "예수께서 이르시되 할 수 있거든이 무슨 말이냐 믿는 자에게는 능히 하지 못할 일이 없느니라 하시니."

#5 전도·부흥·운동, 어떻게 할 것인가?

- 로마서 1:17 – "복음에는 하나님의 의가 나타나서 믿음으로 믿음에 이르게 하나니 기록된 바 오직 의인은 믿음으로 말미암아 살리라 함과 같으니라"
- 히브리서 11:7 – "믿음으로 노아는 아직 보지 못하는 일에 경고하심을 받아 경외함으로 방주를 예비하여 그 집을 구원하였으니 이로 말미암아 세상을 정죄하고 믿음을 쫓는 의의 후사가 되었느니라"

▶ 구원

- 에베소서 2:8-9 – "너희는 그 은혜에 의하여 믿음으로 말미암아 구원을 받았으니 이것은 너희에게서 난 것이 아니요 하나님의 선물이라 행위에서 난 것이 아니니 이는 아무도 자랑하지 못하게 함이라."
- 사도행전 4:12 – "다른 이로써는 구원을 받을 수 없나니 천하 인간에게 구원을 얻을 만한 다른 이름을 우리에게 주신 일이 없음이라 하였더라."
- 요한복음 14:6 – "예수께서 이르시되 내가 곧 길이요 진리요 생명이니 나로 말미암지 않고는 아버지께로 올 자가 없느니라."
- 디도서 3:5 – "우리를 구원하시되 우리의 행한 바 의로운 행위로 말미암지 아니하고 그의 긍휼하심을 따라 중생의 씻음과 성령의 새롭게 하심으로 하셨나니."

▶ 위로와 소망

- 시편 23:4 – "내가 사망의 음침한 골짜기로 다닐지라도 해를 두려워하지 않을 것은 주께서 나와 함께 하심이라 주의 지팡이와 막대기가 나를 안위하시나이다."
- 마태복음 11:28 – "수고하고 무거운 짐 진 자들아 다 내게로 오라 내가 너희를 쉬게 하리라."
- 고린도후서 1:3-4 – "찬송하리로다 그는 우리 주 예수 그리스도의 하나님이시요 자비의 아버지시요 모든 위로의 하나님이시며 우리의 모든 환난 중에서 우리를 위로하사 우리로 하여금 하나님께 받는 위로서 모든 환난 중에 있는 자들을 능히 위로하게 하시는 이시로다."
- 로마서 15:13 – "소망의 하나님이 모든 기쁨과 평강을 믿음 안에서 너희에게 충만케 하사 성령의 능력으로 소망이 넘치게 하시기를 원하노라."

▶ 순종과 헌신

- 로마서 12:1 – "그러므로 형제들아 내가 하나님의 모든 자비하심으로 너희를 권하노

니 너희 몸을 하나님이 기뻐하시는 거룩한 산 제물로 드리라 이는 너희가 드릴 영적 예배니라."

- 요한복음 14:15 - "너희가 나를 사랑하면 나의 계명을 지키리라."
- 빌립보서 2:5-8 - "너희 안에 이 마음을 품으라 곧 그리스도 예수의 마음이니 그는 근본 하나님의 본체이시나 하나님과 동등됨을 취할 것으로 여기지 아니하시고 오히려 자기를 비워 종의 형체를 가져 사람들과 같이 되었고 사람의 모양으로 나타나셨으매 자기를 낮추시고 죽기까지 복종하셨으니 곧 십자가에 죽으심이라."
- 야고보서 1:22 - "너희는 도를 행하는 자가 되고 듣기만 하여 자신을 속이는 자가 되지 말라."

▶ **고난과 역경 가운데 있을 때**

- 야고보서 1:2-3 - "내 형제들아 너희가 여러 가지 시험을 만나거든 온전히 기쁘게 여기라 이는 너희 믿음의 시련이 인내를 만들어 내는 줄 너희가 앎이라."
- 로마서 8:18 - "생각하건대 현재의 고난은 장차 우리에게 나타날 영광과 족히 비교할 수 없도다."

▶ **감사와 찬양**

- 시편 100:4 - "감사함으로 그 문에 들어가며 찬송함으로 그 궁정에 들어가서 그에게 감사하며 그의 이름을 송축할지어다."
- 데살로니가전서 5:18 - "범사에 감사하라 이것이 그리스도 예수 안에서 너희를 향하신 하나님의 뜻이니라."

▶ **기도**

- 마태복음 6:6 - "너는 기도할 때에 네 골방에 들어가 문을 닫고 은밀한 중에 계신 네 아버지께 기도하라 은밀한 중에 보시는 네 아버지께서 갚으시리라."
- 빌립보서 4:6-7 - "아무 것도 염려하지 말고 오직 모든 일에 기도와 간구로 너희 구할 것을 감사함으로 하나님께 아뢰라 그리하면 모든 지각에 뛰어난 하나님의 평강이 그리스도 예수 안에서 너희 마음과 생각을 지키시리라."
- 야고보서 5:16 - "이러므로 너희 죄를 서로 고백하며 병낫기를 위하여 서로 기도하라 의인의 간구는 역사하는 힘이 큼이니라."
- 데살로니가전서 5:17 - "쉬지 말고 기도하라."

#5 전도·부흥·운동, 어떻게 할 것인가?

▶ 용서

- 마태복음 6:14-15 - "너희가 사람의 잘못을 용서하면 너희 하늘 아버지께서도 너희 잘못을 용서하시려니와 너희가 사람의 잘못을 용서하지 아니하면 너희 아버지께서 너희 잘못을 용서하지 아니하시리라."
- 에베소서 4:32 - "서로 인자하게 하며 불쌍히 여기며 서로 용서하기를 하나님이 그리스도 안에서 너희를 용서하심과 같이 하라."
- 골로새서 3:13 - "누가 누구에게 불만이 있거든 서로 용납하여 피차 용서하되 주께서 너희를 용서하신 것 같이 너희도 그리하고."
- 마태복음 18:21-22 - "그 때에 베드로가 나아와 가로되 주여 형제가 내게 죄를 범하면 몇 번이나 용서하여 주리이까 일곱 번까지 하오리이까 예수께서 가라사대 네게 이르노니 일곱 번뿐 아니라 일흔 번을 일곱 번이라도 할지니라."

② 기독교리 사용 방법

*기독교리의 개념 이해

- 기독교리는 신학적 진리를 구조화하여 설명하는 도구입니다.

*주요 기독교리 소개

- 구원론 : 인간의 구원에 관한 교리. 예수 그리스도의 희생과 부활을 통한 구원.
- 성령론 : 성령의 역할과 역사를 다루는 교리.
- 교회론 : 교회의 본질과 사명에 대한 교리.

*기독교리를 전도 메시지에 통합하기

- 교리의 핵심을 전달 : 복잡한 신학적 개념을 이해하기 쉽게 풀어 설명합니다.
- 교리와 삶의 연결 : 교리를 단순한 이론이 아닌 실제 삶과 연결지어 설명합니다.

*구체적인 예시 제공

- 구원론을 통한 메시지 : 구원받은 삶의 변화와 그 이점을 설명하고, 이는 실제로 청중의 삶에 어떤 영향을 미치는지 사례를 들어 설명합니다.
- 성령론을 통한 메시지 : 성령의 역할과 깨우침을 통해 얻을 수 있는 삶의 변화와 지혜를 강조합니다.

③ 메시지의 전달 방법

*효과적인 전달 기법
- 이야기 활용 : 개인적인 이야기와 간증을 통해 메시지에 생명력을 더합니다.
- 비유와 예화 : 어려운 개념들을 쉽게 전달할 수 있도록 비유와 예화를 사용합니다.

*청중의 참여 유도
- 질문과 토론 유도 : 청중이 주도적으로 생각하고 질문할 수 있는 기회를 제공합니다.
- 응답과 결단 촉구 : 전도 메시지 끝에 청중이 결단하도록 유도합니다.

2) 전도 자료(트랙트, 동영상, 앱 등)의 이해와 활용방법

① 전도 자료(트랙트, 동영상, 앱) 준비하기

▶ **트랙트(전도지)**

*트랙트 디자인 및 작성 팁
- 간결하고 명료하게 : 메시지를 간결하고 명료하게 전달하세요. 사람들이 쉽게 이해할 수 있도록 단어와 문장을 선택합니다.
- 시각적 요소 활용 : 시각적으로 매력적인 디자인을 사용합니다. 주요 이미지와 강조된 텍스트를 통해 시선을 끌고, 중요한 정보를 눈에 잘 띄게 합니다.
- 개인적 이야기 포함 : 개인적인 신앙 간증이나 이야기들을 포함하면, 더 큰 감동과 신뢰를 줄 수 있습니다.
- 명확한 초대 : 트랙트를 받은 사람이 다음 단계로 무엇을 해야 하는지 명확히 안내합니다. 예를 들면, 교회 방문, 성경 공부 참여, QR코드 스캔 등의 구체적인 행동 지침을 제공합니다.
- 질문과 답변 : 사람들이 흔히 가질 만한 질문을 미리 생각하고, 그에 대한 답을 준비해 두세요. 질문 형식의 문구로 호기심을 자극할 수 있습니다.
- 활용법 : 만나는 사람에게 자연스럽게 건네줄 수 있도록 합니다. 예를 들어 대화 중에 간단히 설명하고 건네주거나, 특정 이벤트나 모임에서 배포할 수 있습니다.

*대표적인 트랙트(전도지) 자료
■ "당신은 사랑받기 위해 태어난 사람" 트랙트

[주요 내용]

#5 전도·부흥·운동, 어떻게 할 것인가?

- 앞면 : "당신은 사랑받기 위해 태어난 사람"이라는 메시지와 희망적인 이미지를 배치합니다.
- 내면 : 짧은 소개 글로 모든 사람이 예수님의 사랑을 받을 자격이 있다는 메시지를 전합니다.
- 성경 구절 : 요한복음 3:16 ("하나님이 세상을 이처럼 사랑하사")과 같은 구절을 포함합니다.
- 간증 이야기 : 실제로 예수님을 믿고 변화된 사람의 간증을 간략히 소개합니다.
- 연락처 및 QR코드 : 교회나 성경 공부 모임의 연락처 및 더 많은 정보를 볼 수 있는 QR코드를 포함합니다.

■ "영원한 생명" 트랙트

[주요 내용]

- 앞면 : "영원한 생명, 당신에게도 존재합니다!"와 같은 강력한 메시지와 이와 관련된 이미지를 배치합니다.
- 내면 : 인간의 죄와 이에 대한 하나님의 구원의 계획을 설명합니다. 예수님의 십자가와 부활의 의미를 간략히 설명합니다.
- 성경 구절 : 로마서 6:23 ("죄의 삯은 사망이요 하나님의 선물은 그리스도 예수 우리 주 안에 있는 영생이니라")와 같은 구절을 포함합니다.
- 초대 문구 : "예수님을 영접하고 영원한 생명을 누려보세요"라는 초대 문구를 작성합니다.
- 연락처 및 QR코드 : 더 많은 정보를 얻을 수 있는 온라인 링크 및 교회의 연락처를 포함합니다.

■ "희망의 메시지" 트랙트

[주요 내용]

- 앞면 : "당신에게도 희망이 있습니다"라는 문구와 부드럽고 밝은 이미지를 배치합니다.
- 내면 : 인생의 어려움 가운데에도 희망이 있음을 설명합니다. 하나님께서 주시는 위로와 평안을 간략히 소개합니다.
- 성경 구절 : 마태복음 11:28 ("수고하고 무거운 짐 진 자들아 다 내게로 오라 내가

너희를 쉬게 하리라")와 같은 구절을 포함합니다.
- 희망을 찾은 간증 : 절망 속에서 희망을 찾은 사람의 간증을 짧게 소개합니다.
- 연락처 및 QR코드 : 희망에 대한 더 상세한 이야기를 들을 수 있는 링크와 교회의 연락처를 포함합니다.

■ "사영리" 트랙트

[주요내용]
- 하나님의 사랑과 계획
- "하나님은 당신을 사랑하시며 당신을 향한 놀라운 계획을 가지고 계십니다."
- 요한복음 3:16 ("하나님이 세상을 이처럼 사랑하사 독생자를 주셨으니…")
- 인간의 문제 - 죄
- "인간은 죄로 인해 하나님과 분리되어 있습니다."
- 로마서 3:23 ("모든 사람이 죄를 범하였으매 하나님의 영광에 이르지 못하더니")
- 예수님 - 하나님의 유일한 해결책
- "예수님은 우리의 죄를 위해 십자가에 못 박혀 죽으시고 부활하셨습니다."
- 로마서 5:8 ("우리가 아직 죄인 되었을 때에 그리스도께서 우리를 위하여 죽으심으로")
- 믿음으로 응답하기
- "예수님을 나의 구주로 영접함으로 우리는 구원을 받고 하나님의 가족이 됩니다."
- 에베소서 2:8-9 ("너희는 그 은혜에 의하여 믿음으로 말미암아 구원을 받았으니")

■ "예수님은 누구인가?" 트랙트

[주요내용]
- 예수님의 본질
- "예수님은 하나님의 아들이며, 우리를 위해 이 세상에 오셨습니다."
- 요한복음 1:14 ("말씀이 육신이 되어 우리 가운데 거하시매")
- 예수님의 가르침
- "예수님은 사랑, 용서, 그리고 새 삶을 가르치셨습니다."
- 마태복음 22:37-39 ("네 마음을 다하고 네 목숨을 다하고 네 뜻을 다하여 주 너의

#5 전도·부흥·운동, 어떻게 할 것인가?

하나님을 사랑하라…")
- 예수님의 사역
- "예수님은 많은 기적을 행하시며, 하나님의 나라를 선포하셨습니다."
- 마태복음 14:14 ("예수께서… 큰 무리를 보시고 불쌍히 여기사 그 중에 있는 병자를 고치시더라")
- 예수님의 희생과 부활
- "예수님은 우리의 죄를 위해 십자가에 못 박혀 죽으시고, 부활하셨습니다."
- 고린도전서 15:3-4 ("그리스도께서 우리 죄를 위하여 죽으시고… 장사 지낸 바 되셨다가")
- 예수님을 따르기 위해
- "예수님을 믿고 따르기로 결정하는 것이 중요합니다."
- 요한복음 14:6 ("예수께서 이르시되 내가 곧 길이요 진리요 생명이니")

▶ 동영상

- 내용 선정 : 예수님의 사역, 복음의 핵심 메시지, 신앙 간증 등을 담은 동영상을 선택합니다. 길이는 3-5분 이내가 좋습니다.
- 제작 또는 선별 : 이미 제작된 좋은 자료를 활용할 수도 있지만, 직접 제작할 경우 청중의 배경과 필요에 맞춘 맞춤형 동영상을 만들 수 있습니다.
- 활용법 : 소셜 미디어를 통해 공유하거나, 개인적으로 만나는 자리에서 시청할 수 있도록 준비합니다. 온라인 모임에서는 동영상 공유 기능을 사용합니다.

*대표적인 "동영상" 자료

■ 지저스 필름 (The JESUS Film) 동영상
- 내용 : 예수 그리스도의 생애와 사역을 현대적인 방식으로 재현한 영화. 세계 여러 지역의 언어로 제작되어 있어 전 세계 사람들에게 예수님의 이야기를 전달합니다.
- 특징 : 세대를 초월한 전통적인 영화로, 예수님의 사투를 신선하게 간직하고 있습니다.

■ 더 비전 (The Vision Video) 동영상
- 내용 : 성경 이야기와 이야기 구조를 활용하여 성경적인 가르침과 진리를 담은 영상 시리즈. 성경적인 주제와 가르침을 영감적이고 생생한 형태로 제시합니다.

- 특징 : 세련된 시각적 효과와 생생한 연기로 성경 이야기를 새롭게 이해할 수 있습니다.

■ 예수의 삶 (The Chosen) 동영상
- 내용 : 예수님의 생애와 그와 함께한 사람들의 이야기를 중심으로 한 동영상 시리즈. 예수님의 인간적인 모습과 사랑을 자세히 담고 있습니다.
- 특징 : 보편적인 해석과는 다른 시각에서 예수님의 삶과 가르침을 전달합니다.

■ 간증 동영상 (Testimony Videos)
- 내용 : 신앙 경험을 공유하는 사람들의 간증 영상 모음. 예수 그리스도와의 만남이 인생에 미치는 영향과 변화에 대한 진솔한 이야기를 담고 있습니다.
- 특징 : 다양한 배경과 경험을 통해 신앙의 힘과 영향력을 보여줍니다.

■ 더바이블 프로젝트 (The Bible Project) 동영상
- 내용 : 성경의 주제와 내용을 다양한 시각적 방식으로 설명하는 영상 시리즈. 성경의 이야기와 원리를 이해하기 쉽게 풀어내어 성경적인 가르침을 전달합니다.
- 특징 : 성경을 소재로 한 예술적이고 창의적인 애니메이션을 통해 성경의 복잡함을 단숨에 이해할 수 있습니다.

■ 알파코스 (Alpha Course) 동영상
- 내용 : 기독교를 비롯해 신앙과 이슬람, 유대교, 불교 등 다양한 종교 주제를 다루는 온라인 강좌. 신앙과 삶의 의미에 대한 깊이 있는 토론과 공부를 돕습니다.
- 특징 : 다양한 종교와 신앙에 대한 이해를 넓히고, 신앙적 교육과 사고 방식을 바꾸는 데 도움을 줍니다.

■ "그리스도의 사랑" 동영상
- 내용 : 이 동영상은 그리스도의 사랑과 그분이 우리를 위해 행하신 구원의 역사를 중심으로 합니다. 사람들이 그리스도의 사랑과 희생에 대한 놀라움을 느낄 수 있도록 감동적인 장면과 음악을 활용합니다.
- 구성 : 예수님의 성격과 사역, 십자가에서의 희생, 부활의 의미 등의 내용을 다루며, 예수님의 사랑이 어떠한 변화와 소망을 우리 삶에 가져다주는지를 강조합니다.

#5 전도·부흥·운동, 어떻게 할 것인가?

▶ 앱

- 추천 앱 : 성경 읽기 앱(예: YouVersion), 신앙 성장 앱(예: Pray.com), 전도 훈련 앱(예: Disciple Tools) 등을 준비합니다.
- 설치 및 사용법 안내 : 강의 중에 직접 앱을 설치하고 활용하는 방법을 시연합니다. 주기적인 알림 설정, 그룹 기능 사용 등을 안내합니다.
- 활용법 : 개인적인 시간을 통한 신앙 성장과 동시에 전도 대상자와 함께 이용할 수 있도록 권장합니다.

*대표적인 "앱" 자료

■ YouVersion (바이블 앱) 앱

- 내용 : 성경 읽기, 성경 통독 계획, 성경 학습 자료, 각종 번역된 성경 버전 등을 제공하는 종합적인 성경 앱.
- 활용 방법 : 매일 성경 읽기 계획을 설정하고, 다양한 성경 버전과 주석을 비교하며 성경을 공부하거나, 성경 학습 자료를 활용하여 깊이 있는 성경 공부를 할 수 있습니다.

■ GotQuestions 앱

- 내용 : 신앙과 관련된 다양한 질문에 대한 답변, 신앙기초 강의 자료, 성경 해설 등을 제공하는 신앙 교육 및 의문 해결 앱.
- 활용 방법 : 믿음 관련 궁금증을 검색하고, 읽으면서 이해할 수 있는 답변을 얻음으로써 신앙 생활을 깊이 있게 발전시킬 수 있습니다.

■ Truth For Life 앱

- 내용 : 알렉산더 스트로롤의 설교와 강의, 성경 공부 자료, 라디오 프로그램 등을 제공하는 기독교 교리 앱.
- 활용 방법 : 알렉산더 스트로롤의 설교와 강의를 듣고, 교리적인 내용을 배우며 영적 성장을 이루는 데 활용할 수 있습니다.

■ The Bible Project 앱

- 내용 : 성경 애니메이션, 성경 주제에 관한 동영상, 성경 카드 등을 통해 성경의 내용을 시각적으로 쉽게 이해할 수 있는 모바일 앱.

- 활용 방법 : 성경 프로젝트의 애니메이션을 시청하고, 성경 내용에 대한 지식을 넓히며 성경 이해력을 높이는 데 활용할 수 있습니다.
- Faithlife Study Bible 앱
  - 내용 : 성경 주석, 성경 학습 자료, 성경 연구 도구, 영어 오디셜 성경, 성경 영상 등을 제공하여 성경 공부를 도와주는 앱.
  - 활용 방법 : 성경 역사의 백그라운드 정보를 읽고, 주석을 통해 성경을 깊이 있는 시각으로 이해하며 영성적 성장을 도모할 수 있습니다.

3) 개인화된 전도 메시지 준비하기
  - 의미 : 개인화된 전도 메시지는 전도 대상자의 관심사나 여러 상황을 고려하여 그에 맞게 맞춤형으로 구성된 전도 메시지를 말합니다. 이는 전도 대상자와의 관계를 놓고 그 사람에게 적합한 방식으로 전도 메시지를 전하는 것을 의미합니다.
  - 메시지의 포인트 : 개인화된 전도 메시지를 준비할 때는 전도 대상자의 관심사나 배경을 파악하고, 그들이 좋아하는 주제나 그들에게 의미있는 방법으로 메시지를 구성하는 것이 중요합니다. 이를 위해 전도 대상자와 소통하며 그들의 니즈를 파악하고, 거기에 맞게 메시지를 디자인하면 효과적인 전도가 가능할 것입니다.
  - 내용 : 자료를 준비할 때, 전도 대상자의 관심사에 맞는 성경구절이나 이야기, 그들이 좋아할 만한 찬송가, 신앙 관련 짧은 영상 자료 등을 활용하여 개인화된 전도 메시지를 준비할 수 있습니다. 이를 통해 전도 대상자에게 보다 의미 있는 메시지를 전달할 수 있을 것입니다.

[활 동]
1) 전도 트랙트 작성 및 디자인 만들기
2) 개인 전도 메시지 발표 및 피드백 받기

(4) 4주차 : 실제 전도실습
  ▶ 목표 : 실제 환경에서의 전도경험
[강의내용]
1) 전도 활동 준비와 기도의 중요성
① 전도활동을 준비하는 과정

#5 전도·부흥·운동, 어떻게 할 것인가?

- 목표 설정 : 전도활동의 목적과 목표를 명확히 설정합니다. 어떤 메시지를 전달하고자 하는지, 어떤 변화를 기대하는지 등을 명확하게 이해야 합니다.
- 대상자 분석 : 전도할 대상자들을 파악합니다. 그들의 문화적, 종교적 배경을 이해하고, 이를 바탕으로 전달할 메시지나 접근 방식을 결정합니다.
- 전도자료 준비 : 효과적인 전도를 위해 필요한 자료를 준비합니다. 이는 성경구절, 이야기, 예시 등을 포함할 수 있습니다. 또한, 그래픽, 동영상 등의 시각 자료도 활용할 수 있습니다.
- 연습과 훈련 : 전도활동을 효과적으로 수행하기 위해 연습과 훈련이 필요합니다. 시뮬레이션 훈련을 통해 어떻게 상황을 다루고 전달할지 연습하는 것이 도움이 될 수 있습니다.
- 마음가짐과 기도 : 편도활동 전 마음가짐을 가지고, 기도를 통해 마음을 정돈하고 하나님의 인도를 받는 것이 중요합니다. 특히 전도 대상자와의 만남 전 기도하는 것은 매우 중요합니다.
- 후속조치 계획 : 전도활동 이후에는 대상자들과의 관계를 유지하고, 회고를 통해 발전점을 파악하며 계속해서 성장해야 합니다. 후속조치 계획을 세우는 것이 중요합니다.

② 기도의 중요성
- 예배와 소통 : 기도는 하나님과의 소통을 통해 예배의 시간을 갖는 것입니다. 이는 전도 활동을 시작하기 전에 하나님 앞에서 자신을 드리고 안정과 평안을 찾을 수 있는 시간을 뜻합니다.
- 인도와 인도받음 : 기도를 통해 하나님의 인도하심을 받을 수 있습니다. 전도할 대상자들과의 만남에 앞서, 하나님께서 그들의 마음을 열어주시고, 그들이 하나님의 말씀을 이해하고 받아들일 수 있도록 기도합니다.
- 마음의 흐름 조절 : 전도 활동을 할 때 기도는 마음을 정돈하고 단련하는 데 도움을 줍니다. 긴장이나 두려움과 같은 감정을 하나님께 맡기고 마음을 안정시킴으로써 전도활동에 집중할 수 있도록 합니다.
- 전도의 성패 : 전도 활동은 사람의 마음을 건드리는 일이기 때문에 자신의 능력으로는 한계가 있을 수 있습니다. 기도를 통해 하나님의 도움과 지혜를 구하며, 전도활동을 이끌어 나갈 수 있는 힘을 얻을 수 있습니다.

- 대상자와의 연결 : 기도를 통해 전도 대상자들과의 관계를 하나님 앞에 두고 관리할 수 있습니다. 그들을 위해 기도함으로써 그들에 대한 사랑과 관심을 하나님을 통해 표현할 수 있습니다.

기도는 전도 활동을 통해 하나님의 역사를 이루어 나가는 데 있어서 필수적인 요소로서, 전체적인 전도 과정을 지지하고 강화하는 역할을 합니다. 기도의 중요성을 이해하고 적극적으로 기도하는 것이 효과적인 전도활동을 이끌어 나가는 데 중요한 요소입니다.

2) 공공장소에서의 전도 방법과 주의사항

① 공장소에서 전도 방법
- 존중과 이해 : 다른 사람들의 시간과 개인 공간을 존중하고, 상대방의 의견과 신념을 이해하려는 자세가 중요합니다. 강요하거나 공격적으로 접근하는 대신 상대방을 존중하고 이해심을 표현해야 합니다.
- 대화 채널 : 대화를 시작하기 전에 적절한 시기와 장소를 선택해야 합니다. 사람들이 편안하고 대화하기 좋은 환경을 선택하여 전도 활동을 실시하면 좋습니다.
- 개인적 관심 : 상대방과의 대화에서 상대방의 이야기에 진심으로 관심을 표현하고 적극적으로 듣는 것이 중요합니다. 질문을 통해 상대방의 의견을 듣고 이해하려 노력하세요.
- 선구안 : 대화를 통해 상대방에게 긍정적인 메시지를 전달하고, 상대방의 니즈에 부응하며 도움이 될 수 있는 방법을 고려하면서 전도 활동을 기획하세요.
- 불편함 회피 : 상대방이 불편해하지 않도록 대화를 진행해야 합니다. 예의를 지키고, 상대방의 피드백을 주의 깊게 들어주며 불편함을 최소화하는 데 주의해야 합니다.

② 공공장소에서 전도 활동에 있어 주의사항
- 타당한 허가 및 규정 준수 : 해당 장소나 지역의 규정을 준수하고, 필요한 허가나 허락을 받은 후 전도 활동을 시작해야 합니다. 무단으로 활동을 할 경우 문제가 발생할 수 있습니다.
- 사생활과 개인 정보 보호 : 다른 사람들의 사생활을 존중하고, 개인 정보를 무단으로 수집하거나 공유하지 않아야 합니다. 상대방의 개인 정보를 존중하고 보호해야 합니다.

#5 전도·부흥·운동, 어떻게 할 것인가?

- 상대방의 의사 존중 : 만약 상대방이 전도를 원치 않는다는 의사를 밝힐 경우 즉시 그 의사를 존중해야 합니다. 강요하거나 불편을 주지 않는 것이 중요합니다.
- 불쾌감 유발 피하기 : 다른 사람들에게 불쾌를 주거나 혐오감을 일으키는 행동은 피해야 합니다. 다양한 사람들의 세계관을 존중하고 편안한 대화를 지향해야 합니다.
- 안전 고려 : 공공장소에서의 전도 활동은 주변 환경과 상황을 주의 깊게 살펴 안전을 우선시해야 합니다. 자신과 상대방의 안전을 보장하는 것이 중요합니다.

3) 대화 유지를 위한 방법과 반응형 전도전략

① 대화 유지를 위한 방법

대화 유지를 위한 방법 중에는 상대방의 이야기에 집중하고 관심을 보이는 것이 중요합니다. 질문을 통해 상대방이 말하도록 유도하거나, 그들이 언급한 주제에 대해 관련된 질문을 하여 대화를 이어나가는 것이 도움이 될 수 있습니다. 또한, 몸짓이나 표정을 활용하여 상대방이 이야기하는 것에 공감을 표현하고 이해한다는 것을 보여줄 수 있습니다.

② 반응형 전도전략

반응형 전도전략은 상황에 맞게 대화 방식을 조절하여 상대방과의 소통을 강화하는 것을 말합니다. 예를 들어, 감정적 상태에 따라 상대방의 대화 스타일을 파악하고 이에 맞게 대응하는 것이 중요합니다. 또한, 상대방의 의견을 경청하고 존중함으로써 상호간의 신뢰를 쌓을 수 있습니다. 양쪽이 존중하고 이해하는 자세로 대화를 이어가는 것이 반응형 전도전략의 핵심입니다.

[활 동]
1) 지역 사회 내 실제 전도활동
2) 팀별 전도 실습과 경험 공유

(5) 5주차 : 평가와 피드백, 지속적인 전도전략
▶ 목표 : 전도 활동 평가와 지속적인 실천 계획수립

[강의내용]

1) 전도 활동의 자체 평가방법

① 목표 달성 여부 확인 : 먼저 설정한 목표가 얼마나 달성되었는지를 확인해야 합니다. 목표에 도달했거나 어느 정도의 성과를 이루었는지를 평가하여 전체적인 성과를 판단할 수 있습니다.

② 행동 평가 : 전도활동 도중 본인이 어떤 행동을 보였는지를 돌아보고, 효과적이었던 부분과 보완이 필요한 부분을 분석해야 합니다. 자신의 행동을 평가하여 발전점을 도출해야 합니다.

③ 대상자 반응 고려 : 전도대상들의 반응을 분석하고 고려해야 합니다. 상대방이 어떻게 반응했는지를 살펴보고, 전달한 메시지나 방식이 상대방에게 어떤 영향을 미쳤는지를 평가해야 합니다.

④ 자기평가 : 자기평가를 통해 자신의 강점과 약점을 파악하고, 개선할 부분을 발견하는 것이 중요합니다. 솔직하고 공정한 자기평가를 통해 전도활동을 향후 더욱 발전시킬 수 있습니다.

⑤ 피드백 수렴 : 주변 지인이나 멘토로부터 피드백을 받아보는 것도 도움이 될 수 있습니다. 외부에서의 피드백을 통해 전도활동을 객관적으로 평가하고 발전시킬 수 있습니다.

2) 장기간에 걸친 전도전략 개발

① 목표 설정 : 먼저 목표를 명확히 설정해야 합니다. 전도활동을 통해 이루고자 하는 목표와 성과를 구체적으로 정의하고 목표를 달성하기 위한 전략을 계획해야 합니다.

② 계획 수립 : 목표를 달성하기 위한 전략을 세우는 단계입니다. 전체적인 계획을 세우고 세부적인 실행 계획을 수립하여 목표를 효율적으로 달성할 수 있도록 계획을 세워야 합니다.

③ 자원 확보 : 장기간에 걸친 전도전략을 구현하기 위해서는 필요한 자원을 확보해야 합니다. 예산, 인력, 장비 등을 효율적으로 관리하고 활용하여 전략을 실현할 수 있도록 준비해야 합니다.

④ 실행과 모니터링 : 계획을 실행하고 진행 상황을 지속적으로 모니터링해야 합니다.

#5 전도·부흥·운동, 어떻게 할 것인가?

성과를 측정하고 필요에 따라 전략을 조정하며 지속적인 피드백과 평가를 통해 전략을 완벽하게 개발해야 합니다.

3) 교회와의 연계 및 공동체 내에서의 전도전략

*교회 공동체 안에서 전도 전략을 구상하는 것은 교회 구성원들과 협력하여 복음을 전파하고 영적 성장을 이끌어내는 방법을 말합니다. 구성원들 간의 협력과 지지를 바탕으로 전도활동을 성공적으로 이끌어내는 것을 목표로 하며, 지속적인 지도와 리더십 아래에서 전략이 효과적으로 실행될 수 있습니다.

① 목표 설정 : 먼저 목표를 설정해야 합니다. 교회가 이루고자 하는 목표와 전도 활동의 목적을 명확하게 정의하고 목표를 달성하기 위한 전략을 세워야 합니다.

② 팀 구성 : 전도를 위한 전략을 수립하고 실행하기 위해 적절한 팀을 구성해야 합니다. 다양한 분야의 전문성을 갖춘 구성원들을 모아 협력하여 전도 활동을 효율적으로 이끌어내는 것이 중요합니다.

③ 자원 관리 : 교회의 자원을 효율적으로 활용해야 합니다. 예산, 시설, 인력 등을 적절히 조절하고 활용하여 전도 활동을 지원하며, 필요한 자원을 확보하는 것도 중요합니다.

④ 교육과 교리 강화 : 교회 구성원들을 복음 전도에 대해 교육하고 영적 성장을 이끌어내는 교리를 가르치는 것이 중요합니다. 교회 내에서의 영성 지식과 교리적 교육을 통해 전도활동을 지원할 수 있습니다.

⑤ 모니터링과 평가 : 교회 공동체 안에서의 전도 전략 실행 후에는 성과를 체계적으로 모니터링하고 평가해야 합니다. 성과를 측정하고 필요한 조정을 통해 지속적인 발전을 이끌어내는 것이 중요합니다.

[활 동]
1) 전도 활동 평가보고서 작성
2) 향후 전도계획 발표

3 텃치전도운동

▶ 제공 : 텃치전도코리아

터치전도 부흥프로젝트

"1년에 1명 이상 세례교인 세우기 전교인 전도운동"

2010년부터 시작한 터치전도가 제21회를 진행하면서 15년 동안 약 1,350여 교회가 터치전도 2박3일 정기세미나에 참여하여 실행하는 교회마다 부흥을 맛보며 성장하고 있습니다. 터치전도는 일회성 전도 행사가 아니라 매년 한 번씩 전교인 함께하는 전도로 터치전도 실행은 시스템에 의해 진행됩니다. 그리고 지속적인 정착과 양육을 통해 '1년에 1명 이상 세례교인 세우기 전교인 전도운동'을 이루어 갑니다. 특히 터치전도는 연속성을 갖고 매년 새롭게 준비하여 진행하므로 그 효과는 배가되며 복음의 열매 또한 풍성합니다.

팀워크(Teamwork) 중심의 터치전도는 훈련과 실행이 반복되면서 성도 개개인의 영성을 자연스럽게 깨웁니다. 그리고 토양부터 부흥까지 매뉴얼에 의한 전 과정이 시스템(System)에 의해 완벽하게 진행되는 것이 터치전도 최고의 장점입니다.

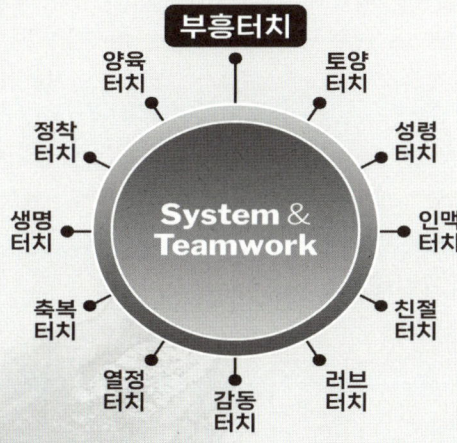

터치전도에서는 총회, 연회, 노회, 지방회, 시찰회 등 각 기관, 단체모임에서 초청해 주시면 1일, 1박2일 세미나를 열어드립니다.

※ 개 교회에서 터치전도 주강사님들을 모실 수 있습니다.
본부장 김준행 010-4430-0691

Touch Mission Korea
터치전도코리아

서울시 종로구 대학로 19(연지동) 한국기독교회관 905호
H. www.goodtouch.net   T. 02-764-7004

#5 전도·부흥·운동, 어떻게 할 것인가?

터치전도 부흥프로젝트

"1년에 1명 이상 세례교인 세우기 전교인 전도운동"

초대의 글

전도는 영혼에 대한 깊은 관심을 품고, 사랑을 실천하는 일입니다. 무엇보다도 전도는 주님이 친히 하신 일이며, 우리에게 주신 지상 명령입니다.

모든 교회는 전도에 대해 깊은 관심을 두고 있습니다. 코로나 이후 침체된 상황에서 벗어나 회복과 부흥을 더욱 갈망하고 있습니다. 그러나 전도는 교회의 부흥과 성장의 수단이나 목표가 아닙니다. 전도는 주님의 심장을 가지고, 영혼을 사랑하여 복음으로 살리는 일입니다. 교회의 부흥과 성장은 영혼을 사랑하여 살리는 전도의 결과입니다. 그러므로 전도하는 교회는 당연히 회복을 넘어 부흥을 경험하게 됩니다.

전도는 교회의 존재 이유이자, 구원받은 성도들의 거룩한 부담이요, 피할 수 없는 사명이지만, 전도는 예수님으로 인하여 행복한 사람이 할 수 있습니다. 비록 과정은 힘들어도, 영적인 생명을 살리는 일이기에 가장 가치 있고, 보람된 일입니다. 그래서 전도는 행복입니다.

전도의 방법과 내용은 매우 다양합니다. 하지만 터치전도는 철저하게 전도의 기본 원리를 바탕으로 예수 믿는 행복한 삶을 이웃에게 보이며 실천하는 관계 전도입니다. 그래서 적용이 매우 쉽고, 그리스도인이라면 마땅히 해야 할 일입니다. 행복한 '보름달' 신앙으로 살리는 삶이기 때문입니다.

소중한 인맥을 정하고, 그 이름을 부르며 기도합니다. 나아가 주님의 심장을 품고, 행복한 '보름달' 신앙으로 이웃과 함께하는 삶 속으로 들어가 친절과 사랑과 감동을 베풉니다. "터치하면 반응한다!"라는 믿음으로 작정한 인맥들을 교회로 인도하여 세례받게 하는 전도입니다.

한 마디로 터치전도는 한 영혼을 주님께로 인도하겠다는 영혼 사랑의 결정체입니다. "한 사람을 교회에 등록하고 세례받게 하자"는 목표로 생명을 살리는 행복 운동입니다. 이제 다시 회복하여 부흥을 꿈꾸는 한국교회 앞에 터치전도 희망 프로젝트를 올려드립니다. 교회 부흥을 갈망하는 목회자와 성도들에게 새로운 도전이 되고, 희망이 될 것을 확신하며 적극적인 참여를 바랍니다. 1년에 딱 한 번 터치전도 '행복 대잔치' 정기세미나에 기쁨으로 초청합니다.

2024년 6월 17일

터치전도코리아 대표 **서 화 평** 목사
전주샘물교회 담임
(현) 대한예수교장로회 총회 국내선교부장

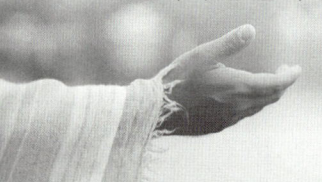

+7주 부흥프로젝트

'성령, 인맥, 친절, 러브, 감동, 열정, 축복'

터치전도는 '1년에 1명 이상 세례교인 세우기 전교인 전도 운동'을 중심으로 진행하는 전교인 전도 운동으로 그 목표가 분명합니다. 마태복음 28장 19~20절 "그러므로 너희는 가서 모든 민족을 제자로 삼아 아버지와 아들과 성령의 이름으로 세례를 베풀고 내가 너희에게 분부한 모든 것을 가르쳐 지키게 하라 볼지어다 내가 세상 끝날까지 너희와 항상 함께 있으리라 하시니라" 말씀하신 예수님의 마지막 명령을 우리는 마땅히 사명으로 받아야 합니다. 그리고 예수 안에서 거듭난 신앙인이라면 반드시 지킬 수밖에 없는 신앙의 본질과 같은 생명 살리는 전도 운동을 터치전도는 시스템으로 진행하고 있습니다.

이 생명 운동은 반드시 산자가 산자를 살릴 수 있다는 믿음으로 로마서 12장 1절 말씀의 산 제물이 되어 내가 먼저 복음을 전하며 가르쳐 지키는 주님의 은혜가 있기를 기원합니다.

시스템으로 진행하는 터치전도는 전교인 직접 주체가 돼서 진행하는 **7주 부흥프로젝트** (성령, 인맥, 친절, 러브, 감동, 열정, 축복) 진행에 앞서 **토양터치**가 진행됩니다. 토양터치는 기간과 관계없지만 성령터치 시작 마지막 3주간에 걸쳐 진행하는 **3주 전 : 묵은 땅 기경하기, 2주 전 : 용서와 사랑하기, 1주 전 : 회복하고 섬기기**는 담임목사께서 교회 전체의 성도들을 완전히 변화시켜 전도하는 분위기로 만드는 기간으로 회개 중심의 토양을 확실하게 갈아엎는 작업입니다. 특히 예수를 믿고 순종하는 마음으로 신앙생활을 해왔지만, 왠지 전도에는 자신이 없어 엄두조차 내지 못했던 성도들에게 영혼 구원에 대한 열망과 자신감을 심어주는 것이 토양터치입니다. 그리고 **7주 부흥프로젝트** 진행을 위한 행정터치가 토양터치 기간에 교회 임시 대행 기관을 만들어 준비합니다.

#5 전도·부흥·운동, 어떻게 할 것인가?

"1년에 1명 이상 세례교인 세우기 전교인 전도운동"

터치전도 부흥프로젝트

3주 이상의 토양터치가 끝나면 터치전도의 실제적인 핵심 프로젝트가 7주 동안 진행되는데, 가장 먼저 **성령터치**로 선포식과 함께 시작합니다. 성령의 역사하심이 없으면 전도할 수 없기 때문입니다.

그리고 성령터치와 함께 시작되는 **새벽터치**가 중요합니다. 새벽터치는 터치전도를 실질적으로 이끌어 가는 영적 에너지원입니다. 특히 신앙생활에 핵이라 할 수 있는 성령 충만한 은혜가 새벽터치를 통해 나타납니다.

이어지는 **인맥터치**는 터치전도를 시작하는 목적이자 목표가 되고 있습니다. 터치전도는 관계 전도보다 더 확실한 인맥 전도를 지향합니다. 전도는 단순히 인간관계 맺기에서 끝나서는 안 됩니다. 더욱더 친밀감과 신뢰감을 주는 전도 인맥으로 연결되어야 확실하게 전도할 수 있습니다.

전도를 위해 성령을 의지하고 인맥을 맺었다면 이제는 맺은 인맥들에게 **친절터치**를 해야 합니다. 친절터치는 전도의 시작입니다. 또한, 축복의 통로를 찾아가는 길입니다. 하나님이 허락하신 전도 인맥들을 직접 찾아가 친절을 베풀며 전도하는 것입니다.

그리고 전도를 위해서는 사랑해야 합니다. 천하보다 귀한 한 영혼 한 영혼을 **러브터치** 해야 합니다. 전도는 죽기까지 우리를 사랑하신 예수님의 사랑을 몸소 실천하는 것으로 사랑하면 전도할 수 있습니다. (요 12:24)

터치전도는 믿지 않는 예비 교인을 대상으로 하는 전도입니다. 아직 세상 한가운데 있는 예비 교인의 눈높이에 맞추어 전도하는 것이 중요합니다. 그것이 바로 **감동터치**입니다. 감동은 닫힌 이웃의 마음 문을 여는 최고의 비결입니다. 감동터치로 예비 교인들을 섬길 때 전도의 큰 열매를 맺을 수 있습니다.

그러나 예비 교인들에게 감동을 주어도 거기에 머물러 있으면 열매를 맺을 수 없고 추수할 수 없습니다. 씨 뿌려 가꾸는 일도 중요하지만, 교회부흥의 확실한 열매를 위해 **열정터치**가 필요합니다. 열정은 사람을 움직이는 힘입니다. 열정터치는 전도자에게 있어 가장 중요한 성령님과의 실질적 동행입니다.

"1년에 1명 이상 세례교인 세우기 전교인 전도운동"

터치전도 부흥프로젝트

전도는 축복입니다. **축복터치**는 성령께서 모든 어려움을 이기게 하십니다. 그래서 전도하는 자에게 하나님은 복을 주십니다. 천하보다 귀한 한 영혼을 전도한 성도에게는 이 땅의 복과 영생의 복을 내려 주십니다. (막 10:29~30)

토양과 함께 7주간 성령, 인맥, 친절, 러브, 감동, 열정, 축복터치로 예비 교인을 마음에 품고 달려온 터치전도의 최종목적은 **생명터치데이**로 인도하는 것입니다. 그리고 터치전도는 단순히 전도 인맥들을 교회로 이끌어 오는 전도가 아닙니다. 예수 그리스도의 보혈로 뿌려진 백성들을 하나님께로 인도하는 거룩한 사명을 끝까지 감당하는 터치전도 부흥프로젝트는 **'1년에 1명 이상 세례교인 세우기 전교인 전도운동'**으로 **정착**과 **양육**을 통해 교회 **부흥**을 일으켜 나가고 있습니다.

터치전도는 이를 이루어가는 완벽한 시스템이 준비되어 있습니다. 담임목사의 결단과 당회로부터 성도들의 확신이 있다면 100% 성공하는 터치전도는 먼저 교육이 중요합니다. 많은 성도의 참여가 더 확실한 성공을 약속합니다.

#5 전도·부흥·운동, 어떻게 할 것인가?

터치전도
부흥프로젝트

"**1년에 1명** 이상 세례교인 세우기 **전교인 전도운동**"

+ 실행계획안

1. 개요
1) **명칭** : 20○○년 터치전도 대행진(명칭 변경 가능)
   중심 : 생명터치데이에 2명(1명 필수) 이상 등록시키고, 1명 이상 세례교인 세우자!
2) **주제 및 성구** : 복음(롬 1:15~17) ※ 본 주제, 성구, 제목은 11회차 참고
3) **제목** : 생명을 살리는 복음
4) **구호** : ○○월 ○○일(초청일) 작정 ○○○(인원) 초청 ○○○(인원)
   할 수 있다. 하면 된다. 해보자. 파이팅. 야!
   기본구호 : 영적 전쟁에서 승리하자! 승리하자! 승리하자! 할렐루야!
5) **기간** : ○○○○년 ○월 ○일 ~ ○월 ○일
6) **초청일** : ○○월 ○○일(주일) 오전 ○○시, 오후 ○○시, 저녁 ○○시
7) **대상** : ○○교회 전 교인

2. 터치전도 목적과 목표
1) **목적** ① 교회와 성도의 본질적인 사명 : 생명구원
   ② 교회와 성도의 양적 질적 성장 : 훈련, 헌신, 체험, 성장
2) **양적 목표** 한 사람이 5명 이상 작정, 3명 이상 초청, 2명 이상 등록,
   1명 이상 세례교인 세운다.
   ※ 결과 100명 출석 기준 교회 양적 목표 세례교인 기준 약 25명

3. 터치전도 방향성 및 지침
1) 방향성
   (1) 교회 전체의 참여 (전 교역자 / 전 부서 / 전 교인)
   (2) 전 부서의 활성화 (각 부서의 실질적 운동)
   (3) 전 기관의 유기적 (상호관계 유지)
   (4) 전 과정의 활성화 (작정, 접촉, 초청, 정착, 양육)
   (5) 지속적인 관계 유지 (정착, 양육, 세례교인 세우기 최종목표)

터치전도 부흥프로젝트

"1년에 1명 이상 세례교인 세우기 전교인 전도운동"

2) 지침
  (1) 터치하면 반응한다.
  (2) 인맥 중심으로 전도하라.
  (3) 친절터치로 다가가라.
  (4) 죽기까지 사랑하라.
  (5) 사람의 마음을 움직여라.

4. 제안 - 터치전도 진행방법
  1) 터치전도 5대복음화 운동 (교회 중심-인맥 선정)
    (1) 가정 복음화 – 전 가족 총동원 운동 (부모, 자녀, 형제)
    (2) 이웃 복음화 – 좋은 이웃되기 운동 (친족, 이웃사촌, 동네사람, 친구 등)
    (3) 직장 복음화 – 직장, 사업장, 거래처 전도운동 (동료, 상사, 직원, 거래처 등)
    (4) 젊은이 복음화 – 대학, 청년부 총동원 운동 (학교, 기타 등등, 잃은 양 찾기)
    (5) 교회학교 복음화 – 자녀들 총동원 운동 (유아, 아동, 청소년 등)
  2) 터치전도 5대 복음화 전략
    (1) 1단계 : **씨앗** – 집중적으로 전도할 수 있는 전도 대상자를 마음에 품고, 작정하고 (영적으로 잉태하여 기도하기)
    (2) 2단계 : **심기** – 전화 및 방문을 구체적으로 계획하여 접촉하고 (방문 시 선물하기)
    (3) 3단계 : **물주기** – 필요할 때마다 물을 준다. 필요한 영양공급이 마르면 시듦. (전화, 편지, 메일, 문자, 책, 주보 보내기, 음식 대접, 선물하기 등)
    (4) 4단계 : **돌보기** – 수확기를 앞둔 농부처럼 집중적으로 돌보고 (더 자주 찾아가서 만나기)
    (5) 5단계 : **열매 맺기** – 전도가 될 수밖에 없는 관계 형성으로 (거절할 수 없는 관계 만들기)

#5 전도·부흥·운동, 어떻게 할 것인가?

터치전도
부흥프로젝트

"1년에 1명 이상 세례교인 세우기 전교인 전도운동"

+ 진행계획표

터치전도를 실행하기 위해서는 먼저 전교인 다 함께 보고 공유하는 할 수 있는 진행계획표가 곧 시스템의 시작입니다.

+ 실행교육자료

터치전도는 실행을 위한 교재가 완벽하게 준비되어 있습니다. 목회자를 위한 리더교재와 리더 교재에 따른 성도교재 파일과 동영상 및 새벽설교 파일, 토양설교교재, 7주(21편) 기본설교교재, 그리고 실행의 주체가 되는 실행위원을 위한 실행교재, 실행 후 사후관리를 위한 황금어장교재, 정착과 양육을 위한 멘토링교재와 행복한 만남교재, 소그룹 양육을 위한 브라카교재는 세례교인 필수이며, 특히 정착과 양육을 돕는 성경의 핵심주제교재와 동영상 10편 등

+ 실행조직표 – 새벽터치

터치전도의 진행은 성도들이 직접 실행의 주체가 되어 진행합니다. 따라서 터치전도의 성공은 전 교인이 참여하는 실행조직이 제일 중요합니다. 터치전의 실행조직은 터치전도를 시스템으로 이끌어가는 에너지 즉 힘입니다. 실행조직은 교회 규모에 따라 대, 중, 소로 다양하게 조직할 수 있고, 작은 교회는 연중으로 계획하여 1년, 12달로 매월 진행할 수 있습니다.

특히 터치전도에서 새벽터치는 에너지의 핵과 같습니다. 그래서 실행조직의 중심에는 7개 분과가 그 핵심으로 터치전도 전체를 이끌어갑니다. 이때 7개 각 분과가 1주간씩 대예배를 제외한 새벽터치와 함께 모든 예배를 각각 맡아 진행합니다. (교회 사정에 맞게)

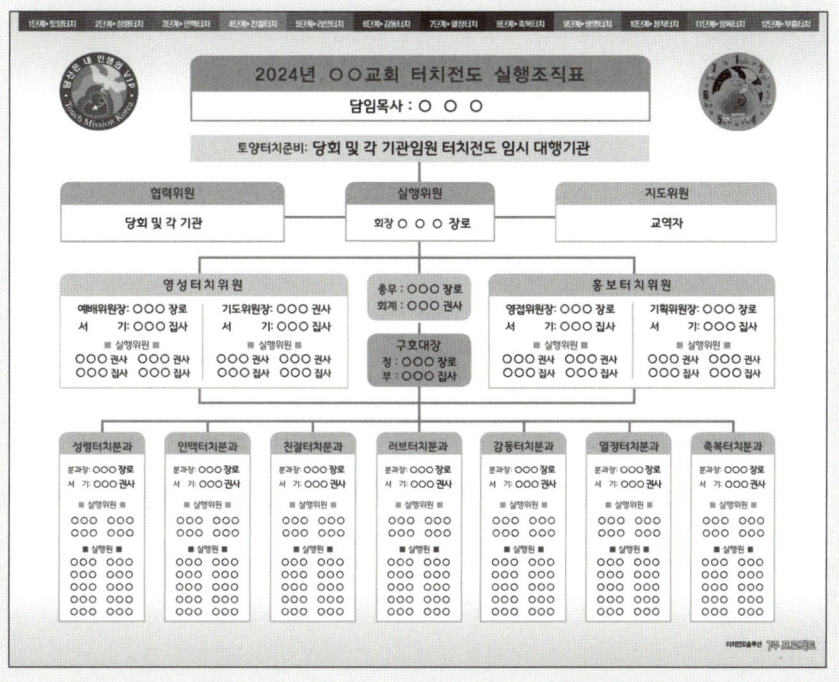

#5 전도·부흥·운동, 어떻게 할 것인가?

터치전도 부흥프로젝트

"1년에 1명 이상 세례교인 세우기 전교인 전도운동"

터치전도코리아 운영안내

　터치전도코리아에서 운영하는 터치전도 부흥프로젝트는 정회원제로 운영하고 있습니다.

　가입조건 : 터치전도 2박 3일 세미나(등록비 1인 150,000원)에 참석하신 교회는 자동으로 정회원 교회가 되어 터치전도에서 제공하는 모든 서비스를 유·무상으로 받으실 수 있습니다.

　특히 처음 참석하신 교회는 진행에 필요한 기본자료(100,000원 상당)를 별도로 드립니다.(※ 2박 3일 세미나에 따르는 특별교육을 받고 본부에서 정회원으로 인정하는 교회도 같은 서비스를 받으실 수 있습니다.)

　터치전도는 1회성 전도가 아닙니다. 매년 터치전도를 진행할 수 있도록 신규자료를 업데이트하여 교회에 제공하고 있습니다. 비용은 정회원 교회에 선교비 차원으로 월 10,000원×12개월(연 120,000원)의 회비를 받고 신규자료를 보내드리며, 특전으로 2박 3일 정기세미나에 무료로 참여하실 수가 있습니다.

　터치전도는 1년에 1회의 정규 세미나를 갖고 있습니다. 매년 6월 셋째 주일을 지난 월~수(2박 3일)에 개최하고 있으며 정규 세미나를 마치고 2주 후 각 지역을 돌면서 1일 실행 교육을 진행합니다. 그 외 특별세미나로 교단, 단체 등 개 교회에서도 진행하고 있습니다.

　터치전도는 교회라는 하드웨어에 내적·외적 부흥을 위한 실질적 소프트웨어를 계속해서 업데이트해드립니다. 특히 터치전도만이 드릴 수 있는 최대 장점은 매년 각 교회에서 터치전도를 실행하여 나타난 다양한 결과를 계속해서 공유할 수 있다는 것입니다. 감사합니다.

터치전도코리아 운영위원회

Touch Mission Korea 터치전도코리아
서울시 종로구 대학로 19(연지동) 한국기독교회관 905호
H. www.goodtouch.net　T. 02-764-7004

4 전도제자훈련

▶ 제공: EDI전도제자훈련원

건강한 교회 성장과 지상명령 성취를 위한

EDI전도제자훈련원

Evangelism & Discipleship Initiative since 1988

교회의 다양한 세대에 맞는 전도, 양육, 제자훈련을 통해 변화된 삶을 살아가는 성령충만한 성도들의 영적운동을 일으킵니다. 쉽고, 표준화된 실제적인 훈련이며, 민족복음화를 이루어갑니다.

EDI의 특징

1. 기도와 말씀, 성령충만한 삶을 살도록 훈련합니다.
2. 강의와 소그룹 모임, 전도활동을 통해 성도들의 영적성장을 돕습니다.
3. 소그룹 집중 훈련입니다.
4. 현장에서 전도를 경험하게 하고 지도합니다.
5. EDI훈련간사와 교회 교역자가 함께 훈련을 운영합니다.
6. 훈련을 받은 성도가 다른 성도를 양육하고 훈련합니다.
7. 교회 자체적으로 훈련을 진행할 수 있도록 전수합니다.
8. 교회와 성도가 지역복음화, 민족복음화, 세계복음화의 비전을 갖도록 돕습니다.

[전도제자훈련]

1. 목회자훈련과정

목회자가 EDI, NLTC훈련을 교회에 접목할 수 있도록 필요한 경영과 훈련의 핵심내용을 배우고 전도실천을 통해 전도의 열매를 맺도록 훈련합니다.

- 대상 : 목사, 사모, 전도사, 선교사
- 기간 : 매년 1회, 1월 중 실시 (2박3일 합숙)
- 내용 : EDI훈련 소개 및 컨설팅, 전도 및 제자훈련 강의, 전도실천, 소그룹모임

#5 전도·부흥·운동, 어떻게 할 것인가?

- 수료 후 : EDI, NLTC훈련간사 자격 부여

2. 평신도지도자훈련과정

평신도지도자반은 EDI훈련과정을 목회자와 함께 진행 할 수 있도록 평신도지도자를 훈련합니다. 그리고 교회는 EDI훈련을 자체적으로 운영할 수 있습니다.

- 대상 : 평신도지도자
- 기간 : 8주과정 (매주 3시간, 온, 오프라인 병행)
- 내용 : 전도 및 제자훈련 강의, 전도실천, 소그룹 모임
- 수료 후 : EDI훈련순장 자격 부여

3. EDI훈련과정

평신도 개인이 하나님과 깊은 관계를 맺으며 비그리스도인에게 THE FOUR를 통해 복음을 전할 수 있는 능력과 그들을 양육할 수 있는 훈련과정입니다.

- 대상 : 훈련을 받기 원하는 성도
- 기간 : 각 단계 10주과정 (매주 3시간)
- 내용 : 1단계 - 전도, 개인 경건훈련, 소그룹
  2단계 - 양육, 제자훈련, 소그룹 인도
- 수료 후 : EDI훈련순장 자격 부여

4. NLTC훈련과정

평신도 개인이 하나님과 깊은 관계를 맺으며 비그리스도인에게 4영리를 통해 복음을 전할 수 있는 능력과 그들을 양육할 수 있는 훈련과정입니다.

- 대상 : 훈련을 받기 원하는 성도
- 기간 : 각 단계 10주과정 (매주 3시간)
- 내용 : 1단계 - 전도, 개인 경건훈련, 소그룹
  2단계 - 양육, 제자훈련, 소그룹 인도
  TOT(훈련간사훈련)단계 - 훈련간사 소양교육, 강의훈련
- 수료 후 : NLTC훈련간사로 임명

5. 여우사이

교회나 가정 또는 제3의 장소에서 이웃을 초청하여 복음을 전하는 그룹 관계전도방법입니다.

- 대상 : 교회 내 소그룹 (구역, 전도회, 청년부, 교회학교)
- 기간 : 8주 과정 (매주 2시간)
- 내용 : 여우사이 시연 및 운영, 역할별 교육, 훈련, 기간 중 관계전도 실행

[온라인사역]

에디전도플랫폼과 전도카드는 한국교회의 온라인 사역의 새로운 표준을 제시합니다. 에디전도플랫폼과 전도카드는 교회 전세대의 온, 오프라인 전도를 가능하게 하는 통합플랫폼입니다.

EDI 온라인 사역은 에디전도플랫폼과 전도카드의 활용과 복음제시를 할 수 있도록 돕습니다.

- 전도도구 - 에디전도플랫폼, 전도카드
- 4주과정의 훈련 - 에디전도플랫폼과 전도카드 활용훈련, 복음전도훈련
- 에디전도플랫폼 소개 및 무상구축 신청링크 : https://knockmovement.com

#5 전도·부흥·운동, 어떻게 할 것인가?

전도카드를 통해 전도자와 우리의 이웃을 **연결**하며
연결된 태신자를 **관리**하며 **복음을 제시**하고
교회로 **인도**한다.

에디전도플랫폼의 원리

1. 전도카드를 이용한 전도 - 전도자

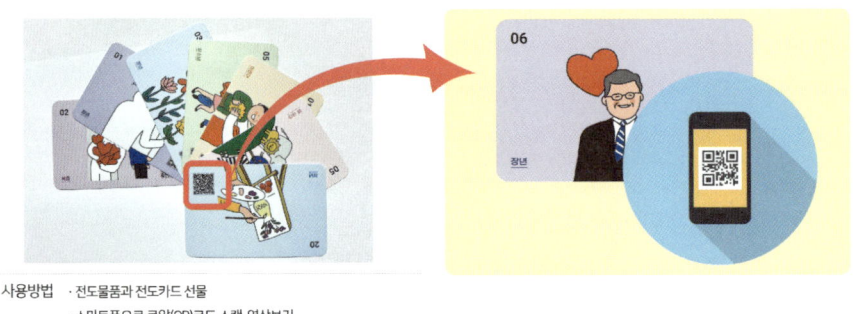

사용방법
- 전도물품과 전도카드 선물
- 스마트폰으로 큐알(QR)코드 스캔, 영상보기
- 신앙에 대해 좀 더 알고 싶은 사람은 이름과 연락처 남기기

에디전도플랫폼의 원리

2. 전도카드를 이용한 전도 - 전도대상자

[800만 KNOCK전도운동과 에디전도플랫폼]

1. 취지

'800만 KNOCK 전도운동'은 CCC 전도제자훈련원(EDI)가 주도하는 운동으로 뉴 노멀 시대, 전도 플랫폼을 통해 한국교회의 닫혔던 전도의 문이 열리고, 전도카드를 통해 누구나 쉽게 예수 그리스도를 전하는 전도운동입니다.

EDI는 시대에 맞는 새로운 전도사역을 위해 전도 플랫폼을 준비해 왔고, 모델교회의 임상사역을 통해 이미 검증된 전도플랫폼을 구축하였습니다. 이제 EDI는 '에디전도플랫폼'의 확산과 한국교회의 전도사역을 돕기 위해 2022년 11월 1일 비전선포식을 하면서 '800만 KNOCK 전도운동'을 시작하였습니다.

'800만 KNOCK 전도운동'은 전도가 어려운 시대, 코로나 엔데믹 상황에서 한국교회의 전도사역을 극대화 하기위해 새로운 전도방법을 제시하며, 이로 인해 한국교회가 건강하게 세워지는 전도운동입니다.

'800만 KNOCK 전도운동'은 전도를 시작하는 모든 교회에 '에디전도플랫폼'과 전도카드를 무상 제공하여 교회와 성도들이 전도의 현장에서 열매를 거두는 실제적인 전도운동입니다. 한국교회의 건강한 성장과 한 영혼이 구원받는 것에 대한 하나님의 관심은 언제나 간절합니다.

그러기에 '800만 KNOCK 전도운동'에 대한 마음을 주시고 한국교회 전도운동으로 이어가게 하신 것은 우연이 아닌 하나님의 계획하심이라 믿습니다. 이 일을 시작하신 하나님께서 EDI와 한국교회를 통해 성취하실 것입니다.

'에디전도플랫폼'을 통해 한국교회에 새로운 전도운동을 일으키며, 한국교회 모든 성도가 전도자가 되는 이 운동에 함께 동참해 주십시오.

2. 말씀

"... 예레미야의 입을 통하여 하신 말씀을 이루게 하시려고 바사 왕 고레스의 마음을 감동시키시매...

... 다 유다 예루살렘으로 올라가서 이스라엘의 하나님 여호와의 성전을 건축하라...

... 이에 유다와 베냐민 족장들과 제사장들과 레위 사람들과 그 마음이 하나님께 감동을 받고 올라가서 예루살렘에 여호와의 성전을 건축하고자 하는 자가 다 일어나니"

(에스라 1장 1, 3, 5절)

#5 전도·부흥·운동, 어떻게 할 것인가?

물질주의와 쾌락주의, 몰가치 세상을 살아왔던 지구촌이 전염병과 경제난, 전쟁공포가 이어지면서 이제는 근원적인 생존과 죽음의 두려움 그리고 공포속에서 경제적, 육체적, 정신적, 영적 혼란을 겪고 있습니다. 상한 심령을 위로 하시고 참된 평안을 주시는 구원자 되시는 예수 그리스도의 복음을 이 민족과 세계에 전해야 할 사명이 우리에게 있습니다.

하나님께 감동을 받고 일어서는 이 땅에 그리스도인들을 통하여 교회가 다시 회복되고 예수 그리스도의 복음이 이 나라에 다시 선포되기 위해 우리는 '800만 KNOCK 전도운동'을 통해 한국교회 800만, 모든 성도가 주님의 증인이 되기를 소망하며 비전을 선포합니다.

4. 에디전도플랫폼

800만KNOCK

5. 비전

한국교회와 모든 성도가 삶의 현장에서 예수 그리스도를 전하는 증인의 삶을 살며, 예수 그리스도를 진실로 따르는 그리스도인들의 수가 증가하여 민족복음화, 세계복음화를 이룬다.

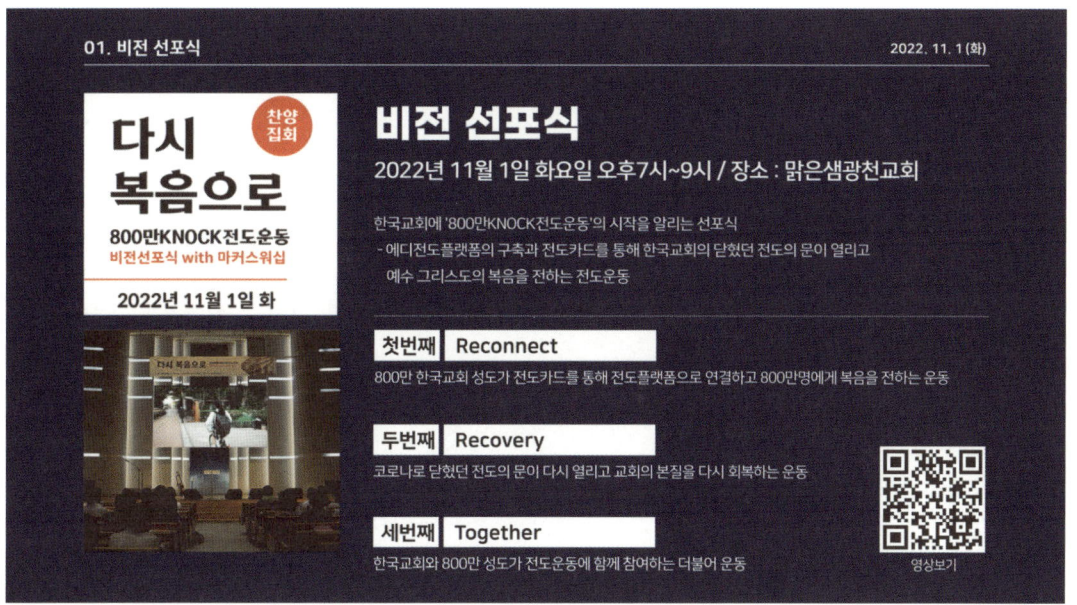

6. 미션

보편성 - 한국교회 '에디전도플랫폼'의 구축과 전도(복음)카드를 이용한 복음전도.

전문성 - 한국교회 '에디전도플랫폼'의 교육과 전도, 제자훈련을 통한 전도자 및 제자양성

7. 핵심요소

'800만 KNOCK 전도운동'은 한국교회의 건강한 성장과 전도사역을 위해 전도 플랫폼과 전도카드를 무상제공하며, 지속적인 사역확산(선교) 및 전도 플랫폼 '에디'의 업데이트를 위해 후원 시스템을 구축하여 한국교회 전도사역을 돕는다.

8. 목표

1) 세대에 맞는 복음 콘텐츠개발
2) 한국교회 16,000교회에 '에디전도플랫폼'을 구축한다.
3) '에디전도플랫폼'을 구축한 교회에 전도)카드 800만장을 제공한다.
4) 800만장의 전도카드를 통해 800만명의 이웃에게 복음을 전한다.
5) 그중 10%, 1,600개 교회에 전도, 제자훈련을 실시하여 사역의 재생산이 일어나도록 한다.

#5 전도·부흥·운동, 어떻게 할 것인가?

6) 사역 동역자 10,000명을 세워 전도운동을 지속한다.

7) 세계선교의 디딤돌을 마련한다.

9. 운동전략

1) 한국교회 주요교단과 협력하여 운동을 일으킨다.
 - 예장통합, 예장합동, 예장고신, 백석, 감리, 순복음, 성결, 합신, 침례 등

2) 지역 연합단체(기독교연합회, 성시화운동 등)가 주도하여 지역단위 운동을 일으킨다.
 - 서울, 부산, 대구, 광주, 춘천, 제주, 창원, 인천, 전주, 대전, 고양, 파주

3) 교회단위(주일학교, 청년, 장년) 운동이 일어나게 한다.
 - '에디전도플랫폼'을 구축한 개별교회

4) 크리스찬 기업, 기업 신우회 및 나사렛등이 주도하여 운동을 일으킨다.
 - CCC와 연결된 크리스찬 기업, 서울교통공사와 같은 직장선교회 연결, CCC나사렛 연결

5) 초, 중, 고등 미션스쿨이 주도하여 다음세대 전도운동을 일으킨다.

6) 선교단체 협력을 통해 다양한 영역, 지역에 전도운동을 일으킨다.

7) CCC 지구와 협력하여 도시전도운동을 일으킨다.

8) 신문, 방송을 통해 한국교회 모든 성도가 이 운동일 알고, 참여하게 한다.

10. 사역진행 상황 (2023년)

지저스페스티벌(JUF) 2022~2023

JUF 교육 및 훈련

2022 JUF (10개 도시)	춘천지역, 서울지역(4차), 제주지역, 대전지역 대구지역, 전주지역, 부산지역, 광주지역, 고양파주지역, 인천지역
2022~2023 JUF 후속 (8개도시)	대구지역, 서울지역, 고양파주지역 인천지역, 춘천지역, 광주지역, 제주지역 대전지역 (8개 도시 555명 교육)
2023 JUF (5개도시)	거제통영지역, 원주지역, 포항지역, 울산지역 충주지역(통합충주노회, 연합회_2회 진행)

04. 지역별 활용교육

에디전도플랫폼 활용교육 세미나 _ 전체 7개도시 269명 참여

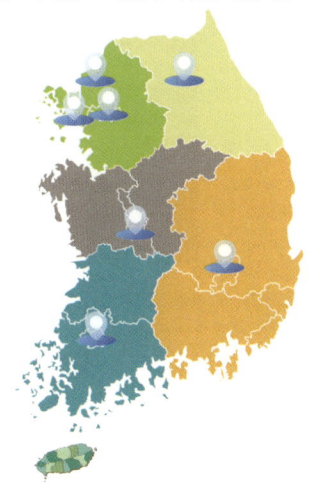

날짜	지역	교회
9월 4일(월)	대전	대전제일교회(김철민 담임목사)
9월 19일(화)	광주	혜성교회(장형기 담임목사)
9월 19일(화)	인천	인천영광교회(윤보환 감독)
9월 19일(화)	고양파주	화정중현교회(임민철 담임목사)
9월 21일(목)	대구	청구교회(최영훈 담임목사)
10월 12일(목)	춘천	춘천성광교회(조용아 담임목사)
10월 19일(목)	서울	동성교회(문성남 담임목사)

9월부터 10월까지 에디전도플랫폼을 구축한 교회를 중심으로 7개 도시에서 활용교육 세미나를 진행하였습니다.
전도플랫폼 활용교육과 실제 전도현장에서 전도카드를 통한 전도 실천을 하였으며, 서울지역 같은 경우 큐알코드를 통해 들어온 사람들을 대상으로 전화로 복음을 전하는 시범까지 보여주었습니다.

#5 전도·부흥·운동, 어떻게 할 것인가?

05. 통합교단 전도부흥운동 / 한국교회 100주년 기념관

영등포노회 훈련 및 우수상 수상

영등포노회 훈련
2023년 4월 6일 오전 10시 영등포노회 회관에서 남선교회 연합회 주관으로 미자립교회 15개 교회를 대상으로 에디전도플랫폼 구축과 활용교육을 진행하였습니다.

우수상 수상
통합교단에서 전국 노회를 대상으로 개최한 "전도부흥운동"에 EDI와 영등포노회 남전도회 연합회가 협력하여 사역을 진행한 결과 전국 노회 중 우수상을 수상하였습니다.

통합교단의 영등포노회 남전도연합회와의 MOU를 통해 협력사역이 시작되었고, 이후 2024년도 노회 차원에서의 협력사역을 기획, 준비하고 있습니다.

06. 제주도 사역설명회 및 목회자 훈련

제주성시화운동과의 협력사역 _EDI, 제주CCC, 제주P2C
제주성시화 운동 협력사역

사역 설명회
2023년 3월 2일 (목)
오션스위츠호텔에서 제주주요교회 20명의 담임목사를 중심으로 에디전도플랫폼과 어린이에디사역 소개.

목회자 훈련
2023년 4월 27~28일 (목, 금)
목회자 훈련은 제주 김녕교회에서 개최 되었으며, 13개 교회 46명의 목회자가 참여하였습니다.
에디전도플랫폼은 28일 오전에 2시간동안 진행되었습니다.

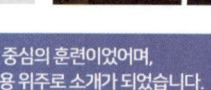

전도중심적 교회를 위한 목회자 세미나로 제주 주요교회 중심의 훈련이었으며, 이미 제주는 에디전도플랫폼이 많이 확산된 상황이어서 실제 사용 위주로 소개가 되었습니다. 현재 제주성안교회는 4주과정의 훈련커리큘럼을 개발하여 2024년부터 적용예정입니다.

07. 개별 교회 교육 및 훈련

에디전도플랫폼 개별교회 세미나

개별교회 세미나: 동성교회, 빛가온교회, 송포성서침례교회, 서울시민교회, 맑은샘광천교회, 제주신광교회, 제주성안교회, 인천영광감리교회, 대구달성교회, 한영교회, 영등포교회, 육군본부교회, 광성교회, 가음정교회, 진해동부교회, 염광교회, 한국중앙교회, 군선교연합회, 물근원교회, 목장교회, 대구청구교회, 대전새중앙교회, 대구순복음교회, 의정부CCC, 제주김녕교회, 김포두란노교회, 춘천사랑의 교회 등 (27개 교회)

개별교회 세미나는 인터넷 홍보, EDI연결교회, 교단, JUF등을 통해 구축한 교회들을 중심으로 진행되었으며 교회 성도들이 기존의 노방전도를 전도카드를 통해 보다 효율적으로 할 수 있도록 교육하였습니다.

11. 간증영상

에디전도 플랫폼 소개영상 및 간증 영상

에디전도플랫폼 소개영상

배명석장로 김향은자매 (동성교회 두빛전도)

김다영 전도사 (세미나 참석)

배정수장로 (영등포노회)

윤명숙집사 (EDI훈련생)

#5 전도·부흥·운동, 어떻게 할 것인가?

12. 구축현황

구축현황 2022. 11 ~ 현재까지

에디전도플랫폼 구축 현황 _ 2023. 10. 31까지

구축교회 수	647개 교회
회원 등록 수	3,741명
전도카드 제공 수	354,200장

13. 보도자료

10. 보도자료들

에디전도플랫폼 보도자료

www.igoodnews.net › news
"800만 태신자에게 복음 전하자" CCC, 800만 KNOCK 전도운동 전개...
2022.11.02. 한국대학생선교회(대표:박성민 목사, CCC) 산하 EDI전도제자훈련원이 지난 1일 맑은샘광천교회에서 '다시 복음으로'라는 주제로 '800만 KNOCK 전도운동' 비전 선포식을 개최했다. EDI전도제자훈련원은 이날 비전 선포식에 참가한 ...

ccletter.cafe24.com › EDI, 예성총회와 MOU 체결해
EDI, 예성총회와 MOU 체결해 - CCC LETTER
2022.09.06. CCC NEWS EDI, 예성총회와 MOU 체결해 '800만 KNOCK 전도운동' 첫 단추 웹 의미 EDI(전도제자훈련원)이 예수교대한성결교회(이하 예성총회)와 MOU를 맺고 뉴노멀 시대 새로운 전도 패러다임인 '800만 KNOCK 전도운동'의 ...

www.goodnews1.com › news
"QR코드로 복음 전해요"...CCC, '800만KNOCK전도운동' 시작 < 선교...
2022.11.01. 한국교회 전도운동을 다시 일으키기 위해 EDI전도제자훈련원(이하 EDI, 대표 성수권)이 '800만KNOCK전도운동' 비전선포식을 가졌다. 1일 맑은샘광천교회(담임목사 김현중)에서 진행된 비전선포식은 보다 많은 한국교회 성도들이 운...

www.cupnews.kr › news
"800만 태신자에게 그리스도를" CCC KNOCK 전도운동 비전 선포 <
2022.11.04. 한국CCC 산하 EDI전도제자훈련원이 마커스워십과 함께 '다시 복음으로'라는 주제로 '800만 KNOCK 전도운동' 비전 선포식을 개최했다. 지난 1일 서울 성북구 맑은샘광천교회에서 열린 비전 선포식은 찬양집회 형식으로 열려 복음의 열...

www.kosinnews.com › news
다시 복음으로! '800만KNOCK전도운동' 펼친다 < 교계뉴스 < 뉴스 <
2022.10.17. 한국대학생선교회(CCC·대표 박성민 목사) EDI전도제자훈련원이 오는 22년 11월 1일(화) 맑은샘광천교회(서울시 성북구 화랑로 192 / 6호선 상월곡역 3번 출구 / ☎ 02-959-6002)'다시 복음으로'라는 주제로 마커스 워십과 함께 800만...

prayer24365.org › 저장소
[다음세대] CCC, 대학 캠퍼스 전도에 이어...'800만 전도운동' 시작 - 기...
2022.11.08. "하나님께서 전도의 미련한 것으로 구원하셨도다" 한국교회 전도운동을 다시 일으키기 위해 한국대학생선교회 CCC 산하 에디(EDI)전도제자훈련원(대표 성수권)이 마커스워십과 함께 '800만 노크(KNOCK)전도운동' 비전 선포식을 가...

www.ecumenicalpress.co.kr › news
EDI전도제자훈련원, '800만KNOCK전도운동' 선포 – 교회연합신문
2022.10.19. 또한, 이 운동은 복음을 이웃에게 전하는 전도운동과 교회의 분질을 다시 세우는 회복운동, 한국교회와 성도가 함께 참여하는 더불어운동 이라는 세 가지 목표를 가지고 있으며, 이를 위한 구체적인 방법으로 한국 교회 16,000개 교회에 전도플랫폼 무상 구축과 800만 장의 전도카드를 무상 제공하여 ...

www.christiantoday.co.kr › news
"지금이 전도할 때" EDI-마커스, 800만 전도운동 앞장선다 : 선교 : 종교...
2022.11.03. 한국CCC 산하 EDI전도제자훈련원이 마커스워십과 함께 '다시 복음으로'라는 주제로 '800만 KNOCK 전도운동' 비전 선포식을 개최했다. 1일 성북구 맑은샘광천교회(김현중 목사 시무)에서 열린 비전 선포식은 참여한 성도들에게 복음...

10. 보도자료들

에디전도플랫폼 보도자료

www.newspower.co.kr
다시 복음으로! 800만 KNOCK 전도 운동-한국 교회의 나침반 뉴스파워(...
2022.10.11. EDI전도제자훈련원은 오는 11월1일 '다시복음으로'라는 주제로 마커스워십과 함께 800만KNOCK전도운동비전선포식을갖는다 @뉴스파워한

www.kcjlogos.org › news
예성, 한국대학생선교회와 KNOCK전도운동 협약 체결 < 한국교계 < 뉴...
2022.08.31. 예수교대한성결교회(총회장 신현파 목사)는 8월 29일(월) 총회본부에서 한국대학생선교회 전도제자훈련원(EDI)에서 시행한 KNOCK전도운동과 관련한 협약 체결을 맺었다. 예성은 본 협약을 통하여 EDI가 기획하고 전개하는 800

www.sungkyul.org › NOS-Board
한국대학생선교회와 KNOCK 전도운동 협약 체결
2022.08.30. 총회는 본 협약을 통하여 EDI가 기획하고 전개하는 800만 KNOCK 전도운동의 "에디전도플랫폼"을 통하여 예성 산하 지교회의 전도사역을 지원하기로 했다. 본 플랫폼은 요한계시록 3장 20절과 디모데후서 2장 2절의 전도와 양육의 원리를 기초로 하여 만들어진 전도플랫폼이다. KNOCK는 에...

www.cts.tv › news
[CTS 다음세대운동본부, 다음세대 선교기관 업무협약 등] 주요 단신
CTS 다음세대운동본부, 다음세대 선교기관 업무협약 800만 KNOCK 전도운동 비전 선포식 개최 투어의 '9월 성경' 출간 500주년 기념 심포지엄 열려 한성교회, 11월 28-29일 '4차 행축 아카데미' 개최

www.penews.co.kr › news
영등포노회남선연 EDI전도제자훈련원과 업무협약 - 목장드림뉴스
2023.02.09. 특별히 자립 대상 교회의 어려움에 인식을 같이하고, 일상사역을 통하여 비대면 시대에도 전도열매가 가능한 것을 검증한 "EDI"가 기획하고 전개하는 800만KNOCK 전도운동(이하, 전도운동)의 "에디전도플랫폼"을 자립대상 교회의 개(...

한국기독공보 · 2023.04.11.
영등포노회 남선교회 '전도 동력 회복'에 앞장
영등포노회 남선교회연합회(회장:배정수)가 위축된 전도활동의 고충을 타개하고자 노방 전도 방식에 IT를 접목한 하이브리드 전도 프로그램을 보급하기로 했다. 영등포 남선교회는 올해 초 EDI전도제자훈련원(원장:성수권)과 협약을 맺어 영등포노회에 속한...

국민일보 · 2023.07.02. · 네이버뉴스
급변하는 사회 속 "전도에도 기술 혁신 필요하다"
대한예수교장로회(예장) 통합 영등포노회(노회장 황진용 장로)가 최근 예장통합 총회가 실시한 전도부흥 운동 시상식에서 우수상을 받은 배경에는 '전도제자훈련원(EDI-Evangelism & Discipleship Initiative) 전도 플랫폼'이 있었다고 2일 밝혔다. EDI 전...

국민일보 · 2023.06.29. · 네이버뉴스
2023 전도부흥 운동 시상식…전도왕 노회의 비결은?
우수상을 받은 영등포노회(노회장 황진용 장로)는 전도지에 큐알(QR)코드를 활용한 전도 전략을 세웠다. 전도지에는 전도영상과 복음영상이 담긴 QR코드가 있다. 영상을 보면 간식을 받을 수도 있다고 한다. 전도 대상자는 영상이 마음에 들었다면 자유롭...

---

10. 보도자료들

에디전도플랫폼 보도자료

국민일보
www.kmib.co.kr

시사 › 전체기사
"교회는 숫자가 아니라 열정"…전도와 다음세대 양육 플랫폼 무료 제공

대전성시화운동본부와 대전CCC, 한국교회 전도와 부흥 위한 '지저스페스티벌 대전컨퍼런스' 개최

입력 : 2023-09-09 08:40 / 수정 : 2023-09-09 10:28

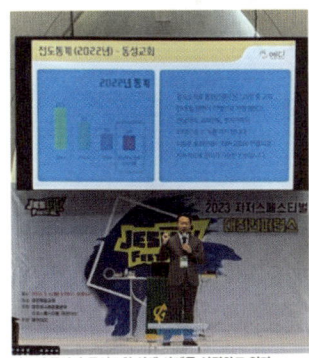
성수권 목사가 동성교회 실제 사례를 설명하고 있다.

이번 컨퍼런스에서는 단순히 플랫폼을 소개하는데 그치지 않고 실무자들이 실제 자료와 함께 어떻게 활용해야 하는지 설명해 주고 직접 경험할 수 있는 시간을 가졌다. 코로나 이후 한국교회의 전도와 양육의 여건은 만만치 않다. 이에 코로나19를 겪으며 CCC에서 플랫폼을 만들고 이를 개교회에 적용, 데이터화하여 설명했고 대안으로 제시된 내용이라 신뢰도가 높고 플랫폼을 무료로 제공하는 것이어서 교회별로 도전해 볼 만하다.

무엇보다 '에디 전도 플랫폼'의 강점은 쉽다는 것이다. 실제 강의에 참석한 60대 한우리침례교회 신진섭 목사는 "충분히 활용 가능하다"고 자신있게 말했다. 어린이 EDI의 경우에도 강사가 어린이와 함께한 경험을 토대로 쉽고 재미있게 친구들과 형, 누나뿐만 아니라 어른(부모, 조부모, 친지)들까지 누구나 쉽게 전도할 수 있도록 구성됐다.

다음세대 신앙교육은 점점 어려워지고 있다. 부흥한다는 교회의 경우 수평 이동이 다수이고 전도의 동력은 식어 가고 있다. 지저스페스티벌 대전컨퍼런스로 인해 대전지역이 더 성시화 되길 소원하며, 나아가 한국교회가 한마음으로 거룩한 영혼 구원 사역에 동참하길 간절히 기도한다. 심고 물주면 하나님이 자라게 하시니…

대전=글·사진 김성지 객원기자 jonggyo@kmib.co.kr

#5 전도·부흥·운동, 어떻게 할 것인가?

14. 2024년 사역계획 및 후원안내

2024년도는 800만KNOCK전도운동이 한국교회에 더욱 확산되기를 바라며 교단, 연합회, 직장선교회, IT기업 등의 업무제휴와 다양한 협력사역이 이루어지길 원합니다. 또한 에디전도플랫폼의 무상 구축 뿐만 아니라 적극적인 활용을 위해 거점지역 및 거점교회를 선정해 지역, 도시 중심의 교육 및 훈련을 확산해 나갈 계획입니다.

사역 협력
1. 주요교단 - 합동, 통합, 감리, 순복음, 성결, 고신
2. 전도훈련 단체 - 전도폭발등의 선교단체
3. 온라인 단체 - 갓피플, 공동체성경읽기, 오직교회 등
4. 한국주요교회

CCC
1. 지저스페스티벌 (JUF) 전도운동
2. Explo7424 기념대회
3. P2C를 통한 연결 및 확산
4. 지역CCC와의 협력사역

미디어 홍보
1. CBS 새롭게하소서
2. CTS 내가 매일 기쁘게
3. 극동방송 FEBC 초대석
4. 교단신문, 국민일보, CCC편지 등

거점지역 및 교회
EDI온라인 사역팀
1. 거점지역 확대
   서울, 춘천, 제주, 인천, 고양파주, 대전, 대구, 울산, 창원, 광주, 인천, 부산
2. 거점지역에 거점교회를 세워 지속적인 교육과 훈련이 일어나게 한다.

기업 및 단체 사역 및 후원
1. 기업
   (주)선진엔텍, (주)CSLEE, 본죽 이롬(황성주생식), 고려은단, 이랜드 영안모자(승의재단)
2. 단체 : CBMC, 서울교통공사선교회

콘텐츠 개발
1. 현장에서의 전도, 간증영상 제작
2. 전도카드, 초대편지 디자인
3. 복음 콘텐츠 제작
4. 통계를 위한 대시보드 개발
5. 해회 선교사역을 위한 플랫폼 개발

800만KNOCK Movement

1. 한국교회 16,000교회와 800만성도가 이웃에게 전도카드 나눔 사역을 감당하도록 돕습니다.
2. 한국교회와 각국의 언어와 문화에 적합한 성경적 복음 콘텐츠를 제작하고 보급하는 사역을 감당합니다.
3. 교회와 성도가 선교적 거룩함으로 무장하도록 협력 사역을 감당합니다.
4. 모든 교회에 무상으로 전도플랫폼을 구축하고 활용 할 수 있는 사역을 감당합니다.

이 사역이 지속될 수 있도록 사역동역자가 되어 주세요.

한국교회와 세계 선교를 위해 **10,000명의 사역동역자**를 위해 기도하고 있습니다.

에디전도플랫폼과 전도카드

[기타문의 및 안내]

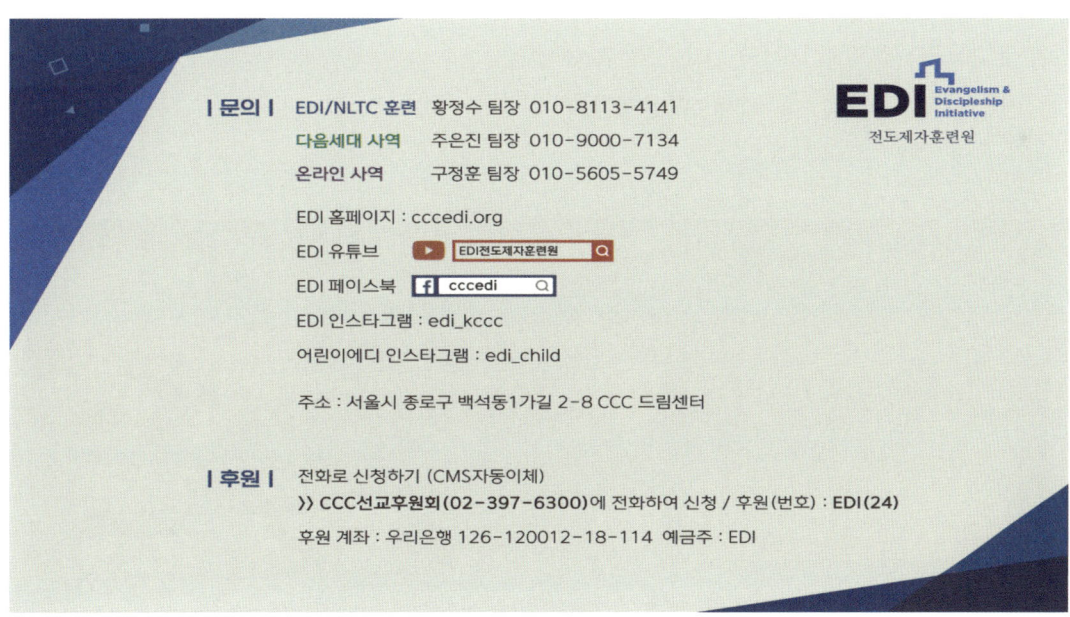

#5 전도·부흥·운동, 어떻게 할 것인가?

5) 어린이에디

▶ 제공 : EDI전도제자훈련원

어린이에디는 어린이가 직접 어린이를 전도하고 양육하는 것을 도와 어린이를 다음세대 사역의 주체로 세워갑니다.

기존의 유력한 어린이사역 단체들이 교사나 교역자, 부모님 중심으로 이뤄지는 것과는 달리 어린이가 직접 전도하고 양육하는 것이 어린이에디의 차별화된 전략입니다.

 물에 빠진 사람을 구하기 위해서는 그 방법이 어려우면 되지 않듯이 죽어가는 영혼들을 구하기 위해서는 아주 간결하고 직관적이고 쉽게 전할 수 있는 구명환과 같은 전도방법이 필요합니다. 어린이에디는 교회학교 전문 콘텐츠회사인 "히즈쇼"와 협약을 맺고 "복음전도학교"라는 어린이 전도, 양육을 위한 전도 컨텐츠를 개발했습니다.

복음전도학교는 세가지로 구성되어 있습니다.

- 전도도구 : 네모난책, 노크 애니메이션
- 양육교재 : 우리집에 놀러와

첫 번째는 "노크애니메이션"입니다.

애니메이션을 통해서 눈과 귀를 자극해서 아이들의 마음을 두드립니다. 애니메이션은 예수님을 모르는 쭈니가 자기의 힘으로 하나님 나라에 도달하려고 애쓰다가 다정하게 찾아오시는 예수님을 만났을 때 하나님 나라를 소유하는 메시지를 전하고 있습니다.

두 번째는 "네모난 책"입니다.

네모난 책은 CCC의 사영리를 히즈쇼 캐릭터와 콜라보해서 이미지를 보면서 복음의 핵심적인 네가지 원리를 간결하게 전달할 수 있습니다. 네모난 책은 전도하기에 아주 유용합니다. 네모난 책은 어린이 뿐만 아니라 어른들을 전도하는데도 유용하게 사용됩니다. 네모난 책은 가로세로 펼침북이며, 앞 두 원리는 먼저 가로로 펼쳐서 읽어주고 뒤 3, 4원리는 책을 돌려서 세로로 펼쳐서 읽어주게 되어 있습니다. 마지막 영접기도문을 읽어주고 나면 한 페이지 공란이 있는데 교회 스탬프라든지, 전도 대상자를 위한 편지를 적어서 전도를 준비하면 더욱 유익할 것입니다. 네모난 책 맨 뒤에는 "노크애니메이션"을 바로 볼 수 있는 QR코드가 있습니다.

세 번재는 "우리집에 놀러와"입니다. 이 교재는 전도 도구이면서도 양육교재라고 할 수 있습니다. 우리집에 놀러와는 4개의 과로 구성되어 있고 그 특징으로는 스티크 북, 붙임딱지를 활용하여 복음에 젖어가게 하는 특징이 있습니다.

이 세 가지는 무엇을 먼저 선택해서 활용해야 하는 지에 대한 순서가 따로 정해져 있지 않습니다. 그때, 그때 상황에 맞게 활용할 수 있습니다. 그리고 예수님을 영접할 수 있는 기회를 다양하게 제공하기 때문에 한 번에 억지로 영접시키려고 애쓸 필요도 없습니다.

"복음전도학교"는 교회학교에서 다양하게 활용할 수 있습니다.

1. 교회학교 4주 공과 및 새친구반

주일 공과교재로 활용 가능합니다. 먼저 "네모난 책" 활용법을 친구들에게 알려주면 아이들이 뭔가 한가지 방법을 터득했다는 마음에 뿌듯해 합니다. 그러면서 곧바로 다른 친구들에게 "네모난 책"을 전도에 활용하는 모습을 쉽게 보게 됩니다. 그리고 "우리집에 놀러와"를 통해서 4주간 아이들과 즐겁게 공과 공부를 할 수 있습니다.

#5 전도·부흥·운동, 어떻게 할 것인가?

2. 성경학교

"복음전도학교"를 성경학교로 교재로 채택할 수 있습니다. 필자가 섬기는 홍익교회(통합)에서도 올 여름(2024년), 이 교재를 성경학교 주교재로 선택했습니다. 성경학교 기간 동안 "네모난 책"을 친구 10명에게 읽어주는 미션을 주고 그 미션을 완수한 친구에게 선물을 합니다.

그렇게 할 때 아이들이 전도의 벽을 허무는데 큰 도움이 될 수 있을 것입니다. 그리고 전도한 친구들과 함께 "우리집에 놀러와"를 직접 해 보게 하는 것도 좋은 방법일 것입니다.

3. 어린이 전도훈련

어린이가 온, 오프라인으로 쉽게 활용 가능한 전도, 양육 콘텐츠입니다.

4. 교사 강습회

어린이에디에서 어린이가 어린이를 전도하고 양육하는 것을 돕기 위해 교회학교 교역자나 교사들이 도전하고 훈련합니다.

5. 미친캠프

하나님께 엎드려 하나님과 이웃과 친밀한 어린이가 되자는 목표로 아이들이 즐거운 활동을 통해 복음을 몸으로 배우고 친구들에게 복음을 제시할 수 있는 리더로 준비될 수 있게 합니다.

미친 캠프는 예수님께 미치자는 의미도 있겠지만 엎드릴 미, 친할 친을 써서 주님께 엎드리고 주님과 친해지는 시간을 가지자는 의미의 캠프입니다. 제주도에서 4년째 진행해오고 있으며, 많은 어린이들이 참여해서 은혜받고 그리스도의 제자로 세워지는 시간입니다.

앞으로 서울에서 "미친캠프"를 준비하고 있다.

4. 에디워십

다음세대들이 거룩한 영적문화를 만들어 갈 수 있도록 음악, 댄스, 영상제작, 뮤지컬 등으로 예배하고 전도하는 사역을 지원합니다.

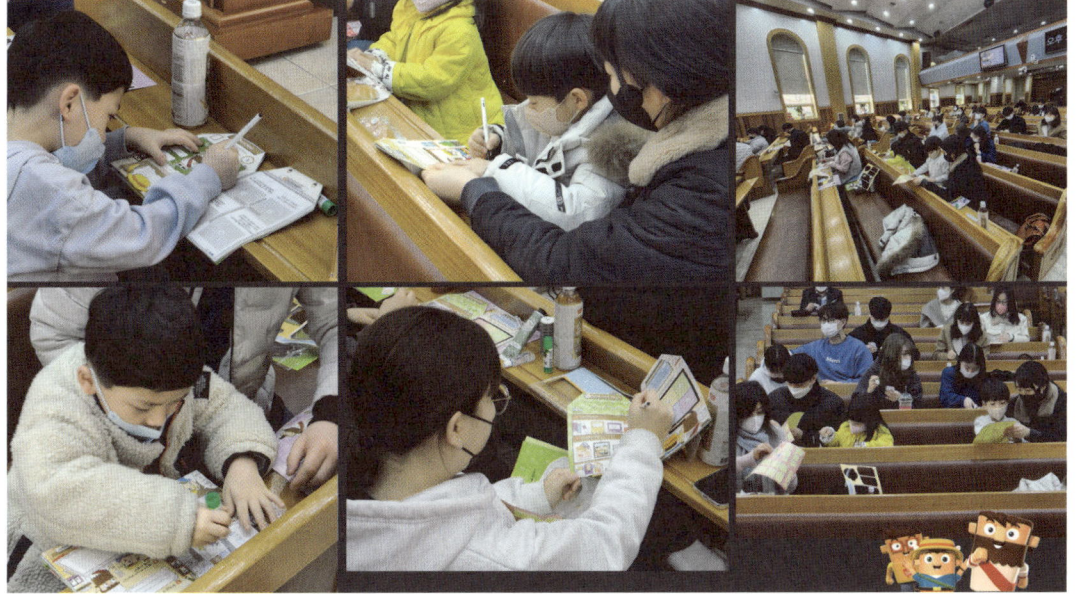

#5 전도·부흥·운동, 어떻게 할 것인가?

6 한국어린이전도협회(CEF)사역

▶ 제공 : 어린이전도협회

"이와 같이 이 작은 자 중의 하나라도 잃는 것은 하늘에 계신 너희 아버지의 뜻이 아니니라" (마18:14)

어린이전도협회(1937년 고, 제시 오버홀쳐목사에 의해 설립)는 87년간을 교회 밖의 잃어진 어린이에게 복음을 전하는 목적 하나로 전 세계 206개 나라(북한 제외)에 세워져 불같은 복음의 열정으로 어린이에게 복음전하는 사역을 감당하고 있다.

또한 전도와 양육이라는 커다란 두 틀을 중심으로 하나님 나라의 일꾼들을 재생산 해내는 일을 목표로 하고 있다. 이 일을 위해 하나님께서는 코로나 펜데믹 상황까지도 돌파하는 믿음을 가지고 전도하기를 멈추지 않게 하셨다. 현장에 모일 수 없다면 온라인으로 모여 기도와 전도에 힘썼던 시간들은 오히려 전도자들의 가슴을 뜨겁게 하고 성장시켜 나가기에 충분했다. 복음을 갈망하던 전도자들의 열정은 위드 코로나 시대를 맞이하며 폭발적으로 일어났다. 어린이전도협회의 가장 큰 특징은 어린이들에게 찾아 나가서 직접 복음을 전하고 복음전하면서 교사들이 열정이 살아나는 것이다. 하나님께서 어린이전도협회에 주신 비전인 '전도와 양육(성장)'이 사역을 위해 어린이전도협회가 집중하는 사역들은 다음과 같다.

1. 어린이 전도 사역

어린이를 전도하고, 그들을 주 안에서 제자화하고, 지역 교회 안으로 세워주는 사명을 성취하기 위한 본회의 주요한 사역들은 "새소식반과 3일클럽전도"이다. 여기에 덧붙여 파티전도클럽, 캠프, 학교전도, 공원전도, 어린이대잔치 등과 새소식반에서 자란 청소년을 위한 JYC(Junior Youth Challenge)청소년새소식반, CYIA(Christian Youth in Action 청소년3일클럽)가 있다.

1) 새소식반(Good News Club, GNC)

'새소식반이란?' 어린이전도협회의 핵심전도프로그램으로서 봄, 가을 12주간씩 그리스도를 모르는 어린이들을 공원, 놀이터, 성도의 가정, 어린이집, 방과후 활동 등 장소에 구애받지 않고 모아 어린이들에게 복음을 전하고 가까운 성경적인 교회로 인도하는 전도 프로그램이다.

새소식반에서는 다양한 방법으로 성구를 암송하고, 시각화된 성경 이야기, 찬양과 게임이 어우러지는 흥미로운 프로그램으로 구성되어 있다. 또한 새소식반 중 구원초청에 응한 어린이들에게 개인적으로 구원상담을 진행함으로써 예수님을 인격적으로 만나게 하는 놀라운 전도 프로그램이다. 새소식반 강습회를 각 지회에서 실시하여 새소식반을 진행하는데 도움이 되도록 안내한다

〈새소식반간증〉

새소식반전도는 반드시 결과가 나타나는 전도이다.
〈광명교회 윤정란 전도사〉

새소식반 장소로 나갈 때 상황이 보이면 겁이 납니다. 그러나 하나님이 보이면 힘이 납니다!
〈조은교회 김현애 사모〉

전도자의 기도를 들어주시는 하나님을 찬양합니다! 전도자로 불러주심이 내 인생 최고 축복입니다.
〈한소망교회 이향미 집사〉

새소식반을 통해 복음사역에 동참 할수 있어 감사합니다. 새소식반에서 만난 주님의 다음 세대들이 말씀으로 자라가길 소망합니다.
〈은광교회 박지선 교사〉

새소식반을 통해 전도의 기쁨과 즐거움, 그리고 어린이를 향한 하나님의 마음을 알게 되었습니다.
〈우리사랑교회 김순아 집사〉

2) 3일클럽 어린이전도(3-Day Club, 3DC)

3일클럽은 방학을 맞이하여 예수님을 모르는 어린이들에게 복음을 전하는 전도프로그램이다.

훈련받은 3~4 명의 전도자가 한 팀을 이루어 여름에는 야외놀이터, 그늘진 곳)에서, 겨울에는 그리스도인의 가정이나 교회 주변의 잃어진 어린이들을 불러 모아 3일 동안 하루에

#5 전도·부흥·운동, 어떻게 할 것인가?

한 시간 정도의 프로그램을 통하여 어린이들에게 복음을 전하고 가까운 교회로 인도하여 성장하도록 돕는 효과적인 전도 방법이다. 3일클럽은 박진감 있고, 관계 지향적이며, 흥미롭고, 신나고, 효과적이고, 어린이들에 적합한 활동들을 추가함으로써 전도자들과 어린이들이 어울려 재미있는 시간을 가짐으로 클럽의 흥미가 높아질 수 있다. 3일클럽 사역을 효과적으로 성장시키는 방법은 CYIA 프로그램을 통해 십대(중·고등학생)들과 청년, 대학생들을 모집하고 훈련시키는 것이다.

〈3일클럽 간증〉

아무런 정보없이 오게 된 삼일클럽이었는데 오히려 잘 모르고 와서 큰 은혜와 회복을 누렸다. 올 초부터 전도에 대한 부담, 아이들을 사랑하는 마음에 대한 갈급함이 있었는데 부족하고 연약한 저의 상태를 아시고 하나님께서 이곳으로 저를 인도하신 것 같다.

삼일클럽 첫째날, 그저 해야 한다는 의무감에 꽉 차 개인전도를 하고, 강의를 듣고, 현장에 나갈 준비를 하는 시간을 가졌다. 시간이 흐를수록 성령님께서 저의 마음을 어루만져주시고, 나의 태도를 변화시켜주심을 느꼈다. 영혼에 대한 갈급함, 복음을 전하는 기쁨, 내 삶의 이유가 무엇인지 다시금 깨닫고 회복시켜주셨다.

삼일클럽 둘째날, 준비하면서 성령님을 의지하고 하나님께서 모든 것을 주관해주시길 소망하며 납작 엎드려 기도했다. 그러자 정말 거짓말처럼 아이들에게 복음을 전하는데 주변의 시선이 덜 의식되었고 점점 담대해짐과 제 안에 복음으로 인한 어린아이의 그 영혼으로 인한 기쁨이 차올랐다. 공과를 진행하면서도 한 영혼이 복음을 듣고 돌아온다면 그것만으로 기쁘고 감사하겠다는 마음이 가득했다. 하나님과의 관계, 내 마음 상태가 회복되니 그 모든 것들이 즐겁게 느껴졌다. 한 명으로 시작했던 삼일클럽 둘째날, 마칠 때는 5명의 아이들이 함께했고, 주변의 아이들을 보게 하셨다. 연약하고 부족하지만 어린이 전도를 위해 저를 사용해주시는 하나님, 감사합니다!

<큰빛성서침례교회 남은정 교사>

3) 파티전도(클럽)

특별한 날(어린이날, 성탄절 등)을 기념하여 그날을 전후로 하루를 정해 파티클럽을 열어 어린이를 한 장소에 모아 1시간 동안 복음을 전하는 전도 프로그램이다. 3일클럽과 마찬가지로 훈련받은 3~4명의 전도자가 한 팀을 이루어 전도하며 사역자와 이사는 지역 교회와

파트너십을 맺어 야외나 이웃의 가정에서 클럽을 진행하고, 집주인, 전도자 및 자원사역자를 모집함으로써 파티클럽 사역을 홍보하고 확장하고자 하는 노력을 몸소 실천해야 한다.

〈성탄파티간증〉

2023년 크리스마스 파티전도로 보낸 12월은 어린전도자로서의 나의 정체성을 확정하고 확정한 시간이었습니다. 여러기관을 돌아다니며 '복음종 울려라'라는 찬양으로 우리를 구원하시려 이 땅에 오신 예수님의 소식을 들려주고 홍콩의 거리에서 부모도 없이 버려진 나무통 속에서 살던 '떠리'라는 아이의 실화를 연극으로 보여주었습니다. '떠리' 이야기 속의 복음을 눈을 반짝이며 듣고, 환하게 웃는 아이들의 모습을 볼 때마다 매번 뭉클했습니다. 모든 순서를 마치고 구원상담을 할 때 예수님을 믿고 하나님의 자녀가 되겠다고 말하는 아이들을 보며 기뻐하시는 하나님의 마음을 느낄 수 있었습니다. 성탄파티를 통해 복음을 전하는 가장 큰 기쁨과 감사는 가장 먼저 그 복음이 날 살리고 하나님 앞에 깨어있게 하는 것이었습니다. '복음을 가로막는 어떤 상황도 피하지 말고 담대하게 마주서 용기 있게 전하자,' 나는 할 수 없지만, 나를 통해 놀라운 일을 행하시는 하나님만 바라보며 순종하겠다고 결단합니다. 이제는 오직 천국 소망을 가지고 푯대를 향해 나아가길 소망하며 구원의 하나님께 감사드립니다.

-이경숙 권사(철산흰돌교회)-

2. 교사 훈련 프로그램

본회는 지역 교회와 다른 선교 단체의 어린이 사역자들뿐만 아니라 본회 지도자들, 어린이 사역자들 및 강사들을 위해 특별히 고안된 다양한 훈련 프로그램을 제공하고 있다. CMI는 본회 지도자들을 위한 입문 단계의 훈련을 제공하며 이는 현장에서의 추가적인 훈련을 통해 강화된다.

1) 새소식반 주간강습회(매년 3월초, 9월초 매12주간), JYC 강습회 및 절기 강습회

새소식반 학기 중에는 새소식반 주기에 맞춘 자료를 이용한 새소식반 교사강습회를 매주 실시한다. 또한 JYC 교사를 위한 강습회와 JYC 교사 훈련인 'JYC 세미나'도 실시한다. 지역 교회의 교회학교 교사와 부장 및 기타사람들이 이러한 강습회를 통해 유익을 얻을 수 있으나, 주요한 강조점은 새소식반 교사와 협조자들을 위한 도움과 가르침을 제공하기 위함이다. 절기에 따라 신년 교사강습회, 부활절 교사강습회, VBS(여름성경학교)교사강습

#5 전도·부흥·운동, 어떻게 할 것인가?

회, 파티클럽 전도교사강습회, 성탄절 교사강습회 등을 실시하고 있다.

2) 3일클럽 어린이전도자훈련(3-Day Club)-매년1월초, 7월초 3박4일 & 4박5일 숙박

3일클럽은 방학을 맞이하여 예수님을 모르는 어린이들에게 복음을 전하는 전도 프로그램이다. 훈련받은 3~4명의 전도자가 한 팀을 이루어 여름에는 야외놀이터, 그늘진 곳)에서, 겨울에는 그리스도인의 가정이나 교회 주변의 잃어진 어린이들을 불러 모아 3일 동안 하루에 한 시간 정도의 프로그램을 통하여 어린이들에게 복음을 전하고 가까운 교회로 인도하여 성장하도록 돕는 효과적인 전도 방법이다.

3일클럽은 박진감있고, 관계 지향적이며, 흥미롭고, 신나고, 효과적이고, 어린이들에 적합한 활동들을 추가함으로써 전도자들과 어린이들이 어울려 재미있는 시간을 가짐으로 클럽의 흥미가 높아질 수 있다. 3일클럽 사역을 효과적으로 성장시키는 방법은 CYIA프로그램을 통해 십대(중·고등학생)들과 청년, 대학생들을 모집하고 훈련시키는 것이다.

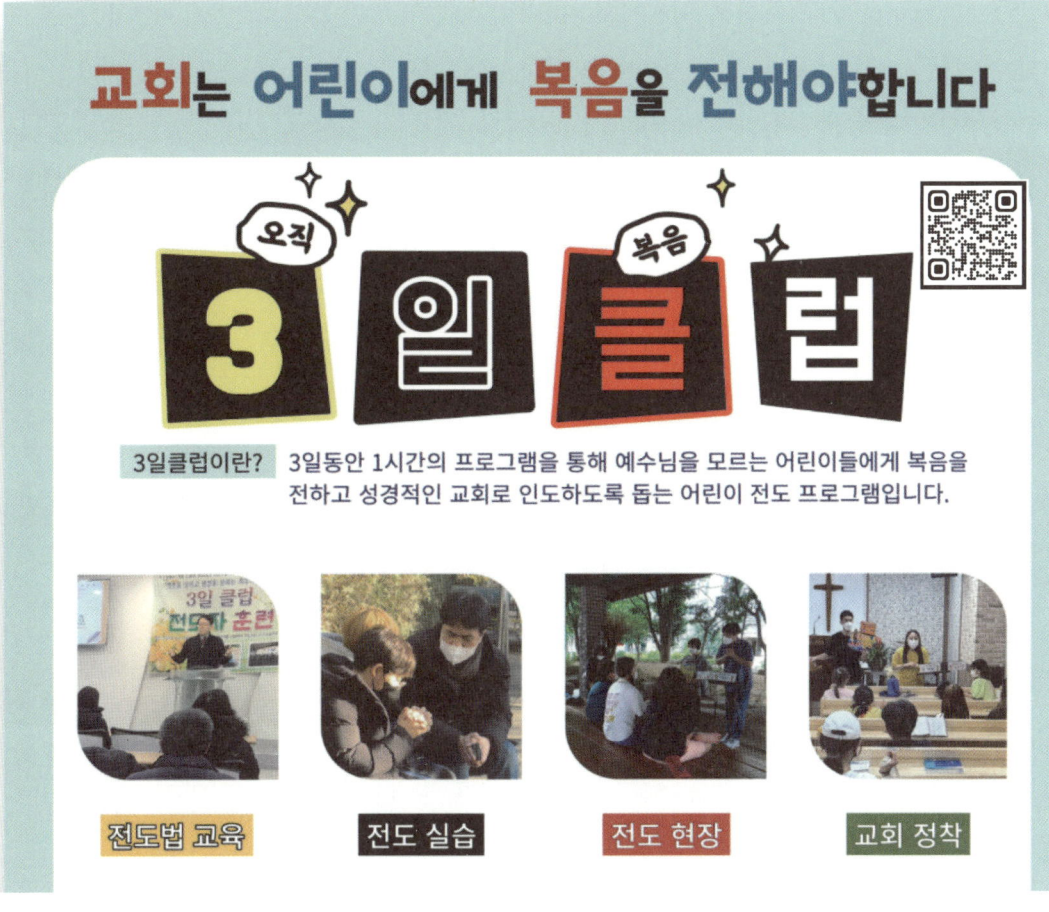

3) TCE(Teaching Children Effectively)교사대학- 매년2월, 8월 2회 총 32시간 진행

   TCE단계별 프로그램은 이웃과 초등학교와 지역 교회에서 어린이들을 전도하고 제자화할수많은 어린이 사 역자들을 훈련시키기 위해 고안된 것이다. TCE 과정은 CMI에 의해 해당 과정의 TCE를 가르칠 수 있도록 허락을 받은 전문 강사들만 가르칠 수 있다. 자격증을 소유한 강사가 되기 위해서는 일정한 요구사항을 이수해야 한다.

〈TCE교사대학간증〉

   하루하루 TCE 교육을 들으며 어린이 전도가 이 시대에 가장 시급한 문제라는 것을 알게 되었습니다. 저는 하나님을 믿는다하고 교회를 매주 가지만 다음세 대에 대한 대비와 아이들에 대해 별 생각이 없었는데 그동안 너무 안일했던 나 자신을 반성하게 되었고 글 없는책

#5 전도·부흥·운동, 어떻게 할 것인가?

실습을 통하여 오히려 제 안에 얽혀있던 신앙적 어려움을 해소하여 나는 죄인이지만 예수님 덕분에 구원 받은 사람이고 그 예수님을 믿는 나를 하나님께서는 결코 떠나지 않으신다는 걸 다시한번 깨닫게 되었습니다.

-김태준 교사(한소망교회)-

"그동안 저는 양육위주의 사역을 했습니다. 그러면서 점점 전도에 대한 사명을 잃어버리며 살았습니다. 영혼을 마주했을 때 어떻게 전해야 하는지도 제 안에서 정리가 잘 안되었는데 이번 TCE를 통해 복음의 말씀을 전할 수 있도록 훈련된 귀한 시간이었습니다. 이제는 무기가 준비된 느낌입니다. 하나님의 사랑, 예수님의 은혜 다시한번 깨닫게 해주신 하나님께 감사드립니다."

-이수인 전도사(시흥순복음 천향교회)-

4) IOT(Instructor of Teachers) 과정

IOT 과정은 TCE 과정을 가르치고 관리하는 강사들을 세워나가기 위함이다.

5) 3일클럽 선교사를 위한 CYIA(Christian Youth in Action) 훈련

CYIA란 하나님을 효과적이고 매력적인 방법으로 어린이에게 가르치도록 청소년들을 훈련하기 위해 계획된 프로그램이다. CYIA의 훈련을 받은 청소년들은 어린이에게 복음을 분명하게 전하는 법과 어린이 구원상담, 어린이를 위한 다이내믹한 전도 사역인 3일클럽 전도를 배우게 된다. 훈련 후에는 청소년들이 팀을 이루어 여러 지역에서 3일클럽 전도를 실시한다.

6) 수퍼 세미나

어린이 사역자들이 지역 교회에서 어린이들을 전도하고 제자화 하도록 훈련하기 위해 교회 세미나와 컨퍼런스를 실시할 수 있다. 이들 훈련 세미나는 지역 교회와의 좋은 사역 관계를 형성하며, 본회 사역자들이 이웃 전도 사역을 통해 어린이 전도에 동참하도록 지역 교회에 도전하는 기회를 제공한다.

7) 파티클럽 강습회

파티클럽 강습회는 파티클럽 전도자를 준비시키기 위해 제공된다. 파티클럽 세트는 전도에 강조점이 주어져 있으며 아울러 중생아를 위한 가르침, 스케줄 제안, 교수를 위한 시각화된 암송요절, 어린이들이 집에 가져갈 요절 상기물, 게임 제안 및 복습 질문과 초청을 포함하고 있다.

〈어린이날 파티〉-4월중에 각지회마다 강습회를 열고 있다

#5 전도·부흥·운동, 어떻게 할 것인가?

〈성탄파티〉-11월중에 각 지회마다 강습회를 열고 있다

다음은 어린이전도협회에서 사용하는 어린이에게 복음을 전하는 탁월한 전도자료중에 글없는 책을 좀 더 간단히 인용하여 만들어서 사용되는 **복음딱지 전도법**을 소개합니다

교사들이 어린이에게~

어린이가 어린이에게~

복음을 전하는 도구로 유용하게 쓰임받길 바랍니다.

(전도도구는 각 지역에 있는 지회에 문의하면 다양하게 안내받아 구입할 수 있습니다

복음딱지 전도법

소개

안녕? (안녕하세요) 이름이 뭐니? (○○이에요) 반가워, ○○ 아. 내 이름은 ○○야. 이런 딱지 본 적 있니? 이 딱지에는 네가 한 번도 들어보지 못한 놀랍고 참된 이야기가 들어있단다. 너에 게 이 이야기를 해주고 싶어. 들어보겠니? (예, 듣고 싶어요)

장면1- (노란 원을 보여주며)

노란색 원은 하나님을 생각나게 해. 너는 하나님이 누구신지 아니? 하나님은 창조주이셔. 하나님은 천국을 만드셨고 별과 꽃, 바다 그리고 우주에 있는 모든 것을 만드셨어. 하나님은 너도 만드셨단다. 그리고 너를 매우 사랑하셔. 하나님의 말씀 성경 요한복음 3:16은 "하나님이 세상을 이처럼 사랑하사"라고 말씀하셔. 여기 '세상'에는 너와 나도 포함되지. 하나님께서 너를 만드시고 너를 사랑하시기 때문에, 언젠가는 네가 하나님의 가족이 되어 거룩한 천국에서 하나님과 함께 있기를 원하신단다. 천국은 너를 위한 특별한 곳이지! 그러나 너를 천국에 가지 못하게 하는 것이 있어. 그것은 죄야.

장면2-(옆으로 펼쳐 어두운 하트를 보여주며)

어두운색 하트는 죄를 생각나게 해. 죄는 하나님을 기쁘시게 하지 않는 모든 생각이나 말, 행동을 말한단다. 거짓말을 하거나, 다른 사람을 미워하고, 훔치는 것은 모두 죄란다. 하나님은 성경 로마서 3:23에서 "모든 사람이 죄를 범하였으매..."라고 말한단다. 우리는 모두 태어날 때부터 반드시 벌을 받아야 하는 죄를 짓고 싶어 하는 마음을 가지고 태어났어. 이 죄 때문에 하나님으로부터 영원히 분리되어 천국에 가지 못하고 끔찍한 고통의 장소에 있게 되는 벌을 받아야 해. 죄를 없애기 위해 네가 할 수 있는 일이 아무것도 없어. 그러나 하나님은 너와 내가 죄 때문에 벌을 받지 않아도 되는 놀라운 계획을 가지고 계셔.

장면3- (위아래로 벌려서 붉은색 십자가를 보여주며)

붉은색 십자가는 하나님의 완전하신 아들 예수님을 생각나게 해. 예수님은 아기로 태어나서 자라시면서 잘못된 것을 전혀 하지 않으셨어. 그런데 예수님을 미워한 악한 사람들은 예수님을 십자가에 못 박았어. 그때, 예수님의 손과 발에서는 피가 흘렀지. 성경은 '피 흘림이 없은즉 사함이 없다'라고 말씀하고 계셔. 예수님은 너와 내가 죄로 인해 마땅히 받아야 할 벌을 기꺼이 대신 받으셨단다. 예수님은 십자가에서 돌아가셨고 무덤에 묻히셨지. 그러나 놀랍게도 3일 후에 예수님

#5 전도·부흥·운동, 어떻게 할 것인가?

은 다시 살아나셨어. 다시 사신 예수님은 많은 사람과 만나시고 이야기도 하셨어. 그리고 예수님은 지금 천국에서 너를 위해 기도하고 계신단다. 예수님이 너를 위해 해 주신 일 때문에 너의 죄는 용서받을 수 있게 되었단다.

장면4-(옆으로 펼쳐서 깨끗한색 하트를 보여주며)

[초청] 깨끗한색 하트는 우리가 우리의 죄에서 깨끗하게 될 수 있음을 보여주고 있어. 하나님의 말씀 성경 요한복음 1:12 에 "영접하는 자 곧 그 이름을 믿는 자들에게는 하나님의 자녀가 되는 권세를 주셨으니"라고 말씀하셔. 영접한다는 말은 네가 예수님을 받아들인다는 뜻이야. 예수님을 온 맘으로 믿고 예수님을 마음에 모시면 하나님의 자녀가 되는 특권을 주신다는 약속의 말씀이지. 너는 하나님의 자녀가 되기를 원하니?

[영접기도 지도]

그러면 너는 하나님께 죄를 지었다고 솔직하게 인정해야 해.

그리고 예수님이 너의 죄를 대신하여 십자가에서 피 흘려 돌아가신 것을 믿어야 해.

그리고 예수님을 너의 구주로 네 마음에 모셔서 하나님의 방법대로 살 수 있도록 나의 마음을 바꿔 달라고 해야 해. 너는 지금 이렇게 기도할 수 있어.

"하나님! 저는 죄를 지었어요. 죄송해요. 예수님께서 나의 죄를 대신하여 십자가에서 죽으시고 다시 살아나신 것을 믿어요. 예수 님, 지금 내 마음속에 오셔서 하나님의 방법대로 살 수 있도록 나의 마음을 바꿔주세요. 예수님의 이름으로 기도합니다. 아멘." [구원의 확신] 이제 하나님의 자녀가 된 너에게 하나님께서는 특별한 약속을 하신단다. 성경 히브리서 13:5에서 주 예수님은 결코 OO(이)를 떠나지 않으신다고 약속하셔. 네가 어디를 가든지 항상 함께 계시고 너를 도우셔서 네가 죄에 대해 '안돼'라고 말하고 하나님을 기쁘시게 하는 일을 계속 할 수 있게 도우신단다.

[죄의 고백]

그런데 만약 네가 죄를 지으면 어떻게 해야 할까? 하나님께 너의 죄를 솔직하게 말씀드려야 해. 네가 잘못을 했다는 것을 깨닫는 순간 바로 하나님께 말씀드린다면, 하나님께서는 너의 죄를 깨끗하게 해주신다고 요한일서 1:9에서 약속하셨어.

이제 하나님의 자녀가 된 네가 하나님을 더 많이 알아가고 자라나기를 원하신단다.

(초록색 바탕을 가리키며)

초록색을 보면 자라는 것이 생각나. 이제 하나님의 자녀가 된 너도 하나님 안에서 쑥쑥 자라야 한단다. 성경 베드로후서 3:18에는 네가 은혜와 지식에서 자라나야 한다고 말씀하고 있어. 은혜 와 지식에서 자라기 위해 첫 번째는 하나님에 대해 더 많이 배울 수 있는 교회 주일학교에 가는 거야. 두 번째는 기도하는 거야. 세 번째는 하나님의 말씀에 순종하는 거야. 마지막으로 오늘 네가 믿 은 예수님이 너를 위해 해주신 일을 다른 사람들에게 말해줘. 그렇다면 너는 하나님의 증인이 되는 거란다.

마무리

이제 너와 헤어지기 전에 너에게 주고 싶은 특별한 것이 있단다. (전도지를 준다) 이 전도지를 집에 가지고 가서 읽어봐. 우리 가 헤어지기 전에 오늘 예수님이 너를 위해 해 주신 일에 대해 감 사드리면 어떻겠니? 먼저 네가 기도하지 않겠니? 그 후에 내가 기도할게. (어린이가 직접 감사기도를 한 후 교사가 어린이를 위해 축복기도를 해준다)

한국어린이전도협회는 1957년 존쿡선교사님에 의해 설립되었고, 초교파적으로 본부산하 전국에 55개 지역에 지회가 세워져 있고, 대한예수교 장로회 영등포노회 산하에는 남서울지회(임병숙목사-영등포, 양천, 구로, 강서, 금천구관할), 광명지회(유정식목사-광명, 시흥지역관할)가 지역을 관할하며 사역하고 있다.

*남서울지회(대표 임병숙목사-강서시찰)

주소: 서울시 영등포구 영등포로 347 한독타워 12층

연락처: 02)393-7717, 010-3012-7991

*광명지회(대표 유정식목사-구로시찰)

주소: 광명시 범안로 998 녹원프라자 5층

연락처: 02)6458-8291, 010-8308-1078

어린이전도훈련을 받기를 원하면 해당지역 지회연락처를 참조하여 도움을 받을 수 있다.

#5 전도·부흥·운동, 어떻게 할 것인가?

전국 지회 주소록

2024. 5. 10 현재

지역	지회명	대표	이동전화	전화	주소	홈페이지/카페
본부	한국대표	박홍선	010-4737-7991	02-3401-8291	서울시 송파구 충민로 81-11 (문정동)	cefkorea.org
강원	강릉	배명희	010-3380-5863	033-648-5151	강원도 강릉시 강릉대로 429-1, 2층 (포남동)	cafe.daum.net/CEFGN
강원	속초	김미순	010-3667-0056	033-633-0111	속초시 장안로 29, 3층 (동명동)	cafe.daum.net/cefscf
강원	원주	나철호	010-9441-9850	033-765-1009	원주시 구곡길 18 (단구동)	cafe.daum.net/cefwj
강원	춘천	김마태	010-7661-4620	033-257-7991	춘천시 효자로 105, 2층 (효자동)	cafe.daum.net/cefch
경기1	성남	김 권	010-5477-9905	031-704-0675	성남시 분당구 장미로 86, 704호 (야탑동, 이코노샤르망)	cafe.daum.net/cef5291
경기1	수원	양은숙	010-9436-2356	031-255-2356	수원시 팔달구 행궁로 41, 2층 (남창동)	cafe.daum.net/kcefsuwon
경기1	안양	인만권	010-2711-4319	070-7124-2350	안양시 동안구 관악대로 263번길 19, 태영빌딩 2층 (비산동)	cafe.daum.net/cefanyang
경기1	용인	김영빈	010-6244-2994	070-8837-0191	용인시 기흥구 용구대로 2242 (신갈동, 인성마을현대아파트) 상가동 203호 후면	cafe.daum.net/cefyi
경기1	이천	홍영순	010-3389-6884	031-633-9192	이천시 이섭대천로 1283번길 2, 3층 (창전동)	cafe.daum.net/lcheoncef
경기2	고양	정민우	010-3394-9487	031-913-7991	고양시 일산동구 일산로 453, 502호 (정발산동, 신대성상가)	cafe.daum.net/cefkoyang
경기2	구리	강성철	010-7291-7991	031-569-8291	남양주시 다산중앙로 19번길 25-23, 334호(다산동, 다산진건블루웨일지식산업센터2차)	cafe.daum.net/guricef
경기2	김포	이숙희	010-9171-4209		경기도 김포시 김포한강8로194번길 141, 1층	cafe.naver.com/cefgimpo
경기2	의정부	박영중	010-6324-1691	031-838-1691	의정부시 범골로 86번길 18, 3층 (의정부동)	cefujb.org
경기2	파주	임주영	010-6363-9770	031-948-3824	파주시 평화로 33, 2층 (금촌동, 하영빌딩)	cafe.naver.com/cefpaju

지역	지회명	대표	이동전화	전화	주소	홈페이지/카페
경기 3	광명	유정식	010-8308-1078	02-6458-8291	경기도 광명시 범안로 998, 501호 (하안동)	cafe.daum.net/cefkm
	부천	하봉연	010-3021-7991	032-655-7991	부천시 소사구 경인로 206번길 36, 3층 (심곡본동)	cafe.daum.net/e7991
	안산	김윤정	010-7689-0687	070-4157-6429	안산시 상록구 양지편2길 14-13, 102호(이동)	
	인천	유재윤	010-3285-1937	032-883-7991	인천시 미추홀구 미추홀대로 614번길 10, 3층	cafe.daum.net/kids4x
	평택	박원학	010-6345-2449	031-658-4753	평택시 중앙1로 112, 2층 (비전동) 한광고교 정문 앞	cefpt.or.kr
경남	거제	김옥천	010-4317-5009	055-633-1091	거제시 계룡로11길 17-17, 상가 301호 (고현동, 삼성하이츠빌라)	cafe.naver.com/geoje1091
	김해	정선미	010-5587-3136	055-905-7991	김해시 분성로 370, 3층 (동상동)	club.cefkorea.org/cefkimhae
	동부산	송우광	010-2477-2428	051-506-7311	부산시 연제구 거제천로 230번길 53 상가동 301호 (연산 센터빌)	
	서부산	박종희	010-2733-0029	051-895-0691	부산시 부산진구 복지로 14-1 명성장학관 2층	cefwbusan.org
	울산	장성원	010-9934-1291	052-266-9967	울산시 남구 봉월로 138, 동신타워팰리스 102동 301호 (신정동)	https://cefulsan.org/
	진주	장덕수	010-3366-0191	055-758-1623	진주시 진주대로 986번길 6-1, 3층 (강남동)	cafe.daum.net/cefjinju
	창원	김영실	010-3558-4214	055-292-5259	창원시 마산회원구 석전동9길 59, 3층 (석전동)	cafe.daum.net/cefmc

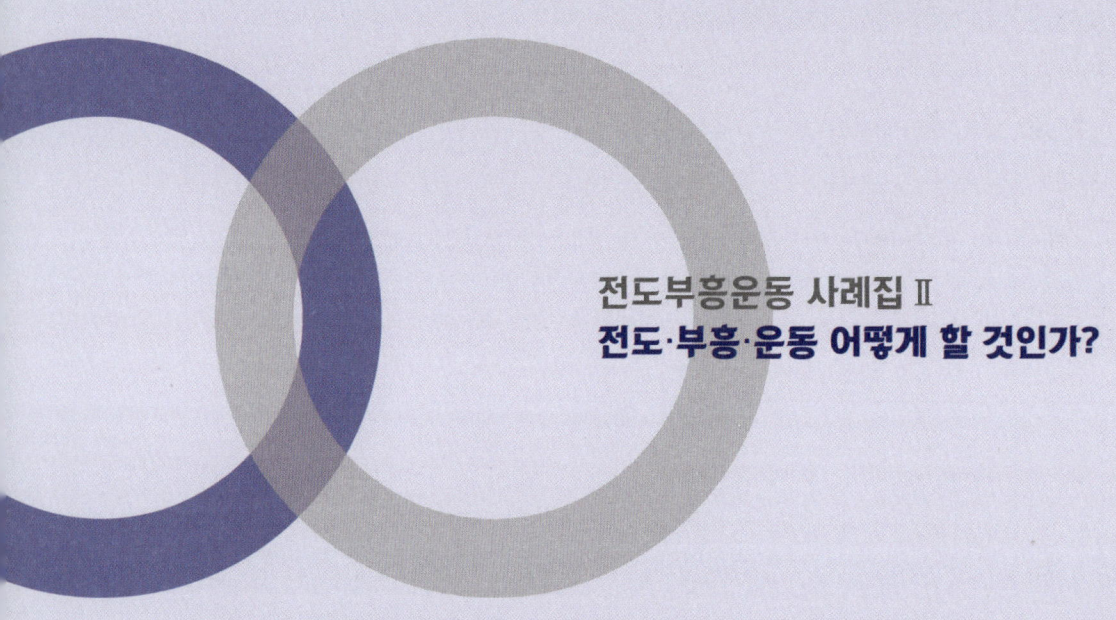

전도부흥운동 사례집 II
전도·부흥·운동 어떻게 할 것인가?

전도·부흥·운동은 주님의 명령입니다.

#6

1. '성령 충만한 120 기도의 용사' 참여 신청서
2. '교회를 회복시키는 300 전도의 용사' 참여 신청서
3. '전도플랫폼 구축 및 주말전도대회' 신청서
4. 작은교회를 일으키는 후원 약정서
5. '우리동네 행복나눔' 참여 신청서
6. '전도프로그램' 개설 선호도 설문지

#6 전도·부흥·운동은 주님의 명령입니다.

전도부흥운동을 진행하면서 전도는 주님의 명령이며, 우리는 이에 순종하는 것이 하나님의 백성된 모습이라고 기도합니다. 성경은 우리가 왜 전도자의 소명을 품고, 실천하며 살아야 하는지에 대해 밝히 말하고 있습니다.

마태복음 28:19-20절에서 "그러므로 너희는 가서 모든 민족을 제자로 삼아 아버지와 아들과 성령의 이름으로 세례를 베풀고 내가 너희에게 분부한 모든 것을 가르쳐 지키게 하라 볼지어다 내가 세상 끝날까지 너희와 항상 함께 있으리라 하시니라."고 말씀하시면서 우리가 세상의 모든 사람에게 복음을 전해야 하는 사명을 가지고 있음을 분명히 말합니다.

우리가 전도하는 이유는 그리스도의 사랑을 실천하고, 이로 인하여 세상 사람들이 그리스도의 사랑을 경험하도록 하기 위함입니다. 복음의 기쁜 소식이 전해지지 않으면 그들은 구원을 받을 수 없습니다. 사랑하는 이웃과 지역민들이 있는데, 그들에게 예수그리스도를 증거하지 않음으로 그들이 구원에 이르지 못한다면 주님의 명령에 순종하지 못한 죄가 얼마나 무거울까요?

우리는 오직 복음의 능력에 힘입고, 그 능력을 믿고 예수그리스도를 증거해야 하며, 이 땅의 모든 이웃과 세상의 모든 열방으로 주님의 나라가 확장되고 확장되어 모든 민족이 그리스도의 증인되기를 기도해야 합니다.

예수님께서 우리를 사랑하신 것처럼 우리가 사랑과 긍휼의 마음을 품고 기도해야 합니다. 겸손과 섬김의 마음으로 오직 하나님을 전적으로 신뢰하며 그 능력을 의지하여 기도해야 합니다.

하루하루가 쌓여 그 날이 길고길다해도 우리는 끊임없이 한 영혼을 품고 기도해야 합니다. 성령의 인도하심으로 예비된 사람들을 만날 수 있기를 기대하고, 우리가 만나는 사람들마다 열매로 돌아오도록 기도해야 합니다..

성령께서 우리의 발걸음을 인도하실 것이며, 말씀하여 주실 것이며, 닫힌 마음을 열어주실 것입니다. 오직 나는 전도자임을 선포하며, 이 땅의 백성들이 하나님의 말씀을 공급받지 못해 기아에 허덕이는 일이 없도록 우리가 더욱 기도에 힘쓰고, 더욱 행하기에 열씸인 주님의 소명자로 살아가시기를 기도합니다

1. '성령 충만한 120 기도의 용사' 참여 신청서

'2024 영등포노회 전도부흥운동'
'성령 충만한 120 기도의 용사' 신청서

■ '성령 충만한 120 기도의 용사'는 '2024 영등포노회 전도부흥운동'을 위한 기도의 용사로 전도부흥운동이 하나님의 은혜로 전개되고, 나아가 지교회가 부흥·성장하도록 기도로 섬기는 사역을 감당하게 됩니다.

*신청서 접수 : 상시모집

*모집인원 : 120명

■ 지원자 인적사항(필수)

현재 출석하는 교회		당회장	
신청인 직분		핸드폰	
신청인 성명		이메일	@
섬기는 기간	1년( ) / 계속( ) / 기타( )		

문의, 접수 : 전도부흥운동 기획, 지원 총괄팀장 배정수 장로(010-5417-7899 / cg5422@naver.com)

위와 같이 '성령 충만한 120 기도의 용사'에 참가를 신청합니다.

20 . . .

신청인 :   교회 /   (인)

#6 전도·부흥·운동은 주님의 명령입니다.

② '교회를 회복시키는 300 전도의 용사' 참여 신청서

'2024 영등포노회 전도부흥운동'
'교회를 회복시키는 300 전도의 용사' 신청서

■ '교회를 회복시키는 300 전도의 용사'는 노회 내에 지 교회를 대상으로 진행하는 전도부흥운동을 효율적으로 전개하고, 나아가 동반성장교회가 자립하고, 부흥하는데 적극 협력하는데 있습니다.

*신청서 접수 : 상시모집
*모집인원 : 300명

■ 지원자 인적사항(필수)

현재 출석하는 교회		당회장	
신청인 직분		핸드폰	
신청인 성명		이메일	@
섬기는 기간	1년( ) / 계속( ) / 기타( )		

문의, 접수 : 전도부흥운동 기획, 지원 총괄팀장 배정수 장로(010-5417-7899 / cg5422@naver.com)

위와 같이 '교회를 일으키는 300 전도의 용사'에 참가를 신청합니다.

20   .   .   .

신청인 :   교회 /   (인)

③ '전도플랫폼 구축 및 주말전도대회' 신청서

'2024 전도부흥운동'
'전도플랫폼 구축 및 주말 전도대회' 신청서

*전도대회 일시 : 2024년 상반기, 하반기(일정 수립 후 통보)

*전도장소 : 교회 주변

신청 교회를 위한 안내

1. 본 전도사역은 남선교회연합회 임원들과 지교회 성도들이 함께합니다.
2. 전도용품과 전도사역에 소요되는 비용은 국내선교부에서 제공하여 진행합니다.

신청 교회 명		대표자명	
주소			
홈페이지		전화번호	
실무자 성명		핸드폰	- -
		이메일	@
성도의 분포(인원)	1.장년세대( ) 2.청년세대( ) 3.중.고등부학생( ) 4.어린이세대( )		

문의, 접수 : 전도부흥운동 기획, 지원 총괄팀장 배정수 장로(010-5417-7899 / cg5422@naver.com)

위와 같이 전도플랫폼 구축 및 주말 전도대회 참여를 신청합니다.

20 . . .

신청인 : 교회 / (인)

#6 전도·부흥·운동은 주님의 명령입니다.

4 작은교회를 일으키는 후원 약정서

'작은 교회를 일으키는 후원 약정서'

■ **후원 약정서 취지** : 작은 교회를 위한 후원 약정서에 참여해 주시는 것은 한국교회 중 어렵고 힘에 겨운 교회들에게 버팀목으로 부흥의 동력이 될 뿐 아니라 기름진 토양을 가꾸는 데 아름다운 자양분이 될 것입니다. 기도와 참여를 부탁드립니다.

■ **후원 약정서를 위한 안내**

*후원 약정서 접수 : 년 중 상시접수

*후원금액은 반드시 작은교회를 위하여 사용되어지며,
　　　　　후원자에게는 후원금액의 사용내역을 투명하게 공개해 드리겠습니다.

■ **후원자 인적사항(필수)**

현재 출석하는 교회		핸드폰	
후원인 직분/성명		이메일	@
후원 약정 기간	1만원( ) / 2만원( ) / 3만원( ) / 기타( )		
후원 약정 기간	1년( ) / 계속( ) / 기타( )		

문의, 접수 : 전도부흥운동 기획, 지원 총괄팀장 배정수 장로(010-5417-7899 / cg5422@naver.com)

▶ **후원계좌** : 국민은행 459237-04-002947 영등포 남선교회연합회

위와 같이 '작은교회를 일으키는 후원 약정서'를 제출하며,
기도와 물질로 섬기기 위하여 약정서를 제출합니다.

20 . . .

신청인 :　　　　　　　　　교회 /　　　　　　　　(인)

5 '우리동네 행복나눔' 참여 신청서

'우리동네 행복나눔' 참여 신청서

■ '우리동네 행복나눔' 참여 신청서 취지

　지역사회의 발전과 행복을 위해 지역 교회와 지역 소상공인이 연합하여 어려운 이웃을 돕고 지속 가능한 행복공동체를 만드는데 있다.

■ '우리동네 행복나눔' 참여 신청서 안내

*신청서 접수 : 년 중 상시접수

■ 신청자 인적사항(필수)

교회 또는 회사명		핸드폰	
참여자 성명		이메일	@

문의, 접수 : 전도부흥운동 기획, 지원 총괄팀장 배정수 장로(010-5417-7899 / cg5422@naver.com)

위와 같이 '우리동네 행복나눔' 참여 신청서를 제출하며,
우리동네 행복나눔에서 정하는 규정을 지키고,
기도와 물질로 섬기기 위하여 신청서를 제출합니다.

20   .   .   .

신청인 :　　　　　　　／　　　　　　　(인)

#6 전도·부흥·운동은 주님의 명령입니다.

6 '전도프로그램' 개설 선호도 설문지

'2024 전도부흥운동'
'전도프로그램' 개설 선호도 설문지

*신청 교회를 위한 안내

1. 본 전도전도프로그램 선호도 설문은 참여도에 따라 필요한 전도프로그램 교육과정을 개설하는데 참고할 예정입니다. 예를들어 장년을 위한 전도프로그램 및 어린이전도프로그램 등 4~5개의 프로그램을 시찰별로 개설할 수도 있고, 참여도가 낮을 경우는 1~2개 프로그램을 선택해서 교육할 수도 있습니다.

2. 설문지는 각 교회별로 발대식 참여 요청공문 발송 시 동봉하여 발송하고, 전도부흥운동 발대식 장소에서 접수예정입니다.

신청 교회 명		담임목사	
주소			
실무자 성명		핸드폰	- -
		이메일	@
성도의 분포(%)	1.장년세대( ) 2.청년세대( ) 3.중.고등부학생( ) 4.어린이세대( )			
참여할 전도프로그램(선택○)	에디 전도제자훈련(EDI전도제자훈련원)		
	텃치 전도제자훈련(텃치전도코리아)		
	오이코스 전도훈련		
	생명줄복음 전도훈련(생명줄복음전도훈련원)		
	어린이에디 전도제자훈련(EDI전도제자훈련원)		
	글 없는 책(어린이전도협회)		

보내실곳 : 이메일 cg5422@naver.com

문의 : 전도부흥운동 기획, 지원 총괄 부장 : 국내선교부 배정수 장로(010-5417-7899)

위와 같이 주말전도대회 및 예배참여를 신청합니다.

2023. 12. 04.

신청인 :   교회 /   (인)

전도부흥운동사례집 II
전도·부흥·운동 어떻게 할 것인가?

전도부흥운동 사례집 II
전도·부흥·운동 어떻게 할 것인가?

전도·부흥·운동 어떻게 할 것인가?

* 제131,132회 영등포노회 임원
* 제131,132회 영등포노회 국내선교부 임원
* 제57회 영등포노회 남선교회연합회 임원
* 제66회 영등포노회 여전도회연합회 임원

* 후기

▶ 제131·132회기 영등포노회 임원
노회장 이영석 목사
부노회장(목사) 박대주 목사 / 부노회장(장로) 서창열 장로
서   기 이정배 목사 / 부서기 남상국 목사
회록서기 김기용 목사 / 부회록서기 장봉림 목사
회   계 김영삼 장로 / 부회계 윤우병 장로

▶ 국내선교부 임원
부   장 손성민 목사 / 서   기 김추향 목사 / 회   계 배정수 장로

▶ 제57회기 영등포노회 남선교회연합회 임원
회   장 이태봉 장로
직전회장 배정수 장로
수석부회장 김한균 장로 / 서창열 장로, 박영규 장로, 이병호 장로, 박석태 장로
감   사 고창용 장로, 박성규 장로
총   무 김성찬 장로 / 서   기 정익화 집사 / 회   계 김상식 집사 / 회록서기 김영삼 장로
부서기 정종래 집사 / 부회계 최정태 집사 / 부회록서기 박장신 집사

▶ 제66회기 영등포노회 여전도회연합회 임원
회   장 이미경 장로
직전회장 이영녀 권사
부회장 최도순 권사
총   무 방경희 권사 / 서   기 변은숙 권사 / 회   계 문은미 권사 / 회록서기 박신순 권사
부서기 최현희 권사 / 부회계 안성란 권사 / 부회록서기 김길대 권사
특별회계 이은영 권사 / 특별부회계 김숙영 권사

~ 후 기 ~

- 2022년 11월부터 기도하며 준비해 온 전도부흥운동이 교단 총회(통합)에서 진행하는 '2023 전도부흥운동'을 계기로 더 큰 동기부여와 동력이 되어 영등포노회 안에 지속적인 전도부흥운동으로 자리 잡았습니다. 지금은 노회안의 교회들이 전도부흥운동에 동참하고, 그 결과를 보고서에 담아 제출해 주시는 것에 감동이 밀려옵니다.

- 특별히 영등포노회의 전도부흥운동은 코로나 이후 전도대상자와 대화가 쉽지 않은 상황에서 가장 효과적으로 하나님 주시는 감동으로 전도할 수 있는 길을 열어주셨고, 2022년 11월 부터 협의를 진행하여 이듬해 2월 2일 EDI전도제자훈련원과 전도업무협약을 맺었습니다. 이로인하여 영등포노회에 속한 지교회 중 전도의 열심을 회복하는 대다수의 교회는 전도카드를 이용한 전도에 집중하고 있습니다.

- 더불어 지속적인 전도훈련을 진행하므로서 어린이(다음세대)전도, 장년전도 등 세대를 뛰어넘어 전도의 불길이 일고 있습니다. 금년에는 지교회에서 자체 전도훈련에 EDI전도훈련을 도입하기도하고, 기관에서도 초청하여 전도교육에 임하고 있습니다.

 특별히, 올해부터는 전교인 전도훈련에 적합한 전도프로그램으로 '텃치전도코리아'에서 진행하는 '텃치전도'교육을 도입했습니다. 서울에서는 유일하게 영등포노회에서 '텃치전도컨퍼런스'를 진행했고, 그 은혜로 대전 헬몬수양관에서 이어지는 2박3일 텃치전도교육에 참여하게 되었습니다.

 앞으로 더 체계적이고, 지속적인 전도교육과 전도훈련을 제공하여 영등포노회의 모든 지교회가 노방전도, 지역전도 뿐 아니라 관계전도에서도 으뜸가는 결실을 맺을 수 있도록 하겠습니다.

- 영등포노회의 과감한 전도훈련과 전도실행 예산의 지원으로 체계적인 전도부흥운동 계획을 수립하고 실행할 수 있음에 감사를 드리고, 이후에도 전도부흥운동이 행사가 아닌 실제적인 전도의 모습으로 자리잡아 교회의 성장과 작은교회의 자립이라는 귀한 결실이 있기를 기도하고 있습니다.

 강조하고 싶은 것은 연합사역으로 작은교회를 위해 전도사역 예산을 준비하고, 주말이면 직접 찾아가 작은교회와 연합하여 진행하는 전도운동이 2년째 실행되고 있다는 것입니다. 이는 노회의 주최 아래 영등포노회 남선교회연합회 주관으로 진행되고 있으며, 금년부터는 여전도회연합회에서 '성령충만한 120 기도의 용사' 프로그램에 참여하여

120명의 기도의 용사가 함께하고 있고, 주말 전도운동에도 동참하는 등 더 큰 은혜와 힘이 되고 있습니다.

작은교회가 한국교회의 토양을 튼튼히 할 수 있다는 믿음으로 기획한 이 전도부흥운동이 계속이어져 작은교회에 힘이 되고 하나님 소명에 응답하는 은혜가 있기를 기도합니다.